小企业会计准则及财税制度应用指南

暨小企业内部财务会计制度实用范本

许太谊 姚红霞 主编

中国市场出版社
China Market Press

图书在版编目（CIP）数据

小企业会计准则及财税制度应用指南：暨小企业内部财务会计制度实用范本/许太谊，姚红霞主编. —北京：中国市场出版社，2011

ISBN 978-7-5092-0833-5

Ⅰ. ①小… Ⅱ. ①许…②姚… Ⅲ. ①中小企业-会计制度-中国-指南②会计法-中国-指南 Ⅳ. ①F279.243-62②D922.26-62

中国版本图书馆 CIP 数据核字（2011）第 238805 号

书　　名：小企业会计准则及财税制度应用指南

主　　编：许太谊　姚红霞

责任编辑：胡超平

出版发行：中国市场出版社

地　　址：北京市西城区月坛北小街 2 号院 3 号楼（100837）

电　　话：编辑部（010）68037344　读者服务部（010）68022950

发行部（010）68021338　68020340　68053489

68024335　68033577　68033539

经　　销：新华书店

印　　刷：河北省高碑店市鑫宏源印刷包装有限责任公司

规　　格：787×1092 毫米　1/16　21.5 印张　500 千字

版　　本：2012 年 1 月第 1 版

印　　次：2012 年 1 月第 1 次印刷

书　　号：ISBN 978-7-5092-0833-5

定　　价：48.00 元

学习小企业会计准则、财税政策与内部财会制度的工具书

2011 年 10 月 28 日，财政部正式发布了《小企业会计准则》，并规定自 2013 年 1 月 1 日起在小企业范围内施行。它是规范小企业会计工作、加强小企业管理、促进小企业发展的重要制度安排；是加强税收征管、防范金融风险的重要制度保障；也是健全企业会计标准体系、规范小企业会计行为的重要制度基础。

做好小企业财会工作，还必须全面掌握一系列财务会计法律规定，充分利用各项税收优惠政策，并科学制定一套完整的内部财务会计制度。但囿于各种原因，小企业财会工作无论在各项政策的掌握上还是在内部管理上都很薄弱，在一定程度上制约了企业的发展，增加了企业经营管理的风险。

为了全面贯彻《小企业会计准则》，提升小企业财税管理的水平，我们编写了《小企业会计准则及财税制度应用指南暨小企业内部财务会计制度实用范本》一书。本书分为五部分：

小企业会计准则——本部分收录了财政部发布的《小企业会计准则》，《财政部、工业和信息化部、国家税务总局、工商总局、银监会关于贯彻实施〈小企业会计准则〉的指导意见》。其中，导读部分对《小企业会计准则》进行了提纲挈领式的讲解，包括准则的制定背景、制定思路和原则、适用范围，以及《小企业会计准则》与《企业会计准则》、《小企业会计制度》的比较等。

会计基础法规——本部分收录了《中华人民共和国会计法》、《会计基础工作规范》、《会计档案管理办法》、《会计从业资格管理办法》、《会计人员继续教育规定》等基本法规，这些都是小企业财会工作的基础法规。

小企业税务优惠政策——本部分立足日前国务院常务会议研究确定的支持小型和微型企业发展的金融、财税政策措施，全面梳理了小企业有关的税收政策法规，收录了支持小企业的税收优惠政策。目的是希望小企业能够充分利用国家的税收政策优惠，合理地进行税收筹划，有效降低税负。

小企业财务政策及其他相关法规——我国近年在财政资金支持小企业发展上出台了一系列的政策法规，以期推动小企业特别是科技创新、特色产业、高科技、外向型等企业的发展。本部分收录了这一方面的相关政策法规，以期帮助小企业了解国家财政支持小企业的资金投向，充分利用好国家扶持资金，不断增强小企业抗风险能力，实现小企业又好又快地发展。

小企业内部财务会计制度实用范本——财务管理是现代企业经营管理的核心，建立健全内部财务会计制度是企业实施有效内部控制、做好财务会计工作的前提。本部分提供了符合小企业特点和实际需要的22个范本，这些范本均来源于财务管理水平较高的现代企业。小企业借鉴成功企业的经验，制定规范、切实可行的财务管理制度体系，可以少走弯路，从而全面提升企业财务会计工作水平。

本书适合于小企业财会人员、其他相关人员学习和掌握《小企业会计准则》，建立和完善小企业内部财务会计制度，针对小企业进行税收筹划等方面的学习和培训之用。

由于编写时间有限，书中难免存在错误和不足，敬请读者批评指正，以便以后修订完善。

编者

2011年12月

目　录

第一部分　小企业会计准则

第二部分　会计基础法规

第三部分　小企业税务优惠政策

第四部分　小企业财务政策及其他相关法规

第五部分　小企业内部财务会计制度实用范本

第一部分
小企业会计准则

【政策导读】

为了规范小企业会计确认、计量和报告行为，促进小企业可持续发展，发挥小企业在国民经济和社会发展中的重要作用，根据《中华人民共和国会计法》及其他有关法律和法规，财政部制定了《小企业会计准则》，并于2011年10月28日印发。

一、小企业会计准则的制定背景

小企业是我国国民经济和社会发展的重要力量，加强小企业管理、促进小企业发展是保持国民经济平稳较快发展的重要基础，是关系民生和社会稳定的重大战略任务。为此，党中央、国务院高度重视支持小企业发展，2002年6月出台了《中小企业促进法》。2009年9月，国务院印发《关于进一步促进中小企业发展的若干意见》（国发〔2009〕36号），提出了进一步扶持中小企业发展的综合性政策措施。2011年10月，国务院总理温家宝主持召开国务院常务会议，研究确定支持小型和微型企业发展的金融、财税政策措施。

（一）制定小企业会计准则是加强小企业管理、促进小企业发展的重要制度安排

据有关资料统计，在目前所有477万户企业中，小企业数量占97.11%、从业人员占52.95%、主营业务收入占39.34%、资产总额占41.97%。制定和发布《小企业会计准则》，是落实国发〔2009〕36号文件精神，规范小企业会计工作、加强小企业管理、促进小企业发展的重要制度安排。

（二）制定小企业会计准则是加强税收征管、防范金融风险的重要制度保障

由于小企业往往存在会计基础工作薄弱、会计核算资料不全的问题，造成对外提供的会计信息质量不高，税务部门无法采用查账方式征收企业所得税。当前，有相当一部分的小企业实行核定征收方式征收企业所得税，较查账征收增加了企业税负。同时，由于小企业的会计信息质量不高，银行在对小企业贷款管理中，更多依赖的并非小企业的财务报表，增加了银行对小企业贷款风险管理成本。

（三）制定小企业会计准则是健全企业会计标准体系、规范小企业会计行为的重要制度基础

我国于2006年建成的企业会计准则体系，自2007年1月1日起在我国

上市公司和非上市大中型企业实施，得到了国内和国际社会的普遍认可，但这套准则体系的实施范围不包括小企业。现行小企业会计制度是2004年制定的，有的内容早已过时，实际工作中无所适从，亟须制定小企业会计准则，建立完善的企业会计准则体系。同时，国际会计准则理事会于2009年7月制定发布了《中小主体国际财务报告准则》，引起了国际社会的广泛关注，我国也积极响应，加快了小企业会计改革步伐，抓紧制定小企业会计准则。

二、小企业会计准则的制定思路和原则

制定小企业会计准则应当立足国情、借鉴《中小主体国际财务报告准则》简化要求的思路，同时与我国税法保持协调，并有助于银行等债权人提供信贷，实现以下三个“结合”。

（一）遵循基本准则与简化要求相结合

按照我国企业会计改革的总体框架，基本准则是纲，适用于在中华人民共和国境内设立的所有企业；企业会计准则和小企业会计准则是基本准则框架下的两个子系统，分别适用于大中型企业和小企业。小企业会计准则应当按照基本准则的要求规范小企业会计确认、计量和报告行为，同时考虑到我国小企业规模小、业务简单、会计基础工作较为薄弱、会计信息使用者的信息需求相对单一等实际，小企业会计准则应当简化要求。

（二）满足税收征管信息需求与有助于银行提供信贷相结合

小企业外部会计信息使用者主要为税务部门和银行。税务部门主要利用小企业会计信息作出税收决策，包括是否给予税收优惠政策、采取何种征税方式、怎样确定应征税额等，他们更多希望减少小企业会计与税法的差异；银行主要利用小企业会计信息作出信贷决策，他们更多希望小企业按照国家统一的会计准则提供财务报表。为满足小企业这些外部主要会计信息使用者的需求，小企业会计准则制定中减少了会计职业判断的内容，基本消除了小企业会计与税法的差异。

（三）和企业会计准则合理分工与有序衔接相结合

小企业会计准则和企业会计准则虽适用范围不同，但为适应小企业发展壮大的需要，二者又要相互衔接，从而发挥会计准则在企业发展中的政策效用。为此，对于小企业非经常性发生的、甚至基本不可能发生的交易或事项，一旦发生，可以参照企业会计准则的规定执行；对于小企业公开发行股票或债券的，或者因经营规模、企业性质变化不再符合小企业标准而成为大中型企业或金融企业的，应当转为执行企业会计准则；小企业转为执行企业

会计准则时，应当按照《企业会计准则第 38 号——首次执行企业会计准则》等相关规定进行会计处理。

三、小企业会计准则的适用范围

（一）小企业

小企业会计准则自 2013 年 1 月 1 日起在小企业范围内施行，鼓励小企业提前执行。除股票或债券在市场上公开交易的小企业、金融机构或其他具有金融性质的小企业以及企业集团内的母公司和子公司等三类小企业外，小企业可以执行本准则，也可以执行企业会计准则。

（二）微型企业

根据《小企业会计准则》第八十九条规定，符合《中小企业划型标准规定》所规定的微型企业标准的企业参照执行本准则。

（三）特殊规定

（1）执行小企业会计准则的小企业，发生的交易或者事项《小企业会计准则》未作规范的，可以参照企业会计准则中的相关规定进行处理。

（2）执行企业会计准则的小企业，不得在执行《企业会计准则》的同时，选择执行小企业会计准则的相关规定。

（3）执行小企业会计准则的小企业公开发行股票或债券的，应当转为执行《企业会计准则》；因经营规模或企业性质变化导致不符合小企业会计准则规定而成为大中型企业或金融企业的，应当从次年 1 月 1 日起转为执行企业会计准则。

（4）已执行企业会计准则的上市公司、大中型企业和小企业，不得转为执行小企业会计准则。

（四）各行业小型和微型企业划型标准

根据《工业和信息化部、国家统计局、国家发展和改革委员会、财政部关于印发〈中小企业划型标准规定〉的通知》（工信部联企业〔2011〕300 号），各行业小型和微型企业的划型标准如下。

行　业	小型企业	微型企业
1. 农、林、牧、渔业	营业收入 50 万～500 万元（不含）的	营业收入 50 万元（不含）以下的
2. 工业（包括采矿业，制造业，电力、热力、燃气及水生产和供应业）	从业人员 20～300 人（不含），且营业收入 300 万～2 000 万元（不含）的	从业人员 20 人（不含）以下或营业收入 300 万元（不含）以下的
3. 建筑业	营业收入 300 万～6 000 万元（不含），且资产总额 300 万～5 000 万元（不含）的	营业收入 300 万元以下或资产总额 300 万元以下的

续前

行　业	小型企业	微型企业
4. 批发业	从业人员 5～20 人（不含），且营业收入 1 000 万～5 000 万元（不含）的	从业人员 5 人以下或营业收入 1 000 万元以下的
5. 零售业	从业人员 10～50 人（不含），且营业收入 100 万～500 万元（不含）的	从业人员 10 人以下或营业收入 100 万元以下的
6. 交通运输业（不含铁路运输业）	从业人员 20～300 人（不含），且营业收入 200 万～3 000 万元（不含）的	从业人员 20 人以下或营业收入 200 万元以下的
7. 仓储业	从业人员 20～100 人（不含），且营业收入 100 万～1 000 万元（不含）的	从业人员 20 人以下或营业收入 100 万元以下的
8. 邮政业	从业人员 20～300 人（不含），且营业收入 100 万～2 000 万元（不含）的	从业人员 20 人以下或营业收入 100 万元以下的
9. 住宿业	从业人员 10～100 人（不含），且营业收入 100 万～2 000 万元（不含）的	从业人员 10 人以下或营业收入 100 万元以下的
10. 餐饮业	从业人员 10～100 人（不含），且营业收入 100 万～2 000 万元（不含）的	从业人员 10 人以下或营业收入 100 万元以下的
11. 信息传输业（包括电信、互联网和相关服务）	从业人员 10～100 人（不含），且营业收入 100 万～1 000 万元（不含）的	从业人员 10 人以下或营业收入 100 万元以下的
12. 软件和信息技术服务业	从业人员 10～100 人（不含），且营业收入 50 万～1 000 万元（不含）的	从业人员 10 人以下或营业收入 50 万元以下的
13. 房地产开发经营	营业收入 100 万～1 000 万元（不含），且资产总额 2 000 万～5 000 万元（不含）的	营业收入 100 万元以下或资产总额 2 000 万元以下的
14. 物业管理	从业人员 100～300 人（不含），且营业收入 500 万～1 000 万元（不含）的	从业人员 100 人以下或营业收入 500 万元以下的
15. 租赁和商务服务业	从业人员 10～100 人（不含），且资产总额 100 万～8 000 万元（不含）的	从业人员 10 人以下或资产总额 100 万元以下的
16. 其他未列明行业（包括科学研究和技术服务业，水利、环境和公共设施管理业，居民服务、修理和其他服务业，社会工作，文化、体育和娱乐业等）	从业人员 10～100 人（不含）的	从业人员 10 人以下的

四、小企业会计准则、企业会计准则、小企业会计制度比较

（一）三者会计科目的比较

会计科目比较

小企业会计准则			企业会计准则			小企业会计制度			说明
序号	编号	会计科目名称	序号	编号	会计科目名称	序号	编号	会计科目名称	
		一、资产类			一、资产类			一、资产类	
1	1001	库存现金	1	1001	现金	1	1001	现金	
2	1002	银行存款	2	1002	银行存款	2	1002	银行存款	
			3	1003	存放中央银行款项				银行专用
			4	1011	存放同业				银行专用
3	1012	其他货币资金	5	1012	其他货币资金	3	1009	其他货币资金	
							100901	外埠存款	
							100902	银行本票存款	
							100903	银行汇票存款	
							100904	信用卡存款	
							100905	信用证保证金存款	
							100906	存出投资款	
			6	1021	结算备付金				证券专用
			7	1031	存出保证金				金融共用
			8	1101	交易性金融资产				
			9	1111	买入返售金融资产				金融共用
4	1101	短期投资				4	1101	短期投资	
							110101	股票	
							110102	债券	
							110103	基金	
							110110	其他	
						5	1102	短期投资跌价准备	
5	1121	应收票据	10	1121	应收票据	6	1111	应收票据	
6	1122	应收账款	11	1122	应收账款	8	1131	应收账款	
7	1123	预付账款	12	1123	预付账款				
8	1131	应收股利	13	1131	应收股利	7	1121	应收股息	
9	1132	应收利息	14	1132	应收利息				
			15	1201	应收代位追偿款				保险专用
			16	1211	应收分保账款				保险专用
			17	1212	应收分保合同准备金				保险专用
10	1221	其他应收款	18	1221	其他应收款	9	1133	其他应收款	
			19	1231	坏账准备	10	1141	坏账准备	
			20	1301	贴现资产				银行专用
			21	1302	拆出资金				金融共用
			22	1303	贷款				银行专用
			23	1304	贷款损失准备				银行专用
			24	1311	代理兑付证券				银行和证券共用
			25	1321	代理业务资产				
11	1401	材料采购	26	1401	材料采购				

续表

小企业会计准则			企业会计准则			小企业会计制度			说明
序号	编号	会计科目名称	序号	编号	会计科目名称	序号	编号	会计科目名称	
12	1402	在途物资	27	1402	在途物资	11	1201	在途物资	
13	1403	原材料	28	1403	原材料	12	1211	材料	
14	1404	材料成本差异	29	1404	材料成本差异				
15	1405	库存商品	30	1405	库存商品	14	1243	库存商品	
			31	1406	发出商品				
16	1407	商品进销差价	32	1407	商品进销差价	15	1244	商品进销差价	
17	1408	委托加工物资	33	1408	委托加工物资	16	1251	委托加工物资	
						17	1261	委托代销商品	
						13	1231	低值易耗品	
18	1411	周转材料	34	1411	周转材料				
19	1421	消耗性生物资产	35	1421	消耗性生物资产				农业专用
			36	1431	贵金属				金融共用
			37	1441	抵债资产				金融共用
			38	1451	损余物资				保险专用
			39	1461	融资租赁资产				租赁专用
			40	1471	存货跌价准备	18	1281	存货跌价准备	
						19	1301	待摊费用	
			41	1501	持有至到期投资				
			42	1502	持有至到期投资减值准备				
			43	1503	可供出售金融资产				
20	1501	长期债权投资				21	1402	长期债权投资	
							140201	债券投资	
							140202	其他债权投资	
21	1511	长期股权投资	44	1511	长期股权投资	20	1401	长期股权投资	
							140101	股票投资	
							140102	其他股权投资	
			45	1512	长期股权投资减值准备				
			46	1521	投资性房地产				
			47	1531	长期应收款				
			48	1532	未实现融资收益				
			49	1541	存出资本保证金				保险专用
22	1601	固定资产	50	1601	固定资产	22	1501	固定资产	
23	1602	累计折旧	51	1602	累计折旧	23	1502	累计折旧	
			52	1603	固定资产减值准备				
24	1604	在建工程	53	1604	在建工程	25	1603	在建工程	
							160301	建筑工程	
							160302	安装工程	
							160303	技术改造工程	
							160304	其他支出	

续表

小企业会计准则			企业会计准则			小企业会计制度			说明
序号	编号	会计科目名称	序号	编号	会计科目名称	序号	编号	会计科目名称	
25	1605	工程物资	54	1605	工程物资	24	1601	工程物资	
26	1606	固定资产清理	55	1606	固定资产清理	26	1701	固定资产清理	
			56	1611	未担保余值				租赁专用
27	1621	生产性生物资产	57	1621	生产性生物资产				农业专用
28	1622	生产性生物资产累计折旧	58	1622	生产性生物资产累计折旧				农业专用
			59	1623	公益性生物资产				农业专用
			60	1631	油气资产				石油天然气开采专用
			61	1632	累计折耗				石油天然气开采专用
29	1701	无形资产	62	1701	无形资产	27	1801	无形资产	
30	1702	累计摊销	63	1702	累计摊销				
			64	1703	无形资产减值准备				
			65	1711	商誉				
31	1801	长期待摊费用	66	1801	长期待摊费用	28	1901	长期待摊费用	
			67	1811	递延所得税资产				
			68	1821	独立账户资产				保险专用
32	1901	待处理财产损溢	69	1901	待处理财产损溢				
		二、负债类			二、负债类			二、负债类	
33	2001	短期借款	70	2001	短期借款	29	2101	短期借款	
			71	2002	存入保证金				金融共用
			72	2003	拆入资金				金融共用
			73	2004	向中央银行借款				银行专用
			74	2011	吸收存款				银行专用
			75	2012	同业存放				银行专用
			76	2021	贴现负债				银行专用
			77	2101	交易性金融负债				
			78	2111	卖出回购金融资产款				金融共用
34	2201	应付票据	79	2201	应付票据	30	2111	应付票据	
35	2202	应付账款	80	2202	应付账款	31	2121	应付账款	
36	2203	预收账款	81	2203	预收账款				
37	2211	应付职工薪酬	82	2211	应付职工薪酬	32	2151	应付工资	
						33	2153	应付福利费	
38	2221	应交税费	83	2221	应交税费	35	2171	应交税金	
							217101	应交增值税	
							21710101	进项税额	
							21710102	已交税金	
							21710103	减免税款	
							21710104	出口抵减内销产品应纳税额	

续表

小企业会计准则			企业会计准则			小企业会计制度			说明
序号	编号	会计科目名称	序号	编号	会计科目名称	序号	编号	会计科目名称	
							21710105	转出未交增值税	
							21710106	销项税额	
							21710107	出口退税	
							21710108	进项税额转出	
							21710109	转出多交增值税	
							217102	未交增值税	
							217103	应交营业税	
							217104	应交消费税	
							217105	应交资源税	
							217106	应交所得税	
							217107	应交土地增值税	
							217108		
							217109	应交房产税	
							217110	应交土地使用税	
							217111	应交车船使用税	
							217112	应交个人所得税	
39	2231	应付利息	84	2231	应付利息				
40	2232	应付利润	85	2232	应付股利	34	2161	应付利润	
						36	2176	其他应交款	
41	2241	其他应付款	86	2241	其他应付款	37	2181	其他应付款	
			87	2251	应付保单红利				保险专用
			88	2261	应付分保账款				保险专用
			89	2311	代理买卖证券款				证券专用
			90	2312	代理承销证券款				金融共用
			91	2313	代理兑付证券款				证券和银行共用
			92	2314	代理业务负债				
						38	2191	预提费用	
						39	2201	待转资产价值	
							220101	接受捐赠货币性资产价值	
							220102	接受捐赠非货币性资产价值	
42	2401	递延收益	93	2401	递延收益				
43	2501	长期借款	94	2501	长期借款	40	2301	长期借款	
			95	2502	应付债券				
			96	2601	未到期责任准备				保险专用
			97	2602	保险责任准备金				保险专用
			98	2611	保户储金				保险专用
			99	2621	独立账户负债				保险专用

续表

小企业会计准则			企业会计准则			小企业会计制度			说明
序号	编号	会计科目名称	序号	编号	会计科目名称	序号	编号	会计科目名称	
44	2701	长期应付款	100	2701	长期应付款	41	2321	长期应付款	
			101	2702	未确认融资费用				
			102	2711	专项应付款				
			103	2801	预计负债				
			104	2901	递延所得税负债				
					三、共同类				
			105	3001	清算资金往来				银行专用
			106	3002	货币兑换				金融共用
			107	3101	衍生工具				
			108	3201	套期工具				
			109	3202	被套期项目				
		三、所有者权益类			四、所有者权益类			三、所有者权益类	
45	3001	实收资本	110	4001	实收资本	42	3101	实收资本	
46	3002	资本公积	111	4002	资本公积	43	3111	资本公积	
							311101	资本溢价	
							311102	接受捐赠非现金资产准备	
							311106	外币资本折算差额	
							311107	其他资本公积	
47	3101	盈余公积	112	4101	盈余公积	44	3121	盈余公积	
							312101	法定盈余公积	
							312102	任意盈余公积	
							312103	法定公益金	
			113	4102	一般风险准备				金融共用
48	3103	本年利润	114	4103	本年利润	45	3131	本年利润	
49	3104	利润分配	115	4104	利润分配	46	3141	利润分配	
							314101	其他转入	
							314102	提取法定盈余公积	
							314103	提取法定公益金	
							314109	提取任意盈余公积	
							314110	应付利润	
							314111	转作资本的利润	
							314115	未分配利润	
			116	4201	库存股				
		四、成本类			五、成本类			四、成本类	
50	4001	生产成本	117	5001	生产成本	47	4101	生产成本	
							410101	基本生产成本	
							410102	辅助生产成本	
51	4101	制造费用	118	5101	制造费用	48	4105	制造费用	
			119	5201	劳务成本				

续表

小企业会计准则			企业会计准则			小企业会计制度			说明
序号	编号	会计科目名称	序号	编号	会计科目名称	序号	编号	会计科目名称	
52	4301	研发支出	120	5301	研发支出				
53	4401	工程施工	121	5401	工程施工				建造承包商专用
			122	5402	工程结算				建造承包商专用
54	4403	机械作业	123	5403	机械作业				建造承包商专用
		五、损益类			六、损益类			五、损益类	
55	5001	主营业务收入	124	6001	主营业务收入	49	5101	主营业务收入	
			125	6011	利息收入				金融共用
			126	6021	手续费及佣金收入				金融共用
			127	6031	保费收入				保险专用
			128	6041	租赁收入				租赁专用
56	5051	其他业务收入	129	6051	其他业务收入	50	5102	其他业务收入	
			130	6061	汇兑损益				金融共用
			131	6101	公允价值变动损益				
57	5111	投资收益	132	6111	投资收益	51	5201	投资收益	
			133	6201	摊回保险责任准备金				保险专用
			134	6202	摊回赔付支出				保险专用
			135	6203	摊回分保费用				保险专用
58	5301	营业外收入	136	6301	营业外收入	52	5301	营业外收入	
59	5401	主营业务成本	137	6401	主营业务成本	53	5401	主营业务成本	
60	5402	其他业务成本	138	6402	其他业务支出	55	5405	其他业务支出	
61	5403	营业税金及附加	139	6403	营业税金及附加	54	5402	主营业务税金及附加	
			140	6411	利息支出				金融共用
			141	6421	手续费及佣金支出				金融共用
			142	6501	提取未到期责任准备金				保险专用
			143	6502	提取保险责任准备金				保险专用
			144	6511	赔付支出				保险专用
			145	6521	保单红利支出				保险专用
			146	6531	退保金				保险专用
			147	6541	分出保费				保险专用
			148	6542	分保费用				保险专用
62	5601	销售费用	149	6601	销售费用	56	5501	营业费用	
63	5602	管理费用	150	6602	管理费用	57	5502	管理费用	
64	5603	财务费用	151	6603	财务费用	58	5503	财务费用	
			152	6604	勘探费用				石油天然气开采专用
			153	6701	资产减值损失				
65	5711	营业外支出	154	6711	营业外支出	59	5601	营业外支出	

续表

小企业会计准则			企业会计准则			小企业会计制度			说明
序号	编号	会计科目名称	序号	编号	会计科目名称	序号	编号	会计科目名称	
66	5801	所得税费用	155	6801	所得税费用	60	5701	所得税	
			156	6901	以前年度损益调整				

（二）与企业会计准则的比较

1. 准则框架体系的比较

小企业会计准则	企业会计准则
小企业会计准则由小企业会计准则（包括：总则、资产、负债、所有者权益、收入、费用、利润及利润分配、外币业务、财务报表、附则，共十章）和附录：小企业会计准则——会计科目、主要账务处理和财务报表组成。	企业会计准则由1项基本准则、38项具体准则和应用指南构成。其中，应用指南包括32项具体准则应用指南和附录：会计科目和主要账务处理。

2. 财务报表组成的比较

小企业会计准则	企业会计准则
小企业的财务报表包括：	财务报表至少应当包括下列组成部分：
（1）资产负债表； （2）利润表； （3）现金流量表； （4）附注。	（1）资产负债表； （2）利润表； （3）现金流量表； （4）所有者权益（股东权益）变动表； （5）附注。

3. 主要会计处理对比

（1）存货。

①存货跌价准备的处理不同。

企业会计准则下，资产负债表日，企业根据存货准则确定存货发生减值的，按存货可变现净值低于成本的差额，借记“资产减值损失”科目，贷记“存货跌价准备”科目；小企业会计准则下，不计提存货跌价准备。

②投资者投入存货成本的初始计量不同。

企业会计准则下，投资者投入存货的成本，应当按照投资合同或协议约定的价值确定，但合同或协议约定价值不公允的除外；小企业会计准则下，应当按照评估价值确定。

③盘盈存货的处理不同。

企业会计准则下，盘盈存货实现的收益应当冲减管理费用；小企业会计准则下，盘盈存货实现的收益应当计入营业外收入。

（2）金融资产投资。

①分类不同。

企业会计准则下，将金融资产划分为交易性金融资产、可供出售金融资产、持有至到期投资、贷款和应收款项、长期股权投资；小企业会计准则下，将金融资产划分为短期投资、长期债券投资和长期股权投资。

②计量属性选择不同。

企业会计准则下，交易性金融资产、可供出售金融资产采用公允价值进行后续计量；持有至到期投资、贷款和应收款项采用历史成本（摊余成本）与未来现金流量现值孰低计量；长期股权投资需要区分权益法和成本法，采用账面价值与可收回金额孰低计量。小企业会计准则下，均采用历史成本计量。

③减值处理不同。

企业会计准则下，均需要计提减值，减值除长期股权投资外均可转回；小企业会计准则下，发生损失时直接冲减资产，不计提减值准备。

④利息收入及投资收益确认不同。

企业会计准则下，利息收入为“摊余成本×实际利率”；持有期间投资收益则需要根据具体准则确定。小企业会计准则下，利息收入为“面值×票面利率”；持有期间投资收益为应收股利、应收利息等。

（3）固定资产。

①投资者投入固定资产成本的初始计量不同。

企业会计准则下，投资者投入固定资产的成本，应当按照投资合同或协议约定的价值确定，但合同或协议约定价值不公允的除外；小企业会计准则下，应当按照评估价值和相关税费确定。

②减值处理不同。

企业会计准则下，均需要计提减值，减值不得转回；小企业会计准则下，发生损失时直接冲减资产，不计提减值准备。

③折旧期间不同。

企业会计准则下，根据资产可使用寿命确定；小企业会计准则下，应当根据固定资产的性质和使用情况，并考虑税法是否有最低限额规定等，尽可能减少与税法的差异和纳税调整。

（4）生物资产。

①分类不同。

企业会计准则下，分为消耗性生物资产、生产性生物资产和公益性生物资产；小企业会计准则下，分为消耗性生物资产、生产性生物资产。

②减值的处理不同。

企业会计准则下，消耗性生物资产计提减值，可变现净值的确定遵循

《企业会计准则第1号——存货》；生产性生物资产计提减值，可收回金额的确定遵循《企业会计准则第8号——资产减值》。小企业会计准则下，消耗性生物资产、生产性生物资产均不计提减值。

③生产性生物资产折旧期间不同。

企业会计准则下，根据资产可使用寿命确定，小企业会计准则下，除了应当根据资产的性质和使用情况，并考虑税法是否有最低限额规定等，尽可能减少与税法的差异和纳税调整。

(5) 无形资产。

①减值处理不同。

企业会计准则下，均需要计提减值，减值不得转回；小企业会计准则下，发生损失时直接冲减资产，不计提减值准备。

②摊销方法不同。

企业会计准则下，摊销方法应根据资产经济利益的预期实现方式确定，使用寿命不确定的无形资产不进行摊销；小企业会计准则下，全部采用年限平均法进行摊销。

③摊销期间不同

企业会计准则下，摊销期间应根据资产可使用寿命确定；小企业会计准则下，对不能可靠估计无形资产使用寿命的，规定摊销期不得低于10年，有最低限额规定的应与税法规定一致。

(6) 借款费用。

利息计算不同。企业会计准则下，借款存在折价或者溢价的，应当按照实际利率法确定每一会计期间应摊销的折价或者溢价金额，调整每期利息金额；小企业会计准则下，长期借款应当按照借款本金和借款合同利率在应付利息日计提利息费用。

(7) 收入。

收入的确认条件不同。《企业会计准则》下，更关注风险报酬是否转移；小企业会计准则下，更加关注是否收到货款或取得收款权利。

(8) 所得税费用。

企业会计准则下，采用资产负债表债务法，需要确认递延所得税费用；小企业会计准则下，采用应付税款法，不需要确认递延所得税费用。

(三) 与小企业会计制度的比较

1. 准则框架体系的比较

《小企业会计制度》包括总说明；会计科目名称和编号；会计科目使用说明；会计报表格式；会计报表编制说明及附录：主要会计事项分录举例。《小企业会计准则》包括小企业会计准则及附录：小企业会计准则——会计科目、主要账务处理和财务报表。

2. 会计要素与财务报表的比较

资产方面，小企业会计准则不要求计提资产减值准备，取消了《小企业会计制度》中短期投资跌价准备、存货跌价准备的规定，资产实际损失的确定参照了企业所得税法中有关认定标准，取消发出存货后进先出法，长期股权投资统一采用成本法核算，规定了与所得税法相一致的固定资产计提折旧最低年限以及后续支出的会计处理方法。小企业会计准则在所有者权益方面，规定资本公积的核算内容基本仅为资本溢价部分；收入方面，规定采用发出货物且收到货款或取得收款权利作为确认收入的标准，减少关于风险报酬转移的职业判断，同时就几种常见的销售方式明确规定了收入确认的时点。

小企业会计准则在财务报表方面规定，现金流量表由小企业会计制度规定的“推荐编制”改为“应当编制”，并考虑到小企业会计信息使用者的需求，对现金流量表进行了适当简化，在附注中增加了纳税调整的说明。

3. 账务处理的对比

会计科目	小企业会计准则	小企业会计制度
库存现金（现金）	现金短缺或溢余通过“待处理财产损溢——待处理流动资产损溢”科目核算	如为现金短缺，借记“管理费用”科目；如为现金溢余，贷记“营业外收入”科目
银行存款	未明确规范结算方式及汇兑损益的处理	明确规范结算方式及汇兑损益的处理
短期投资	持有期间所收到的股利、利息等，确认投资收益	持有期间所收到的股利、利息等，不确认投资收益，作为冲减投资成本处理
	不计提短期投资减值准备	计提短期投资减值准备
应收票据	未规范票据利息的处理	规范票据利息的处理
	因付款人无力支付票款，或到期不能收回应收票据的转入“应收账款”	应收票据不得计提坏账准备，待到期不能收回转入“应收账款”后，再按规定计提坏账准备
应收账款	未规范应收债权融资或出售应收债权的会计处理	规范应收债权融资或出售应收债权的会计处理
	不计提坏账，发生损失时直接转销计入营业外收入	计提坏账准备，坏账准备计入管理费用
原材料（材料）	未规范商品流通的小企业购入商品抵达仓库前发生的包装费、运杂费、保险费、装卸费、运输途中的合理损耗和入库前的挑选整理费用等采购费用	商品流通的小企业购入商品抵达仓库前发生的包装费、运杂费、保险费、装卸费、运输途中的合理损耗和入库前的挑选整理费用等采购费用，直接计入当期营业费用
	盘盈、盘亏或毁损的各种原材料通过“待处理财产损溢——待处理流动资产损溢”科目核算，待按照管理权限批准后计入营业外收入或营业外支出	盘盈的各种材料冲减管理费用；盘亏、毁损的各种材料计入营业外支出或管理费用
长期股权投资	采用成本法核算	分别采用成本法或权益法核算

续表

会计科目	小企业会计准则	小企业会计制度
固定资产	自行建造的固定资产的入账价值由建造该固定资产决算前发生的支出（含相关借款费用）构成	自行建造的固定资产的入账价值为达到预定可使用状态前所发生的必要支出
无形资产	摊销期自其可供使用时开始至停止使用或出售时止。有关法律规定或合同约定了使用年限的，可以按照规定或约定的使用年限分期摊销。小企业不能可靠估计无形资产使用寿命的，摊销期不短于10年	摊销年限应按合同受益年限、法律规定年限孰低确定；如果合同没有规定受益年限，法律也没有规定有效年限的，摊销年限不应超过10年
长期待摊费用	不含开办费	包括开办费
应付职工薪酬	为获得职工提供服务而应付给职工的各种形式的报酬以及其他相关支出，并进行详细规范	通过应付工资、应付福利费等核算，未规范非货币性薪酬及其他职工薪酬的核算
长期借款	小企业为购建固定资产，在竣工决算前发生的借款费用，应当计入固定资产的成本	为购建固定资产而发生的专门借款，在满足借款费用开始资本化的条件时至购建的固定资产达到预定可使用状态前发生的借款费用，应计入固定资产成本
资本公积	仅核算资本（股本）溢价	包括4个明细科目：资本溢价、接受捐赠非现金资产准备、外币资本折算差额、其他资本公积
盈余公积	法定公积金和任意公积金	法定盈余公积、任意盈余公积、法定公益金

注：债务重组、非货币性资产交换等特殊业务的核算，《小企业会计制度》进行了规范，《小企业会计准则》未规范。但《小企业会计准则》规定，小企业发生的交易或者事项《小企业会计准则》未作规范的，可以参照《企业会计准则》进行处理。

【会计准则】

财政部关于印发《小企业会计准则》的通知

（财会〔2011〕17号）

国务院有关部委、有关直属机构，各省、自治区、直辖市、计划单列市财政厅（局），新疆生产建设兵团财务局：

为了规范小企业会计确认、计量和报告行为，促进小企业可持续发展，发挥小企业在国民经济和社会发展中的重要作用，根据《中华人民共和国会计法》及其他有关法律和法规，我部制定了《小企业会计准则》，现予印发，自2013年1月1日起在小企业范围内施行，鼓励小企业提前执行。我部于2004年4月27日发布的《小企业会计制度》（财会〔2004〕2号）同时废止。

执行中有何问题，请及时反馈我部。

附件：小企业会计准则

财政部

二〇一一年十月十八日

财政部 工业和信息化部 国家税务总局 工商总局 银监会关于贯彻实施《小企业会计准则》的指导意见

（财会〔2011〕20号 2011年10月26日）

各省、自治区、直辖市、计划单列市财政厅（局）、中小企业主管部门、国家税务局、地方税务局、工商行政管理局、市场监督管理局、银监局，财政部驻各省、自治区、直辖市、计划单列市财政监察专员办事处：

《小企业会计准则》（财会〔2011〕17号）已正式发布，自2013年1月1日起在全国小企业范围内实施。为贯彻实施好《小企业会计准则》，现提出以下意见：

一、提高认识，深刻领会发布实施《小企业会计准则》的重要意义

小企业是我国国民经济和社会发展的重要力量，促进小企业发展，是保持国民经济平稳较快发展的重要基础，是关系民生和社会稳定的重大战略任务。发布实施《小企业会计准则》是贯彻落实《中华人民共和国中小企业促进法》、《国务院关于进一步促进中小企业发展的若干意见》（国发〔2009〕36号）等有关法规政策的重要举措，有利于加强小企业内部管理，促进小企业又好又快发展；有利于加强小企业税收征管，促进小企业税负公平；有利于加强小企业贷款管理，防范小企业贷款风险。各地区有关部门要从维护市场经济秩序、促进小企业健康发展、构建和谐社会的高度，充分认识发布实施《小企业会计准则》的重大意义，积极采取有效措施，学习好、宣传好、贯彻好《小企业会计准则》。

二、把握机遇，全面提升小企业内部管理水平

小企业应当以贯彻实施《小企业会计准则》为契机，全面提升内部管埋水平。第一，认真组织对《小企业会计准则》的学习，深入掌握《小企业会计准则》的规定，进一步提高会计人员的业务水平和工作能力，增强小企业负责人依法管理会计工作的自觉性。第二，做好会计科目的新旧转换、会计信息系统改造等工作，确保新旧会计准则的顺利衔接和平稳过渡。第三，严格按照《小企业会计准则》的规定进行会计核算，提高会计信息质量，加强财务管理，全面提升小企业内部管理水平，依法纳税，不断提高企业的对外融资资质和能力，促进企业健康可持续发展。第四，执行《小企业会计准则》过程中遇到新情况、新问题的，及时向财政部门反映。

三、精心部署，切实做好《小企业会计准则》实施配套工作

各地财政部门应当加强对《小企业会计准则》实施的管理，主动会同相关部门采取有效措施，积极指导、监督本地区小企业执行好《小企业会计准则》。第一，抓好宣传培训。各地财政部门要结合本地实际，统筹规划，通盘考虑，制定具体细致的培训方案，省里要采用“一竿子到底”的方式尽快组织对地、市、县财政部门进行师资培训，县里要采用“横向到边、纵向到底”的方式组织对小企业负责人、小企业会计人员、银行贷款业务人员和风险管控人员以及财政、中小企业管理、税务、银行业监管部门相关人员进行系统培训。第二，做好实施部署。各地财政部门要会同当地中小企业管理部门、国家税务局、地方税务局、工商行政管理部门、银监局等成立小企业会计准则实施工作组，对本地区小企业会计准则的实施工作作出统筹安排和具体部署，随时掌握本地区执行《小企业会计准则》过程中的有关情况，对存在的问题和情况要及时加以解决和协调。第三，使用财务报表。积极引导小企业建立健全内部会计核算制度，提高会计信息质量。积极探索建立小企业财务报表报备系统和小企业会计数据库，为财政支持小企业发展提供决策依据。第四，强化会计服务。积极发挥代理记账机构、会计师事务所等专业化的小企业服务机构的优势，帮助小企业严格按照《小企业会计准则》的规定进行会计核算，提高财务会计管理水平。第五，加强监督检查。财政部驻各地财政监察专员办事处、各地财政部门监督检查机构要对小企业执行《中华人民共和国会计法》和《小企业会计准则》情况进行专项检查或调研，重点关注小企业会计信息质量。

各地中小企业管理部门应当切实促进中小企业加强管理，积极引导、帮助本地区小企业执行好《小企业会计准则》。第一，将贯彻执行《小企业会计准则》作为各地实施的中小企业管理提升计划的重要内容和提升中小企业管理水平的基础工作和重要抓手，采取有效措施抓紧抓好。要把宣传培训《小企业会计准则》纳入中小企业银河培训工程的重点，加大对小企业负责人和会计人员的普及型培训。第二，鼓励中小企业公共服务平台建立和创新小企业财务服务功能，完善服务机制，帮助小企业提升财务管理水平。

各地国家税务局和地方税务局应当提高税收征管水平，促进小企业税负公平，积极推进、引导小企业按照《小企业会计准则》建账建制。第一，各地税收征管人员要重视和加强对《小企业会计准则》的学习，努力掌握《小企业会计准则》的规定，并恰当地处理好与《中华人民共和国企业所得税法》和《中华人民共和国企业所得税法实施条例》（国务院令第 512 号）等税收法律法规政策的关系，进一步提高税收征管人员的业务素质和政策水平。第二，鼓励小企业根据《小企业会计准则》的规定进行会计核算和编制财务报表，有条件的小企业也可以执行《企业会计准则》，对符合查账征收条件的小企业要及时调整征收方式，对其实行查账征收。第三，对于执行《小企业会计准则》的小企业，要在其会计利润的基础上，按照税法的要求进行纳税调整，计征企业所得税。第四，积极引导小企业按照《小企业会计准则》或《企业会计准则》进行建账核算，符合条件的可以依法享受小型微利企业的低税率等优惠政策。

各地工商行政管理部门应当充分发挥职能作用，依法依照《中小企业划型标准规定》（工信部联企业〔2011〕300 号），了解、掌握本辖区中小企业数量、行业分布等基本情况，认真做好促进中小企业健康发展工作。要抓好小企业年度检验工作，逐步推进、积极引导小企业按照《小企业会计准则》或《企业会计准则》提供管理所需的财务报表。在小企业进行年度检验时，企业法人要根据《企业年度检验办法》（工商总局令第 23 号）的规定，依法提交按照《小企业会计准则》或《企业会计准则》编制的年度资产负债表和利润表。外商投资企业还应当依法提交会计师事务所出具的审计报告。

各地银监局应当督促并指导银行业金融机构加强和改善对小企业的金融服务，切实缓解小企业融资困难问题。第一，要求银行业金融机构的贷款业务人员和风险管控人员重视和加强对《小企业会计准则》的学习，全面掌握《小企业会计准则》的规定，能够理解和使用小企业财务报表，进一步提升贷款业务人员和风险管控人员的业务素质和工作水平。第二，要求银行业金融机构加强对小企业的信贷风险管控，对会计核算健全、具有良好会计信用的小企业，应优先提供信贷支持。银行业金融机构在办理单户授信金额500万元以上的小企业信贷业务时，在综合考量其经营状况的基础上，可要求企业提供按照《小企业会计准则》或《企业会计准则》编制的上一年度财务报表；在贷款存续期间，可要求企业定期提供按照《小企业会计准则》或《企业会计准则》编制的上一年度财务报表。对于单户授信金额500万元（含）以下的小企业和个体工商户，银行业金融机构在审批其贷款申请时，应当注重财务报表和非财务因素的结合，全面考量企业经营状况，逐步引导该类企业建立健全会计核算制度。第三，要求银行业金融机构建立和完善小企业信用信息征集机制和评价体系，根据《小企业会计准则》规定的财务报表格式，及时调整和完善小企业信用等级评价标准体系，根据小企业的财务状况、经营成果和现金流量对其偿债能力进行动态监控，切实缓解小企业融资难问题。

四、加强宣传，营造《小企业会计准则》实施的良好氛围

各地要加大《小企业会计准则》的宣传培训力度，使得《小企业会计准则》深入人心，为下一步贯彻实施营造良好的社会氛围。各地财政部门应当会同中小企业管理部门、国家税务局、地方税务局、工商行政管理部门、银监局等，对本地小企业情况进行全面摸底调查，加强政策宣传，讲明执行要求，明确执行程序，督促小企业尽早执行。通过召开动员大会、座谈会、经验介绍会等形式，采取电视、报纸、网络等多种宣传手段，向广大小企业宣传《小企业会计准则》执行的重大意义和执行要求，积极引导小企业执行《小企业会计准则》。加强与媒体的沟通与联系，密切关注对本地区《小企业会计准则》执行情况的宣传报道和媒体反映。

五、密切协作，共同服务于小企业的健康可持续发展

各省、自治区、直辖市和计划单列市相关部门要按照本意见的要求进行细化分解，明确工作职责和进度安排，扎实有序地推进本意见的实施。在本意见实施过程中，要建立并加强协调工作机制，制定相应的工作方案，狠抓各项措施的落实，强化调查研究，及时发现和解决新情况、新问题，共同做好《小企业会计准则》的实施工作，更好地为我国经济社会发展和小企业健康可持续发展服务。

小企业会计准则

第一章 总 则

第一条 为了规范小企业会计确认、计量和报告行为，促进小企业可持续发展，发挥小企业在国民经济和社会发展中的重要作用，根据《中华人民共和国会计法》及其他有关法律和法规，制定本准则。

第二条 本准则适用于在中华人民共和国境内依法设立的、符合《中小企业划型标准规定》所规定的小型企业标准的企业。

下列三类小企业除外：

（一）股票或债券在市场上公开交易的小企业。

（二）金融机构或其他具有金融性质的小企业。

（三）企业集团内的母公司和子公司。

前款所称企业集团、母公司和子公司的定义与《企业会计准则》的规定相同。

第三条 符合本准则第二条规定的小企业，可以执行本准则，也可以执行《企业会计准则》。

（一）执行本准则的小企业，发生的交易或者事项本准则未作规范的，可以参照《企业会计准则》中的相关规定进行处理。

（二）执行《企业会计准则》的小企业，不得在执行《企业会计准则》的同时，选择执行本准则的相关规定。

（三）执行本准则的小企业公开发行股票或债券的，应当转为执行《企业会计准则》；因经营规模或企业性质变化导致不符合本准则第二条规定而成为大中型企业或金融企业的，应当从次年1月1日起转为执行《企业会计准则》。

（四）已执行《企业会计准则》的上市公司、大中型企业和小企业，不得转为执行本准则。

第四条 执行本准则的小企业转为执行《企业会计准则》时，应当按照《企业会计准则第38号——首次执行企业会计准则》等相关规定进行会计处理。

第二章 资 产

第五条 资产，是指小企业过去的交易或者事项形成的、由小企业拥有或者控制的、预期会给小企业带来经济利益的资源。

小企业的资产按照流动性，可分为流动资产和非流动资产。

第六条 小企业的资产应当按照成本计量，不计提资产减值准备。

第一节 流动资产

第七条 小企业的流动资产，是指预计在1年内（含1年，下同）或超过1年的一个正常营业周期内变现、出售或耗用的资产。

小企业的流动资产包括：货币资金、短期投资、应收及预付款项、存货等。

第八条 短期投资，是指小企业购入的能随时变现并且持有时间不准备超过 1 年（含 1 年，下同）的投资，如小企业以赚取差价为目的从二级市场购入的股票、债券、基金等。

短期投资应当按照以下规定进行会计处理：

（一）以支付现金取得的短期投资，应当按照购买价款和相关税费作为成本进行计量。

实际支付价款中包含的已宣告但尚未发放的现金股利或已到付息期但尚未领取的债券利息，应当单独确认为应收股利或应收利息，不计入短期投资的成本。

（二）在短期投资持有期间，被投资单位宣告分派的现金股利或在债务人应付利息日按照分期付息、一次还本债券投资的票面利率计算的利息收入，应当计入投资收益。

（三）出售短期投资，出售价款扣除其账面余额、相关税费后的净额，应当计入投资收益。

第九条 应收及预付款项，是指小企业在日常生产经营活动中发生的各项债权。包括：应收票据、应收账款、应收股利、应收利息、其他应收款等应收款项和预付账款。

应收及预付款项应当按照发生额入账。

第十条 小企业应收及预付款项符合下列条件之一的，减除可收回的金额后确认的无法收回的应收及预付款项，作为坏账损失：

（一）债务人依法宣告破产、关闭、解散、被撤销，或者被依法注销、吊销营业执照，其清算财产不足清偿的。

（二）债务人死亡，或者依法被宣告失踪、死亡，其财产或者遗产不足清偿的。

（三）债务人逾期 3 年以上未清偿，且有确凿证据证明已无力清偿债务的。

（四）与债务人达成债务重组协议或法院批准破产重整计划后，无法追偿的。

（五）因自然灾害、战争等不可抗力导致无法收回的。

（六）国务院财政、税务主管部门规定的其他条件。

应收及预付款项的坏账损失应当于实际发生时计入营业外支出，同时冲减应收及预付款项。

第十一条 存货，是指小企业在日常生产经营过程中持有以备出售的产成品或商品、处在生产过程中的在产品、将在生产过程或提供劳务过程中耗用的材料和物料等，以及小企业（农、林、牧、渔业）为出售而持有的、或在将来收获为农产品的消耗性生物资产。

小企业的存货包括：原材料、在产品、半成品、产成品、商品、周转材料、委托加工物资、消耗性生物资产等。

（一）原材料，是指小企业在生产过程中经加工改变其形态或性质并构成产品主要实体的各种原料及主要材料、辅助材料、外购半成品（外购件）、修理用备件（备品备件）、包装材料、燃料等。

（二）在产品，是指小企业正在制造尚未完工的产品。包括：正在各个生产工序加工的产品，以及已加工完毕但尚未检验或已检验但尚未办理入库手续的产品。

（三）半成品，是指小企业经过一定生产过程并已检验合格交付半成品仓库保管，但尚未制造完工成为产成品，仍需进一步加工的中间产品。

（四）产成品，是指小企业已经完成全部生产过程并已验收入库，符合标准规格和技术条件，可以按照合同规定的条件送交订货单位，或者可以作为商品对外销售的产品。

（五）商品，是指小企业（批发业、零售业）外购或委托加工完成并已验收入库用于销售的各种商品。

（六）周转材料，是指小企业能够多次使用、逐渐转移其价值但仍保持原有形态且不确认为固定资产的材料。包括：包装物、低值易耗品、小企业（建筑业）的钢模板、木模板、脚手架等。

（七）委托加工物资，是指小企业委托外单位加工的各种材料、商品等物资。

（八）消耗性生物资产，是指小企业（农、林、牧、渔业）生长中的大田作物、蔬菜、用材林以及存栏待售的牲畜等。

第十二条　小企业取得的存货，应当按照成本进行计量。

（一）外购存货的成本包括：购买价款、相关税费、运输费、装卸费、保险费以及在外购存货过程发生的其他直接费用，但不含按照税法规定可以抵扣的增值税进项税额。

（二）通过进一步加工取得存货的成本包括：直接材料、直接人工以及按照一定方法分配的制造费用。

经过 1 年期以上的制造才能达到预定可销售状态的存货发生的借款费用，也计入存货的成本。

前款所称借款费用，是指小企业因借款而发生的利息及其他相关成本。包括：借款利息、辅助费用以及因外币借款而发生的汇兑差额等。

（三）投资者投入存货的成本，应当按照评估价值确定。

（四）提供劳务的成本包括：与劳务提供直接相关的人工费、材料费和应分摊的间接费用。

（五）自行栽培、营造、繁殖或养殖的消耗性生物资产的成本，应当按照下列规定确定：

1. 自行栽培的大田作物和蔬菜的成本包括：在收获前耗用的种子、肥料、农药等材料费、人工费和应分摊的间接费用。

2. 自行营造的林木类消耗性生物资产的成本包括：郁闭前发生的造林费、抚育费、营林设施费、良种试验费、调查设计费和应分摊的间接费用。

3. 自行繁殖的育肥畜的成本包括：出售前发生的饲料费、人工费和应分摊的间接费用。

4. 水产养殖的动物和植物的成本包括：在出售或入库前耗用的苗种、饲料、肥料等材料费、人工费和应分摊的间接费用。

（六）盘盈存货的成本，应当按照同类或类似存货的市场价格或评估价值确定。

第十三条 小企业应当采用先进先出法、加权平均法或者个别计价法确定发出存货的实际成本。计价方法一经选用，不得随意变更。

对于性质和用途相似的存货，应当采用相同的成本计算方法确定发出存货的成本。

对于不能替代使用的存货、为特定项目专门购入或制造的存货以及提供的劳务，采用个别计价法确定发出存货的成本。

对于周转材料，采用一次转销法进行会计处理，在领用时按其成本计入生产成本或当期损益；金额较大的周转材料，也可以采用分次摊销法进行会计处理。出租或出借周转材料，不需要结转其成本，但应当进行备查登记。

对于已售存货，应当将其成本结转为营业成本。

第十四条 小企业应当根据生产特点和成本管理的要求，选择适合于本企业的成本核算对象、成本项目和成本计算方法。

小企业发生的各项生产费用，应当按照成本核算对象和成本项目分别归集。

（一）属于材料费、人工费等直接费用，直接计入基本生产成本和辅助生产成本。

（二）属于辅助生产车间为生产产品提供的动力等直接费用，可以先作为辅助生产成本进行归集，然后按照合理的方法分配计入基本生产成本；也可以直接计入所生产产品发生的生产成本。

（三）其他间接费用应当作为制造费用进行归集，月度终了，再按一定的分配标准，分配计入有关产品的成本。

第十五条 存货发生毁损，处置收入、可收回的责任人赔偿和保险赔款，扣除其成本、相关税费后的净额，应当计入营业外支出或营业外收入。

盘盈存货实现的收益应当计入营业外收入。

盘亏存货发生的损失应当计入营业外支出。

第二节 长期投资

第十六条 小企业的非流动资产，是指流动资产以外的资产。

小企业的非流动资产包括：长期债券投资、长期股权投资、固定资产、生产性生物资产、无形资产、长期待摊费用等。

第十七条 长期债券投资，是指小企业准备长期（在1年以上，下同）持有的债券投资。

第十八条 长期债券投资应当按照购买价款和相关税费作为成本进行计量。

实际支付价款中包含的已到付息期但尚未领取的债券利息，应当单独确认为应收利息，不计入长期债券投资的成本。

第十九条 长期债券投资在持有期间发生的应收利息应当确认为投资收益。

（一）分期付息、一次还本的长期债券投资，在债务人应付利息日按照票面利率计算的应收未收利息收入应当确认为应收利息，不增加长期债券投资的账面余额。

（二）一次还本付息的长期债券投资，在债务人应付利息日按照票面利率计算的应收未收利息收入应当增加长期债券投资的账面余额。

（三）债券的折价或者溢价在债券存续期间内于确认相关债券利息收入时采用直线法进行摊销。

第二十条 长期债券投资到期，小企业收回长期债券投资，应当冲减其账面余额。

处置长期债券投资，处置价款扣除其账面余额、相关税费后的净额，应当计入投资收益。

第二十一条 小企业长期债券投资符合本准则第十条所列条件之一的，减除可收回的金额后确认的无法收回的长期债券投资，作为长期债券投资损失。

长期债券投资损失应当于实际发生时计入营业外支出，同时冲减长期债券投资账面余额。

第二十二条 长期股权投资，是指小企业准备长期持有的权益性投资。

第二十三条 长期股权投资应当按照成本进行计量。

（一）以支付现金取得的长期股权投资，应当按照购买价款和相关税费作为成本进行计量。

实际支付价款中包含的已宣告但尚未发放的现金股利，应当单独确认为应收股利，不计入长期股权投资的成本。

（二）通过非货币性资产交换取得的长期股权投资，应当按照换出非货币性资产的评估价值和相关税费作为成本进行计量。

第二十四条 长期股权投资应当采用成本法进行会计处理。

在长期股权投资持有期间，被投资单位宣告分派的现金股利或利润，应当按照应分得的金额确认为投资收益。

第二十五条 处置长期股权投资，处置价款扣除其成本、相关税费后的净额，应当计入投资收益。

第二十六条 小企业长期股权投资符合下列条件之一的，减除可收回的金额后确认的无法收回的长期股权投资，作为长期股权投资损失：

（一）被投资单位依法宣告破产、关闭、解散、被撤销，或者被依法注销、吊销营业执照的。

（二）被投资单位财务状况严重恶化，累计发生巨额亏损，已连续停止经营 3 年以上，且无重新恢复经营改组计划的。

（三）对被投资单位不具有控制权，投资期限届满或者投资期限已超过 10 年，且被投资单位因连续 3 年经营亏损导致资不抵债的。

（四）被投资单位财务状况严重恶化，累计发生巨额亏损，已完成清算或清算期超过 3 年以上的。

（五）国务院财政、税务主管部门规定的其他条件。

长期股权投资损失应当于实际发生时计入营业外支出，同时冲减长期股权投资账面余额。

第三节 固定资产和生产性生物资产

第二十七条 固定资产，是指小企业为生产产品、提供劳务、出租或经营管理而持有的，使用寿命超过1年的有形资产。

小企业的固定资产包括：房屋、建筑物、机器、机械、运输工具、设备、器具、工具等。

第二十八条 固定资产应当按照成本进行计量。

（一）外购固定资产的成本包括：购买价款、相关税费、运输费、装卸费、保险费、安装费等，但不含按照税法规定可以抵扣的增值税进项税额。

以一笔款项购入多项没有单独标价的固定资产，应当按照各项固定资产或类似资产的市场价格或评估价值比例对总成本进行分配，分别确定各项固定资产的成本。

（二）自行建造固定资产的成本，由建造该项资产在竣工决算前发生的支出（含相关的借款费用）构成。

小企业在建工程在试运转过程中形成的产品、副产品或试车收入冲减在建工程成本。

（三）投资者投入固定资产的成本，应当按照评估价值和相关税费确定。

（四）融资租入的固定资产的成本，应当按照租赁合同约定的付款总额和在签订租赁合同过程中发生的相关税费等确定。

（五）盘盈固定资产的成本，应当按照同类或者类似固定资产的市场价格或评估价值，扣除按照该项固定资产新旧程度估计的折旧后的余额确定。

第二十九条 小企业应当对所有固定资产计提折旧，但已提足折旧仍继续使用的固定资产和单独计价入账的土地不得计提折旧。

固定资产的折旧费应当根据固定资产的受益对象计入相关资产成本或者当期损益。

前款所称折旧，是指在固定资产使用寿命内，按照确定的方法对应计折旧额进行系统分摊。应计折旧额，是指应当计提折旧的固定资产的原价（成本）扣除其预计净残值后的金额。预计净残值，是指固定资产预计使用寿命已满，小企业从该项固定资产处置中获得的扣除

预计处置费用后的净额。已提足折旧，是指已经提足该项固定资产的应计折旧额。

第三十条 小企业应当按照年限平均法（即直线法，下同）计提折旧。小企业的固定资产由于技术进步等原因，确需加速折旧的，可以采用双倍余额递减法和年数总和法。

小企业应当根据固定资产的性质和使用情况，并考虑税法的规定，合理确定固定资产的使用寿命和预计净残值。

固定资产的折旧方法、使用寿命、预计净残值一经确定，不得随意变更。

第三十一条 小企业应当按月计提折旧，当月增加的固定资产，当月不计提折旧，从下月起计提折旧；当月减少的固定资产，当月仍计提折旧，从下月起不计提折旧。

第三十二条 固定资产的日常修理费，应当在发生时根据固定资产的受益对象计入相关资产成本或者当期损益。

第三十三条 固定资产的改建支出，应当计入固定资产的成本，但已提足折旧的固定资产和经营租入的固定资产发生的改建支出应当计入长期待摊费用。

前款所称固定资产的改建支出，是指改变房屋或者建筑物结构、延长使用年限等发生的支出。

第三十四条 处置固定资产，处置收入扣除其账面价值、相关税费和清理费用后的净额，应当计入营业外收入或营业外支出。

前款所称固定资产的账面价值，是指固定资产原价（成本）扣减累计折旧后的金额。

盘亏固定资产发生的损失应当计入营业外支出。

第三十五条 生产性生物资产，是指小企业（农、林、牧、渔业）为生产农产品、提供劳务或出租等目的而持有的生物资产。包括：经济林、薪炭林、产畜和役畜等。

第三十六条 生产性生物资产应当按照成本进行计量。

（一）外购的生产性生物资产的成本，应当按照购买价款和相关税费确定。

（二）自行营造或繁殖的生产性生物资产的成本，应当按照下列规定确定：

1. 自行营造的林木类生产性生物资产的成本包括：达到预定生产经营目的前发生的造林费、抚育费、营林设施费、良种试验费、调查设计费和应分摊的间接费用等必要支出。

2. 自行繁殖的产畜和役畜的成本包括：达到预定生产经营目的前发生的饲料费、人工费和应分摊的间接费用等必要支出。

前款所称达到预定生产经营目的，是指生产性生物资产进入正常生产期，可以多年连续稳定产出农产品、提供劳务或出租。

第三十七条 生产性生物资产应当按照年限平均法计提折旧。

小企业（农、林、牧、渔业）应当根据生产性生物资产的性质和使用情况，并考虑税法的规定，合理确定生产性生物资产的使用寿命和预计净残值。

生产性生物资产的折旧方法、使用寿命、预计净残值一经确定，不得随意变更。

小企业（农、林、牧、渔业）应当自生产性生物资产投入使用月份的下月起按月计提折旧；停止使用的生产性生物资产，应当自停止使用月份的下月起停止计提折旧。

第四节 无形资产

第三十八条 无形资产，是指小企业为生产产品、提供劳务、出租或经营管理而持有的、没有实物形态的可辨认非货币性资产。

小企业的无形资产包括：土地使用权、专利权、商标权、著作权、非专利技术等。

自行开发建造厂房等建筑物，相关的土地使用权与建筑物应当分别进行处理。外购土地及建筑物支付的价款应当在建筑物与土地使用权之间按照合理的方法进行分配；难以合理分配的，应当全部作为固定资产。

第三十九条 无形资产应当按照成本进行计量。

（一）外购无形资产的成本包括：购买价款、相关税费和相关的其他支出（含相关的借款费用）。

（二）投资者投入的无形资产的成本，应当按照评估价值和相关税费确定。

（三）自行开发的无形资产的成本，由符合资本化条件后至达到预定用途前发生的支出（含相关的借款费用）构成。

第四十条 小企业自行开发无形资产发生的支出，同时满足下列条件的，才能确认为无形资产：

（一）完成该无形资产以使其能够使用或出售在技术上具有可行性；

（二）具有完成该无形资产并使用或出售的意图；

（三）能够证明运用该无形资产生产的产品存在市场或无形资产自身存在市场，无形资产将在内部使用的，应当证明其有用性；

（四）有足够的技术、财务资源和其他资源支持，以完成该无形资产的开发，并有能力使用或出售该无形资产；

（五）归属于该无形资产开发阶段的支出能够可靠地计量。

第四十一条 无形资产应当在其使用寿命内采用年限平均法进行摊销，根据其受益对象计入相关资产成本或者当期损益。

无形资产的摊销期自其可供使用时开始至停止使用或出售时止。有关法律规定或合同约定了使用年限的，可以按照规定或约定的使用年限分期摊销。

小企业不能可靠估计无形资产使用寿命的，摊销期不得低于10年。

第四十二条 处置无形资产，处置收入扣除其账面价值、相关税费等后的净额，应当计入营业外收入或营业外支出。

前款所称无形资产的账面价值，是指无形资产的成本扣减累计摊销后的金额。

第五节 长期待摊费用

第四十三条 小企业的长期待摊费用包括：已提足折旧的固定资产的改建支出、经营租入固定资产的改建支出、固定资产的大修理支出和其他长期待摊费用等。

前款所称固定资产的大修理支出，是指同时符合下列条件的支出：

（一）修理支出达到取得固定资产时的计税基础50%以上；

（二）修理后固定资产的使用寿命延长2年以上。

第四十四条 长期待摊费用应当在其摊销期限内采用年限平均法进行摊销，根据其受益对象计入相关资产的成本或者管理费用，并冲减长期待摊费用。

（一）已提足折旧的固定资产的改建支出，按照固定资产预计尚可使用年限分期摊销。

（二）经营租入固定资产的改建支出，按照合同约定的剩余租赁期限分期摊销。

（三）固定资产的大修理支出，按照固定资产尚可使用年限分期摊销。

（四）其他长期待摊费用，自支出发生月份的下月起分期摊销，摊销期不得低于3年。

第三章 负 债

第四十五条 负债，是指小企业过去的交易或者事项形成的，预期会导致经济利益流出小企业的现时义务。

小企业的负债按照其流动性，可分为流动负债和非流动负债。

第一节 流动负债

第四十六条 小企业的流动负债，是指预计在1年内或者超过1年的一个正常营业周期内清偿的债务。

小企业的流动负债包括：短期借款、应付及预收款项、应付职工薪酬、应交税费、应付利息等。

第四十七条 各项流动负债应当按照其实际发生额入账。

小企业确实无法偿付的应付款项，应当计入营业外收入。

第四十八条 短期借款应当按照借款本金和借款合同利率在应付利息日计提利息费用，计入财务费用。

第四十九条 应付职工薪酬，是指小企业为获得职工提供的服务而应付给职工的各种形式的报酬以及其他相关支出。

小企业的职工薪酬包括：

（一）职工工资、奖金、津贴和补贴。

（二）职工福利费。

（三）医疗保险费、养老保险费、失业保险费、工伤保险费和生育保险费等社会保险费。

（四）住房公积金。

（五）工会经费和职工教育经费。

（六）非货币性福利。

（七）因解除与职工的劳动关系给予的补偿。

（八）其他与获得职工提供的服务相关的支出等。

第五十条 小企业应当在职工为其提供服务的会计期间，将应付的职工薪酬确认为负债，并根据职工提供服务的受益对象，分别下列情况进行会计处理：

（一）应由生产产品、提供劳务负担的职工薪酬，计入产品成本或劳务成本。

（二）应由在建工程、无形资产开发项目负担的职工薪酬，计入固定资产成本或无形资产成本。

（三）其他职工薪酬（含因解除与职工的劳动关系给予的补偿），计入当期损益。

第二节 非流动负债

第五十一条 小企业的非流动负债，是指流动负债以外的负债。

小企业的非流动负债包括：长期借款、长期应付款等。

第五十二条 非流动负债应当按照其实际发生额入账。

长期借款应当按照借款本金和借款合同利率在应付利息日计提利息费用，计入相关资产成本或财务费用。

第四章 所有者权益

第五十三条 所有者权益，是指小企业资产扣除负债后由所有者享有的剩余权益。

小企业的所有者权益包括：实收资本（或股本，下同）、资本公积、盈余公积和未分配利润。

第五十四条 实收资本，是指投资者按照合同协议约定或相关规定投入到小企业、构成小企业注册资本的部分。

（一）小企业收到投资者以现金或非货币性资产投入的资本，应当按照其在本企业注册资本中所占的份额计入实收资本，超出的部分，应当计入资本公积。

（二）投资者根据有关规定对小企业进行增资或减资，小企业应当增加或减少实收资本。

第五十五条 资本公积，是指小企业收到的投资者出资额超过其在注册资本或股本中所占份额的部分。

小企业用资本公积转增资本，应当冲减资本公积。小企业的资本公积不得用于弥补亏损。

第五十六条 盈余公积，是指小企业按照法律规定在税后利润中提取的法定公积金和任意公积金。

小企业用盈余公积弥补亏损或者转增资本，应当冲减盈余公积。小企业的盈余公积还可以用于扩大生产经营。

第五十七条 未分配利润，是指小企业实现的净利润，经过弥补亏损、提取法定公积金和任意公积金、向投资者分配利润后，留存在本企业的、历年结存的利润。

第五章 收 入

第五十八条 收入，是指小企业在日常生产经营活动中形成的、会导致所有者权益增加、与所有者投入资本无关的经济利益的总流入。包括：销售商品收入和提供劳务收入。

第五十九条 销售商品收入，是指小企业销售商品（或产成品、材料，下同）取得的收入。

通常，小企业应当在发出商品且收到货款或取得收款权利时，确认销售商品收入。

（一）销售商品采用托收承付方式的，在办妥托收手续时确认收入。

（二）销售商品采取预收款方式的，在发出商品时确认收入。

（三）销售商品采用分期收款方式的，在合同约定的收款日期确认收入。

（四）销售商品需要安装和检验的，在购买方接受商品以及安装和检验完毕时确认收入。安装程序比较简单的，可在发出商品时确认收入。

（五）销售商品采用支付手续费方式委托代销的，在收到代销清单时确认收入。

（六）销售商品以旧换新的，销售的商品作为商品销售处理，回收的商品作为购进商品处理。

（七）采取产品分成方式取得的收入，在分得产品之日按照产品的市场价格或评估价值确定销售商品收入金额。

第六十条 小企业应当按照从购买方已收或应收的合同或协议价款，确定销售商品收入金额。

销售商品涉及现金折扣的，应当按照扣除现金折扣前的金额确定销售商品收入金额。现金折扣应当在实际发生时，计入当期损益。

销售商品涉及商业折扣的，应当按照扣除商业折扣后的金额确定销售商品收入金额。

前款所称现金折扣，是指债权人为鼓励债务人在规定的期限内付款而向债务人提供的债务扣除。商业折扣，是指小企业为促进商品销售而在商品标价上给予的价格扣除。

第六十一条 小企业已经确认销售商品收入的售出商品发生的销售退回（不论属于本年度还是属于以前年度的销售），应当在发生时冲减当期销售商品收入。

小企业已经确认销售商品收入的售出商品发生的销售折让，应当在发生时冲减当期销售商品收入。

前款所称销售退回，是指小企业售出的商品由于质量、品种不符合要求等原因发生的退货。销售折让，是指小企业因售出商品的质量不合格等原因而在售价上给予的减让。

第六十二条 小企业提供劳务的收入，是指小企业从事建筑安装、修理修配、交通运输、仓储租赁、邮电通信、咨询经纪、文化体育、科学研究、技术服务、教育培训、餐饮住宿、中介代理、卫生保健、社区服务、旅游、娱乐、加工以及其他劳务服务活动取得的收入。

第六十三条 同一会计年度内开始并完成的劳务，应当在提供劳务交易完成且收到款项或取得收款权利时，确认提供劳务收入。提供劳务收入的金额为从接受劳务方已收或应收的合同或协议价款。

劳务的开始和完成分属不同会计年度的，应当按照完工进度确认提供劳务收入。年度资产负债表日，按照提供劳务收入总额乘以完工进度扣除以前会计年度累计已确认提供劳务收入后的金额，确认本年度的提供劳务收入；同时，按照估计的提供劳务成本总额乘以完工进度扣除以前会计年度累计已确认营业成本后的金额，结转本年度营业成本。

第六十四条 小企业与其他企业签订的合同或协议包含销售商品和提供劳务时，销售商品部分和提供劳务部分能够区分且能够单独计量的，应当将销售商品的部分作为销售商品处理，将提供劳务的部分作为提供劳务处理。

销售商品部分和提供劳务部分不能够区分，或虽能区分但不能够单独计量的，应当作为销售商品处理。

第六章 费 用

第六十五条 费用，是指小企业在日常生产经营活动中发生的、会导致所有者权益减少、与向所有者分配利润无关的经济利益的总流出。

小企业的费用包括：营业成本、营业税金及附加、销售费用、管理费用、财务费用等。

（一）营业成本，是指小企业所销售商品的成本和所提供劳务的成本。

（二）营业税金及附加，是指小企业开展日常生产经营活动应负担的消费税、营业税、城市维护建设税、资源税、土地增值税、城镇土地使用税、房产税、车船税、印花税和教育费附加、矿产资源补偿费、排污费等。

（三）销售费用，是指小企业在销售商品或提供劳务过程中发生的各种费用。包括：销售人员的职工薪酬、商品维修费、运输费、装卸费、包装费、保险费、广告费、业务宣传费、展览费等费用。

小企业（批发业、零售业）在购买商品过程中发生的费用（包括：运输费、装卸费、包装费、保险费、运输途中的合理损耗和入库前的挑选整理费等）也构成销售费用。

（四）管理费用，是指小企业为组织和管理生产经营发生的其他费用。包括：小企业在筹建期间内发生的开办费、行政管理部门发生的费用（包括：固定资产折旧费、修理费、办公费、水电费、差旅费、管理人员的职工薪酬等）、业务招待费、研究费用、技术转让费、相关长期待摊费用摊销、财产保险费、聘请中介机构费、咨询费（含顾问费）、诉讼费等费用。

（五）财务费用，是指小企业为筹集生产经营所需资金发生的筹资费用。包括：利息费用（减利息收入）、汇兑损失、银行相关手续费、小企业给予的现金折扣（减享受的现金折扣）等费用。

第六十六条　通常，小企业的费用应当在发生时按照其发生额计入当期损益。

小企业销售商品收入和提供劳务收入已予确认的，应当将已销售商品和已提供劳务的成本作为营业成本结转至当期损益。

第七章　利润及利润分配

第六十七条　利润，是指小企业在一定会计期间的经营成果。包括：营业利润、利润总额和净利润。

（一）营业利润，是指营业收入减去营业成本、营业税金及附加、销售费用、管理费用、财务费用，加上投资收益（或减去投资损失）后的金额。

前款所称营业收入，是指小企业销售商品和提供劳务实现的收入总额。投资收益，由小企业股权投资取得的现金股利（或利润）、债券投资取得的利息收入和处置股权投资和债券投资取得的处置价款扣除成本或账面余额、相关税费后的净额三部分构成。

（二）利润总额，是指营业利润加上营业外收入，减去营业外支出后的金额。

（三）净利润，是指利润总额减去所得税费用后的净额。

第六十八条　营业外收入，是指小企业非日常生产经营活动形成的、应当计入当期损益、会导致所有者权益增加、与所有者投入资本无关的经济利益的净流入。

小企业的营业外收入包括：非流动资产处置净收益、政府补助、捐赠收益、盘盈收益、汇兑收益、出租包装物和商品的租金收入、逾期未退包装物押金收益、确实无法偿付的应付款项、已作坏账损失处理后又收回的应收款项、违约金收益等。

通常，小企业的营业外收入应当在实现时按照其实现金额计入当期损益。

第六十九条 政府补助，是指小企业从政府无偿取得货币性资产或非货币性资产，但不含政府作为小企业所有者投入的资本。

（一）小企业收到与资产相关的政府补助，应当确认为递延收益，并在相关资产的使用寿命内平均分配，计入营业外收入。

收到的其他政府补助，用于补偿本企业以后期间的相关费用或亏损的，确认为递延收益，并在确认相关费用或发生亏损的期间，计入营业外收入；用于补偿本企业已发生的相关费用或亏损的，直接计入营业外收入。

（二）政府补助为货币性资产的，应当按照收到的金额计量。

政府补助为非货币性资产的，政府提供了有关凭据的，应当按照凭据上标明的金额计量；政府没有提供有关凭据的，应当按照同类或类似资产的市场价格或评估价值计量。

（三）小企业按照规定实行企业所得税、增值税、消费税、营业税等先征后返的，应当在实际收到返还的企业所得税、增值税（不含出口退税）、消费税、营业税时，计入营业外收入。

第七十条 营业外支出，是指小企业非日常生产经营活动发生的、应当计入当期损益、会导致所有者权益减少、与向所有者分配利润无关的经济利益的净流出。

小企业的营业外支出包括：存货的盘亏、毁损、报废损失，非流动资产处置净损失，坏账损失，无法收回的长期债券投资损失，无法收回的长期股权投资损失，自然灾害等不可抗力因素造成的损失，税收滞纳金，罚金，罚款，被没收财物的损失，捐赠支出，赞助支出等。

通常，小企业的营业外支出应当在发生时按照其发生额计入当期损益。

第七十一条 小企业应当按照企业所得税法规定计算的当期应纳税额，确认所得税费用。

小企业应当在利润总额的基础上，按照企业所得税法规定进行纳税调整，计算出当期应纳税所得额，按照应纳税所得额与适用所得税税率为基础计算确定当期应纳税额。

第七十二条 小企业以当年净利润弥补以前年度亏损等剩余的税后利润，可用于向投资者进行分配。

小企业（公司制）在分配当年税后利润时，应当按照公司法的规定提取法定公积金和任意公积金。

第八章 外币业务

第七十三条 小企业的外币业务由外币交易和外币财务报表折算构成。

第七十四条 外币交易，是指小企业以外币计价或者结算的交易。

小企业的外币交易包括：买入或者卖出以外币计价的商品或者劳务、借入或者借出外币资金和其他以外币计价或者结算的交易。

前款所称外币，是指小企业记账本位币以外的货币。记账本位币，是指小企业经营所处的主要经济环境中的货币。

第七十五条　小企业应当选择人民币作为记账本位币。业务收支以人民币以外的货币为主的小企业，可以选定其中一种货币作为记账本位币，但编报的财务报表应当折算为人民币财务报表。

小企业记账本位币一经确定，不得随意变更，但小企业经营所处的主要经济环境发生重大变化除外。

小企业因经营所处的主要经济环境发生重大变化，确需变更记账本位币的，应当采用变更当日的即期汇率将所有项目折算为变更后的记账本位币。

前款所称即期汇率，是指中国人民银行公布的当日人民币外汇牌价的中间价。

第七十六条　小企业对于发生的外币交易，应当将外币金额折算为记账本位币金额。

外币交易在初始确认时，采用交易发生日的即期汇率将外币金额折算为记账本位币金额；也可以采用交易当期平均汇率折算。

小企业收到投资者以外币投入的资本，应当采用交易发生日即期汇率折算，不得采用合同约定汇率和交易当期平均汇率折算。

第七十七条　小企业在资产负债表日，应当按照下列规定对外币货币性项目和外币非货币性项目进行会计处理：

（一）外币货币性项目，采用资产负债表日的即期汇率折算。因资产负债表日即期汇率与初始确认时或者前一资产负债表日即期汇率不同而产生的汇兑差额，计入当期损益。

（二）以历史成本计量的外币非货币性项目，仍采用交易发生日的即期汇率折算，不改变其记账本位币金额。

前款所称货币性项目，是指小企业持有的货币资金和将以固定或可确定的金额收取的资产或者偿付的负债。货币性项目分为货币性资产和货币性负债。货币性资产包括：库存现金、银行存款、应收账款、其他应收款等；货币性负债包括：短期借款、应付账款、其他应付款、长期借款、长期应付款等。非货币性项目，是指货币性项目以外的项目。包括：存货、长期股权投资、固定资产、无形资产等。

第七十八条　小企业对外币财务报表进行折算时，应当采用资产负债表日的即期汇率对外币资产负债表、利润表和现金流量表的所有项目进行折算。

第九章　财务报表

第七十九条　财务报表，是指对小企业财务状况、经营成果和现金流量的结构性表述。小企业的财务报表至少应当包括下列组成部分：

（一）资产负债表；

（二）利润表；

（三）现金流量表；

（四）附注。

第八十条　资产负债表，是指反映小企业在某一特定日期的财务状况的报表。

（一）资产负债表中的资产类至少应当单独列示反映下列信息的项目：

1. 货币资金；
2. 应付及预收款项；
3. 存货；
4. 长期债券投资；
5. 长期股权投资；
6. 固定资产；
7. 生产性生物资产；
8. 无形资产；
9. 长期待摊费用。

（二）资产负债表中的负债类至少应当单独列示反映下列信息的项目：

1. 短期借款；
2. 应付及预收款项；
3. 应付职工薪酬；
4. 应交税费；
5. 应付利息；
6. 长期借款；
7. 长期应付款。

（三）资产负债表中的所有者权益类至少应当单独列示反映下列信息的项目：

1. 实收资本；
2. 资本公积；
3. 盈余公积；
4. 未分配利润。

（四）资产负债表中的资产类应当包括流动资产和非流动资产的合计项目；负债类应当包括流动负债、非流动负债和负债的合计项目；所有者权益类应当包括所有者权益的合计项目。

资产负债表应当列示资产总计项目，负债和所有者权益总计项目。

第八十一条 利润表，是指反映小企业在一定会计期间的经营成果的报表。

费用应当按照功能分类，分为营业成本、营业税金及附加、销售费用、管理费用和财务费用等。

利润表至少应当单独列示反映下列信息的项目：

（一）营业收入；

（二）营业成本；

（三）营业税金及附加；

（四）销售费用；

（五）管理费用；

（六）财务费用；

（七）所得税费用；

（八）净利润。

第八十二条 现金流量表，是指反映小企业在一定会计期间现金流入和流出情况的报表。

现金流量表应当分别经营活动、投资活动和筹资活动列报现金流量。现金流量应当分别按照现金流入和现金流出总额列报。

前款所称现金，是指小企业的库存现金以及可以随时用于支付的存款和其他货币资金。

第八十三条 经营活动，是指小企业投资活动和筹资活动以外的所有交易和事项。

小企业经营活动产生的现金流量应当单独列示反映下列信息的项目：

（一）销售产成品、商品。提供劳务收到的现金；

（二）购买原材料、商品。接受劳务支付的现金；

（三）支付的职工薪酬；

（四）支付的税费。

第八十四条 投资活动，是指小企业固定资产、无形资产、其他非流动资产的购建和短期投资、长期债券投资、长期股权投资及其处置活动。

小企业投资活动产生的现金流量应当单独列示反映下列信息的项目：

（一）收回短期投资、长期债券投资和长期股权投资收到的现金；

（二）取得投资收益收到的现金；

（三）处置固定资产、无形资产和其他非流动资产收回的现金净额；

（四）短期投资、长期债券投资和长期股权投资支付的现金；

（五）购建固定资产、无形资产和其他非流动资产支付的现金。

第八十五条 筹资活动，是指导致小企业资本及债务规模和构成发生变化的活动。

小企业筹资活动产生的现金流量应当单独列示反映下列信息的项目：

（一）取得借款收到的现金；

（二）吸收投资者投资收到的现金；

（三）偿还借款本金支付的现金；

（四）偿还借款利息支付的现金；

（五）分配利润支付的现金。

第八十六条 附注，是指对在资产负债表、利润表和现金流量表等报表中列示项目的文字描述或明细资料，以及对未能在这些报表中列示项目的说明等。

附注应当按照下列顺序披露：

（一）遵循小企业会计准则的声明。

（二）短期投资、应收账款、存货、固定资产项目的说明。

（三）应付职工薪酬、应交税费项目的说明。

（四）利润分配的说明。

（五）用于对外担保的资产名称、账面余额及形成的原因；未决诉讼、未决仲裁以及对外提供担保所涉及的金额。

（六）发生严重亏损的，应当披露持续经营的计划、未来经营的方案。

（七）对已在资产负债表和利润表中列示项目与企业所得税法规定存在差异的纳税调整过程。

（八）其他需要在附注中说明的事项。

第八十七条 小企业应当根据实际发生的交易和事项，按照本准则的规定进行确认和计量，在此基础上按月或者按季编制财务报表。

第八十八条 小企业对会计政策变更、会计估计变更和会计差错更正应当采用未来适用法进行会计处理。

前款所称会计政策，是指小企业在会计确认、计量和报告中所采用的原则、基础和会计处理方法。会计估计变更，是指由于资产和负债的当前状况及预期经济利益和义务发生了变化，从而对资产或负债的账面价值或者资产的定期消耗金额进行调整。前期差错包括：计算错误、应用会计政策错误、应用会计估计错误等。未来适用法，是指将变更后的会计政策和会计估计应用于变更日及以后发生的交易或者事项，或者在会计差错发生或发现的当期更正差错的方法。

第十章 附 则

第八十九条 符合《中小企业划型标准规定》所规定的微型企业标准的企业参照执行本准则。

第九十条 本准则自2013年1月1日起施行。财政部2004年发布的《小企业会计制度》（财会〔2004〕2号）同时废止。

附录

小企业会计准则

——会计科目、主要账务处理和财务报表

一、会计科目

会计科目和主要账务处理依据小企业会计准则中确认和计量的规定制定，涵盖了各类小企业的交易和事项。小企业在不违反会计准则中确认、计量和报告规定的前提下，可以根据本企业的实际情况自行增设、分拆、合并会计科目。小企业不存在的交易或者事项，可不设置相关会计科目。对于明细科目，小企业可以比照本附录中的规定自行设置。会计科目编号供小企业填制会计凭证、登记会计账簿、查阅会计账目、采用会计软件系统参考，小企业可结合本企业的实际情况自行确定其他会计科目的编号。

顺序号	编号	会计科目名称
		一、资产类
1	1001	库存现金
2	1002	银行存款
3	1012	其他货币资金
4	1101	短期投资
5	1121	应收票据
6	1122	应收账款
7	1123	预付账款
8	1131	应收股利
9	1132	应收利息
10	1221	其他应收款
11	1401	材料采购
12	1402	在途物资
13	1403	原材料
14	1404	材料成本差异
15	1405	库存商品
16	1407	商品进销差价
17	1408	委托加工物资
18	1411	周转材料
19	1421	消耗性生物资产
20	1501	长期债券投资
21	1511	长期股权投资
22	1601	固定资产
23	1602	累计折旧
24	1604	在建工程
25	1605	工程物资
26	1606	固定资产清理
27	1621	生产性生物资产

续表

顺序号	编号	会计科目名称
28	1622	生产性生物资产累计折旧
29	1701	无形资产
30	1702	累计摊销
31	1801	长期待摊费用
32	1901	待处理财产损溢
		二、负债类
33	2001	短期借款
34	2201	应付票据
35	2202	应付账款
36	2203	预收账款
37	2211	应付职工薪酬
38	2221	应交税费
39	2231	应付利息
40	2232	应付利润
41	2241	其他应付款
42	2401	递延收益
43	2501	长期借款
44	2701	长期应付款
		三、所有者权益类
45	3001	实收资本
46	3002	资本公积
47	3101	盈余公积
48	3103	本年利润
49	3104	利润分配
		四、成本类
50	4001	生产成本
51	4101	制造费用
52	4301	研发支出
53	4401	工程施工
54	4403	机械作业
		五、损益类
55	5001	主营业务收入
56	5051	其他业务收入
57	5111	投资收益
58	5301	营业外收入
59	5401	主营业务成本
60	5402	其他业务成本
61	5403	营业税金及附加
62	5601	销售费用
63	5602	管理费用
64	5603	财务费用
65	5711	营业外支出
66	5801	所得税费用

二、主要账务处理

资产类

1001　库存现金

一、本科目核算小企业的库存现金。

小企业有内部周转使用备用金的，可以单独设置“1004 备用金”科目。

二、库存现金的主要账务处理。

小企业增加库存现金，借记本科目，贷记“银行存款”等科目；减少库存现金，做相反的会计分录。

三、小企业应当设置“库存现金日记账”，由出纳人员根据收付款凭证，按照业务发生顺序逐笔登记。每日终了，应当计算当日的现金收入合计额、现金支出合计额和结余额，将结余额与实际库存额核对，做到账款相符。

有外币现金的小企业，还应当分别按照人民币和外币进行明细核算。

四、每日终了结算现金收支、财产清查等发现的有待查明原因的现金短缺或溢余，应通过“待处理财产损溢”科目核算：属于现金短缺，应按照实际短缺的金额，借记“待处理财产损溢——待处理流动资产损溢”科目，贷记本科目；属于现金溢余，按照实际溢余的金额，借记本科目，贷记“待处理财产损溢——待处理流动资产损溢”科目。

五、本科目期末借方余额，反映小企业持有的库存现金。

1002　银行存款

一、本科目核算小企业存入银行或其他金融机构的各种款项。

二、银行存款的主要账务处理。

小企业增加银行存款，借记本科目，贷记“库存现金”、“应收账款”等科目；减少银行存款，做相反的会计分录。

三、小企业应当按照开户银行和其他金融机构、存款种类等设置“银行存款日记账”，由出纳人员根据收付款凭证，按照业务的发生顺序逐笔登记。每日终了，应结出余额。

“银行存款日记账”应定期与“银行对账单”核对，至少每月核对一次。小企业银行存款账面余额与银行对账单余额之间如有差额，应编制“银行存款余额调节表”调节相符。

有外币银行存款的小企业，还应当分别按照人民币和外币进行明细核算。

四、本科目期末借方余额，反映小企业存在银行或其他金融机构的各种款项。

1012 其他货币资金

一、本科目核算小企业的银行汇票存款、银行本票存款、信用卡存款、信用证保证金存款、外埠存款、备用金等其他货币资金。

二、本科目应按照银行汇票或本票、信用卡发放银行、信用证的收款单位，外埠存款的开户银行，分别“银行汇票”、“银行本票”、“信用卡”、“信用证保证金”、“外埠存款”等进行明细核算。

三、其他货币资金的主要账务处理。

小企业增加其他货币资金，借记本科目，贷记“银行存款”科目；减少其他货币资金，做相反的会计分录。

四、本科目期末借方余额，反映小企业持有的其他货币资金。

1101 短期投资

一、本科目核算小企业购入的能随时变现并且持有时间不准备超过 1 年（含 1 年，下同）的投资。

二、本科目应按照股票、债券、基金等短期投资种类进行明细核算。

三、短期投资的主要账务处理。

（一）小企业购入各种股票、债券、基金等作为短期投资的，应当按照实际支付的购买价款和相关税费，借记本科目，贷记“银行存款”科目。

小企业购入股票，如果实际支付的购买价款中包含已宣告但尚未发放的现金股利，应当按照实际支付的购买价款和相关税费扣除已宣告但尚未发放的现金股利后的金额，借记本科目，按照应收的现金股利，借记“应收股利”科目，按照实际支付的购买价款和相关税费，贷记“银行存款”科目。

小企业购入债券，如果实际支付的购买价款中包含已到付息期但尚未领取的债券利息，应当按照实际支付的购买价款和相关税费扣除已到付息期但尚未领取的债券利息后的金额，借记本科目，按照应收的债券利息，借记“应收利息”科目，按照实际支付的购买价款和相关税费，贷记“银行存款”科目。

（二）在短期投资持有期间，被投资单位宣告分派的现金股利，借记“应收股利”科目，贷记“投资收益”科目。

在债务人应付利息日，按照分期付息、一次还本债券投资的票面利率计算的利息收入，借记“应收利息”科目，贷记“投资收益”科目。

（三）出售短期投资，应当按照实际收到的出售价款，借记“银行存款”或“库存现金”科目，按照该项短期投资的账面余额，贷记本科目，按照尚未收到的现金股利或债券利息，贷记“应收股利”或“应收利息”科目，按照其差额，贷记或借记“投资收益”科目。

四、本科目期末借方余额，反映小企业持有的短期投资成本。

1121　应收票据

一、本科目核算小企业因销售商品（产成品或材料，下同）、提供劳务等日常生产经营活动而收到的商业汇票（银行承兑汇票和商业承兑汇票）。

二、本科目应按照开出、承兑商业汇票的单位进行明细核算。

三、应收票据的主要账务处理。

（一）小企业因销售商品、提供劳务等而收到开出、承兑的商业汇票，按照商业汇票的票面金额，借记本科目，按照确认的营业收入，贷记“主营业务收入”等科目。涉及增值税销项税额的，还应当贷记“应交税费——应交增值税（销项税额）”科目。

（二）持未到期的商业汇票向银行贴现，应按照实际收到的金额（即减去贴现息后的净额），借记“银行存款”科目，按照贴现息，借记“财务费用”科目，按照商业汇票的票面金额，贷记本科目（银行无追索权情况下）或“短期借款”科目（银行有追索权情况下）。

（三）将持有的商业汇票背书转让以取得所需物资，按照应计入取得物资成本的金额，借记“材料采购”或“原材料”、“库存商品”等科目，按照商业汇票的票面金额，贷记本科目，如有差额，借记或贷记“银行存款”等科目。涉及按照税法规定可抵扣的增值税进项税额的，还应当借记“应交税费——应交增值税（进项税额）”科目。

（四）商业汇票到期，应按照实际收到的金额，借记“银行存款”科目，贷记本科目。

因付款人无力支付票款，或到期不能收回应收票据，应按照商业汇票的票面金额，借记“应收账款”科目，贷记本科目。

四、小企业应当设置“应收票据备查簿”，逐笔登记商业汇票的种类、号数和出票日、票面金额、交易合同号和付款人、承兑人、背书人的姓名或单位名称、到期日、背书转让日、贴现日、贴现率和贴现净额以及收款日期和收回金额、退票情况等资料。商业汇票到期结清票款或退票后，在备查簿中应予注销。

五、本科目期末借方余额，反映小企业持有的商业汇票的票面金额。

1122　应收账款

一、本科目核算小企业因销售商品、提供劳务等日常生产经营活动应收取的款项。

二、本科目应按照对方单位（或个人）进行明细核算。

三、应收账款的主要账务处理。

（一）小企业因销售商品或提供劳务形成应收账款，应当按照应收金额，借记本科目，按照税法规定应交纳的增值税销项税额，贷记“应交税费——应交增值税（销项税额）”科目，按照其差额，贷记“主营业务收入”或“其他业务收入”科目。

（二）收回应收账款，借记“银行存款”或“库存现金”科目，贷记本科目。

（三）按照小企业会计准则规定确认应收账款实际发生的坏账损失，应当按照可收回的金额，借记“银行存款”等科目，按照其账面余额，贷记本科目，按照其差额，借记“营业外支出”科目。

四、本科目期末借方余额，反映小企业尚未收回的应收账款。

1123 预付账款

一、本科目核算小企业按照合同规定预付的款项。包括：根据合同规定预付的购货款、租金、工程款等。

预付款项情况不多的小企业，也可以不设置本科目，将预付的款项直接记入“应付账款”科目借方。

小企业进行在建工程预付的工程价款，也通过本科目核算。

二、本科目应按照对方单位（或个人）进行明细核算。

三、预付账款的主要账务处理。

（一）小企业因购货而预付的款项，借记本科目，贷记“银行存款”等科目。

收到所购物资，按照应计入购入物资成本的金额，借记“在途物资”或“原材料”、“库存商品”等科目，按照税法规定可抵扣的增值税进项税额，借记“应交税费——应交增值税（进项税额）”科目，按照应支付的金额，贷记本科目。补付的款项，借记本科目，贷记“银行存款”等科目；退回多付的款项，做相反的会计分录。

（二）出包工程按照合同规定预付的工程价款，借记本科目，贷记“银行存款”等科目。按照工程进度和合同规定结算的工程价款，借记“在建工程”科目，贷记本科目、“银行存款”等科目。

（三）按照小企业会计准则规定确认预付账款实际发生的坏账损失，应当按照可收回的金额，借记“银行存款”等科目，按照其账面余额，贷记本科目，按照其差额，借记“营业外支出”科目。

四、本科目期末借方余额，反映小企业预付的各种款项。

1131 应收股利

一、本科目核算小企业应收取的现金股利或利润。

二、本科目应按照被投资单位进行明细核算。

三、应收股利的主要账务处理。

（一）小企业购入股票，如果实际支付的购买价款中包含已宣告但尚未发放的现金股利，应当按照实际支付的购买价款和相关税费扣除已宣告但尚未发放的现金股利后的金额，借记“短期投资”或“长期股权投资”科目，按照应收的现金股利，借记本科目，按照实际支付的购买价款和相关税费，贷记“银行存款”科目。

（二）在短期投资或长期股权投资持有期间，被投资单位宣告分派现金股利或利润，应当按照本企业应享有的金额，借记本科目，贷记“投资收益”科目。

（三）小企业实际收到现金股利或利润，借记“银行存款”等科目，贷记本科目。

四、本科目期末借方余额，反映小企业尚未收到的现金股利或利润。

1132 应收利息

一、本科目核算小企业债券投资应收取的利息。

购入的一次还本付息债券投资持有期间的利息收入，在“长期债券投资”科目核算，不在本科目核算。

二、本科目应按照被投资单位进行明细核算。

三、应收利息的主要账务处理。

（一）小企业购入债券，如果实际支付的购买价款中包含已到付息期但尚未领取的债券利息，应当按照实际支付的购买价款和相关税费扣除应收的债券利息后的金额，借记“短期投资”或“长期债券投资”科目，按照应收的债券利息，借记本科目，按照实际支付的购买价款和相关税费，贷记“银行存款”科目。

（二）在长期债券投资持有期间，在债务人应付利息日，按照分期付息、一次还本债券投资的票面利率计算的利息收入，借记本科目，贷记“投资收益”科目；按照一次还本付息债券投资的票面利率计算的利息收入，借记“长期债券投资——应计利息”科目，贷记“投资收益”科目。

（三）实际收到债券利息，借记“银行存款”等科目，贷记本科目。

四、本科目期末借方余额，反映小企业尚未收到的债券利息。

1221 其他应收款

一、本科目核算小企业除应收票据、应收账款、预付账款、应收股利、应收利息等以外的其他各种应收及暂付款项。包括：各种应收的赔款、应向职工收取的各种垫付款项等。

小企业出口产品或商品按照税法规定应予退回的增值税款，也通过本科目核算。

二、本科目应按照对方单位（或个人）进行明细核算。

三、其他应收款的主要账务处理。

（一）小企业发生的其他各种应收款项，借记本科目，贷记“库存现金”、“银行存款”、“固定资产清理”等科目。

出口产品或商品按照税法规定应予退回的增值税款，借记本科目，贷记“应交税费——应交增值税（出口退税）”科目。

（二）收回其他各种应收款项，借记“库存现金”、“银行存款”、“应付职工薪酬”等科目，贷记本科目。

（三）按照小企业会计准则规定确认其他应收款实际发生的坏账损失，应当按照可收回的金额，借记“银行存款”等科目，按照其账面余额，贷记本科目，按照其差额，借记“营业外支出”科目。

四、本科目期末借方余额，反映小企业尚未收回的其他应收款项。

1401 材料采购

一、本科目核算小企业采用计划成本进行材料日常核算、购入材料的采购成本。

采用实际成本进行材料日常核算的，购入材料的采购成本，在“在途物资”科目核算。

委托外单位加工材料、商品的加工成本，在“委托加工物资”科目核算。

二、本科目应按照供应单位和材料品种进行明细核算。

三、材料采购的主要账务处理。

（一）小企业外购材料，应当按照发票账单所列购买价款、运输费、装卸费、保险费以及在外购材料过程发生的其他直接费用，借记本科目，按照税法规定可抵扣的增值税进项税额，借记“应交税费——应交增值税（进项税额）”科目，按照购买价款、相关税费、运输费、装卸费、保险费以及在外购材料过程发生的其他直接费用，贷记“库存现金”、“银行存款”、“其他货币资金”、“预付账款”、“应付账款”等科目。

材料已经收到、但尚未办理结算手续的，可暂不作会计分录；待办理结算手续后，再根据所付金额或发票账单的应付金额，借记本科目，贷记“银行存款”等科目。

应向供应单位、运输机构等收回的材料短缺或其他应冲减材料采购成本的赔偿款项，应根据有关的索赔凭证，借记“应付账款”或“其他应收款”科目，贷记本科目。因自然灾害等发生的损失和尚待查明原因的途中损耗，先记入“待处理财产损溢”科目，查明原因后再作处理。

（二）月末，应将仓库转来的外购收料凭证，分别下列不同情况进行处理：

1. 对于收到发票账单的收料凭证（包括本月付款或开出、承兑商业汇票的上月收料凭证），应按照实际成本和计划成本分别汇总，并按照计划成本，借记“原材料”、“周转材料”等科目，贷记本科目；将实际成本大于计划成本的差异，借记“材料成本差异”科目，贷记本科目；实际成本小于计划成本的差异做相反的会计分录。

2. 对于尚未收到发票账单的收料凭证，应按照计划成本暂估入账，借记“原材料”、“周转材料”等科目，贷记“应付账款——暂估应付账款”科目，下月初用红字做同样的会计分录予以冲回，以便下月收到发票账单等结算凭证时，按照正常程序进行账务处理。

四、本科目期末借方余额，反映小企业已经收到发票账单、但材料尚未到达或尚未验收入库的在途材料的采购成本。

1402 在途物资

一、本科目核算小企业采用实际成本进行材料、商品等物资的日常核算、尚未到达或尚未验收入库的各种物资的实际采购成本。

小企业（批发业、零售业）在购买商品过程中发生的费用（包括：运输费、装卸费、包装费、保险费、运输途中的合理损耗和入库前的挑选整理费等），在“销售费用”科目核算，不在本科目核算。

二、本科目应按照供应单位和物资品种进行明细核算。

三、在途物资的主要账务处理。

（一）小企业外购材料、商品等物资，应当按照发票账单所列购买价款、运输费、装卸费、保险费以及在外购材料过程发生的其他直接费用，借记本科目，按照税法规定可抵扣的增值税进项税额，借记“应交税费——应交增值税（进项税额）”科目，按照购买价款、相关税费、运输费、装卸费、保险费以及在外购物资过程发生的其他直接费用，贷记“库存现金”、“银行存款”、“其他货币资金”、“预付账款”、“应付账款”等科目。

材料已经收到、但尚未办理结算手续的，可暂不作会计分录；待办理结算手续后，再根据所付金额或发票账单的应付金额，借记本科目，贷记“银行存款”等科目。

应向供应单位、外部运输机构等收回的材料或商品短缺或其他应冲减材料或商品采购成本的赔偿款项，应根据有关的索赔凭证，借记“应付账款”或“其他应收款”科目，贷记本科目。因自然灾害等发生的损失和尚待查明原因的途中损耗，先记入“待处理财产损溢”科目，查明原因后再作处理。

（二）月末，应将仓库转来的外购材料或商品收料凭证，按照材料或商品并分别下列不同情况进行汇总：

1. 对于收到发票账单的收料凭证（包括本月付款或开出、承兑商业汇票的上月收料凭证），应当按照汇总金额，借记“原材料”、“周转材料”、“库存商品”等科目，贷记本科目。

2. 对于尚未收到发票账单的收料凭证，应分别材料或商品，并按照估计金额暂估入账，借记“原材料”、“周转材料”、“库存商品”等科目，贷记“应付账款——暂估应付账款”科目，下月初用红字做同样的会计分录予以冲回，以便下月收到发票账单等结算凭证时，按照正常程序进行账务处理。

四、本科目期末借方余额，反映小企业已经收到发票账单、但材料或商品尚未到达或尚未验收入库的在途材料、商品等物资的采购成本。

1403 原材料

一、本科目核算小企业库存的各种材料。包括：原料及主要材料、辅助材料、外购半成品（外购件）、修理用备件（备品备件）、包装材料、燃料等的实际成本或计划成本。

购入的工程用材料，在“工程物资”科目核算，不在本科目核算。

二、本科目应按照材料的保管地点（仓库）、材料的类别、品种和规格等进行明细核算。

三、原材料的主要账务处理。

（一）小企业购入并已验收入库的材料，按照实际成本，借记本科目，贷记“在途物资”、“应付账款”等科目。涉及按照税法规定可抵扣的增值税进项税额的，还应当借记“应交税费——应交增值税（进项税额）”科目。

购入的材料已经到达并已验收入库，但在月末尚未办理结算手续的，可按照暂估价值入账，借记本科目、“周转材料”等科目，贷记“应付账款——暂估应付账款”科目；下月初用红字做同样的会计分录予以冲回，以便下月收到发票账单等结算凭证时，按照正常程序进行账务处理。

（二）自制并已验收入库的材料，按照实际成本，借记本科目，贷记“生产成本”科目。

（三）取得投资者投入的原材料，应当按照评估价值，借记本科目，贷记“实收资本”、“资本公积”科目。涉及增值税进项税额的，还应进行相应的账务处理。

（四）生产经营领用材料，按照实际成本，借记“生产成本”、“制造费用”、“销售费用”、“管理费用”等科目，贷记本科目。

出售材料结转成本，按照实际成本，借记“其他业务成本”科目，贷记本科目。

发给外单位加工的材料，按照实际成本，借记“委托加工物资”科目，贷记本科目。外单位加工完成并已验收入库的材料，按照加工收回材料的实际成本，借记本科目，贷记“委托加工物资”科目。

（五）清查盘点，发现盘盈、盘亏、毁损的原材料，按照实际成本（或估计价值），借记或贷记本科目，贷记或借记“待处理财产损溢——待处理流动资产损溢”科目。

（六）采用计划成本进行材料日常核算的小企业，日常领用、发出原材料均按照计划成本记账。

月末，按照发出各种原材料的计划成本计算应负担的成本差异，借记“生产成本”、“制造费用”、“销售费用”、“管理费用”、“委托加工物资”、“其他业务成本”等科目，贷记“材料成本差异”科目；实际成本小于计划成本的差异做相反的会计分录。

四、本科目期末借方余额，反映小企业库存材料的实际成本或计划成本。

1404　材料成本差异

一、本科目核算小企业采用计划成本进行日常核算的材料计划成本与实际成本的差额。

小企业也可以在“原材料”、“周转材料”等科目设置“成本差异”明细科目。

二、本科目可以分别“原材料”、“周转材料”等，按照类别或品种进行明细核算。

三、材料成本差异的主要账务处理。

（一）小企业验收入库材料发生的材料成本差异，实际成本大于计划成本的差异，借记本科目，贷记“材料采购”科目；实际成本小于计划成本的差异做相反的会计分录。

入库材料的计划成本应当尽可能接近实际成本。除特殊情况外，计划成本在年度内不得随意变更。

（二）结转发出材料应负担的材料成本差异，按照实际成本大于计划成本的差异，借记“生产成本”、“管理费用”、“销售费用”、“委托加工物资”、“其他业务成本”等科目，贷记本科目；实际成本小于计划成本的差异做相反的会计分录。

发出材料应负担的成本差异应当按月分摊，不得在季末或年末一次计算。发出材料应负担的成本差异，除委托外部加工发出材料可按照月初成本差异率计算外，应使用本月的实际成本差异率；月初成本差异率与本月实际成本差异率相差不大的，也可按照月初成本差异率计算。计算方法一经确定，不得随意变更。

材料成本差异率的计算公式如下：

$$本月材料成本差异率=\frac{月初结存材料的成本差异+本月验收入库材料的成本差异}{月初结存材料的计划成本+本月验收入库材料的计划成本}\times100\%$$

$$月初材料成本差异率=月初结存材料的成本差异\div月初结存材料的计划成本\times100\%$$

$$发出材料应负担的成本差异=发出材料的计划成本\times材料成本差异率$$

四、本科目期末借方余额，反映小企业库存材料等的实际成本大于计划成本的差异；贷方余额反映小企业库存材料等的实际成本小于计划成本的差异。

1405　库存商品

一、本科目核算小企业库存的各种商品的实际成本或售价。包括：库存产成品、外购商品、存放在门市部准备出售的商品、发出展览的商品以及寄存在外的商品等。

接受来料加工制造的代制品和为外单位加工修理的代修品，在制造和修理完成验收入库后，视同小企业的产成品，也通过本科目核算。

可以降价出售的不合格品，也在本科目核算，但应与合格产品分开记账。

已经完成销售手续，但购买单位在月末未提取的库存产成品，应作为代管产品处理，单独设置代管产品备查簿，不再在本科目核算。

小企业（农、林、牧、渔业）可将本科目改为“1405 农产品”科目。

小企业（批发业、零售业）在购买商品过程中发生的费用（包括：运输费、装卸费、包装费、保险费、运输途中的合理损耗和入库前的挑选整理费等），在“销售费用”科日核算，不在本科日核算。

二、本科目应按照库存商品的种类、品种和规格等进行明细核算。

三、库存商品的主要账务处理。

（一）小企业生产的产成品的入库和出库，平时只记数量不记金额，月末计算入库产成品的实际成本。生产完成验收入库的产成品，按照其实际成本，借记本科目，贷记“生产成本”等科目。

对外销售产成品，借记“主营业务成本”利日，贷记本科目

（二）购入商品到达验收入库后，按照商品的实际成本或售价，借记本科目，贷记“库存现金”、“银行存款”、“在途物资”等科目。涉及增值税进项税额的，还应进行相应的处理。按照售价与进价之间的差额，贷记“商品进销差价”科目。

购入的商品已经到达并已验收入库，但尚未办理结算手续的，可按照暂估价值入账，借记本科目，贷记“应付账款——暂估应付账款”科目；下月初用红字做同样的会计分录予以冲回，以便下月收到发票账单等结算凭证时，按照正常程序进行账务处理。

对外销售商品结转销售成本或售价，借记“主营业务成本”科目，贷记本科目。月末，分摊已销商品的进销差价，借记“商品进销差价”科目，贷记“主营业务成本”科目。

四、本科目期末借方余额，反映小企业库存商品的实际成本或售价。

1407　商品进销差价

一、本科目核算小企业采用售价进行日常核算的商品售价与进价之间的差额。

二、本科目应按照库存商品的种类、品种和规格等进行明细核算。

三、商品进销差价的主要账务处理。

（一）小企业购入、加工收回以及销售退回等增加的库存商品，按照商品售价，借记“库存商品”科目，按照商品进价，贷记“银行存款”、“委托加工物资”等科目，按照售价与进价之间的差额，贷记本科目。

（二）月末，分摊已销商品的进销差价，借记本科目，贷记“主营业务成本”科目。

销售商品应分摊的商品进销差价，按照以下公式计算：

$$\text{商品进销差价率}=\frac{\text{月末分摊前本科目贷方余额}}{\text{“库存商品”科目月末借方余额}+\text{本月“主营业务收入”科目贷方发生额}}\times 100\%$$

$$\text{本月销售商品应分摊的商品进销差价}=\text{本月“主营业务收入”科目贷方发生额}\times\text{商品进销差价率}$$

小企业的商品进销差价率各月之间比较均衡的，也可以采用上月商品进销差价率计算分摊本月的商品进销差价。年度终了，应对商品进销差价进行复核调整。

四、本科目的期末贷方余额，反映小企业库存商品的商品进销差价。

1408　委托加工物资

一、本科目核算小企业委托外单位加工的各种材料、商品等物资的实际成本。

二、本科目应按照加工合同、受托加工单位以及加工物资的品种等进行明细核算。

三、委托加工物资的主要账务处理。

（一）小企业发给外单位加工的物资，按照实际成本，借记本科目，贷记“原材料”、“库存商品”等科目；按照计划成本或售价核算的，还应同时结转材料成本差异或商品进销差价。

（二）支付加工费、运杂费等，借记本科目，贷记“银行存款”等科目；需要交纳消费税的委托加工物资，由受托方代收代缴的消费税，借记本科目（收回后用于直接销售的）或“应交税费——应交消费税”科目（收回后用于继续加工的），贷记“应付账款”、“银行存款”等科目。

（三）加工完成验收入库的物资和剩余的物资，按照加工收回物资的实际成本和剩余物资的实际成本，借记“原材料”、“库存商品”等科目，贷记本科目。

（四）采用计划成本或售价核算的，按照计划成本或售价，借记“原材料”或“库存商品”科目，按照实际成本，贷记本科目，按照实际成本与计划成本或售价之间的差额，借记或贷记“材料成本差异”或贷记“商品进销差价”科目。

采用计划成本或售价核算的，也可以采用上月材料成本差异率或商品进销差价率计算分摊本月应分摊的材料成本差异或商品进销差价。

四、本科目期末借方余额，反映小企业委托外单位加工尚未完成物资的实际成本。

1411 周转材料

一、本科目核算小企业库存的周转材料的实际成本或计划成本。包括：包装物、低值易耗品，以及小企业（建筑业）的钢模板、木模板、脚手架等。

各种包装材料，如纸、绳、铁丝、铁皮等，应在“原材料”科目内核算；用于储存和保管产品、材料而不对外出售的包装物，应按照价值大小和使用年限长短，分别在“固定资产”科目或本科目核算。

小企业的包装物、低值易耗品，也可以单独设置“1412 包装物”、“1413 低值易耗品”科目。

包装物数量不多的小企业，也可以不设置本科目，将包装物并入“原材料”科目核算。

二、本科目应按照周转材料的种类，分别“在库”、“在用”和“摊销”进行明细核算。

三、周转材料的主要账务处理。

（一）小企业购入、自制、委托外单位加工完成并验收入库的周转材料，以及对周转材料的清查盘点，比照“原材料”科目的相关规定进行账务处理。

（二）生产、施工领用周转材料，通常采用一次转销法，按照其成本，借记“生产成本”、“管理费用”、“工程施工”等科目，贷记科目。

随同产品出售但不单独计价的包装物，按照其成本，借记“销售费用”科目，贷记本科目。

随同产品出售并单独计价的包装物，按照其成本，借记“其他业务成本”科目，贷记本科目。

金额较大的周转材料，也可以采用分次摊销法，领用时应按照其成本，借记本科目（在用）；贷记本科目（在库）；按照使用次数摊销时，应按照其摊销额，借记“生产成本”、“管理费用”、“工程施工”等科目，贷记本科目（摊销）。

（三）周转材料采用计划成本进行日常核算的，领用等发出周转材料，还应结转应分摊的成本差异。

四、本科目的期末余额，反映小企业在库、出租、出借周转材料的实际成本或计划成本以及在用周转材料的摊余价值。

1421 消耗性生物资产

一、本科目核算小企业（农、林、牧、渔业）持有的消耗性生物资产的实际成本。

二、本科目应按照消耗性生物资产的种类、群别等进行明细核算。

三、消耗性生物资产的主要账务处理。

（一）外购的消耗性生物资产，按照应计入消耗性生物资产成本的金额，借记本科目，贷记“银行存款”、“应付账款”等科目。

（二）自行栽培的大田作物和蔬菜，应按照收获前发生的必要支出，借记本科目，贷记“银行存款”等科目。

自行营造的林木类消耗性生物资产，应按照郁闭前发生的必要支出，借记本科目，贷记“银行存款”等科目。

自行繁殖的育肥畜、水产养殖的动植物，应按照出售前发生的必要支出，借记本科目，贷记“银行存款”等科目。

（三）产畜或役畜淘汰转为育肥畜的，应按照转群时的账面价值，借记本科目，按照已计提的累计折旧，借记“生产性生物资产累计折旧”科目，按照其账面余额，贷记“生产性生物资产”科目。

育肥蓄转为产畜或役畜的，应按照其账面余额，借记“生产性生物资产”科目，贷记本科目。

（四）择伐、间伐或抚育更新性质采伐而补植林木类消耗性生物资产发生的后续支出，借记本科目，贷记“银行存款”等科目。

林木类消耗性生物资产达到郁闭后发生的管护费用等后续支出，借记“管理费用”科目，贷记“银行存款”等科目。

（五）农业生产过程中发生的应归属于消耗性生物资产的费用，按照应分配的金额，借记本科目，贷记“生产成本”科目。

（六）消耗性生物资产收获为农产品时，应按照其账面余额，借记“农产品”科目，贷记本科目。

（七）出售消耗性生物资产，应按照实际收到的金额，借记“银行存款”等科目，贷记“主营业务收入”等科目。按照其账面余额，借记“主营业务成本”等科目，贷记本科目。

四、本科目期末借方余额，反映小企业（农、林、牧、渔业）消耗性生物资产的实际成本。

1501　长期债券投资

一、本科目核算小企业准备长期（在1年以上，下同）持有的债券投资。

二、本科目应按照债券种类和被投资单位，分别“面值”、“溢折价”、“应计利息”进行明细核算。

三、长期债券投资的主要账务处理。

（一）小企业购入债券作为长期投资，应当按照债券票面价值，借记本科目（面值），按照实际支付的购买价款和相关税费，贷记“银行存款”科目，按照其差额，借记或贷记本科目（溢折价）。

如果实际支付的购买价款中包含已到付息期但尚未领取的债券利息，应当按照债券票面价值，借记本科目（面值），按照应收的债券利息，借记“应收利息”科目，按照实际支付的购买价款和相关税费，贷记“银行存款”科目，按照其差额，借记或贷记本科目（溢折价）。

（二）在长期债券投资持有期间，在债务人应付利息日，按照分期付息、一次还本的长期债券投资票面利率计算的利息收入，借记“应收利息”科目，贷记“投资收益”科目；按照一次还本付息的长期债券投资票面利率计算的利息收入，借记本科目（应计利息），贷记“投资收益”科目。

在债务人应付利息日，按照应分摊的债券溢折价金额，借记或贷记“投资收益”科目，贷记或借记本科目（溢折价）。

（三）长期债券投资到期，收回长期债券投资，应当按照收回的债券本金或本息，借记“银行存款”等科目，按照其账面余额，贷记本科目（成本、溢折价、应计利息），按照应收未收的利息收入，贷记“应收利息”科目。

处置长期债券投资，应当按照处置收入，借记“银行存款”等科目，按照其账面余额，贷记本科目（成本、溢折价），按照应收未收的利息收入，贷记“应收利息”科目，按照其差额，贷记或借记“投资收益”科目。

（四）按照小企业会计准则规定确认实际发生的长期债券投资损失，应当按照可收回的金额，借记“银行存款”等科目，按照其账面余额，贷记本科目（成本、溢折价），按照其差额，借记“营业外支出”科目。

四、本科目期末借方余额，反映小企业持有的分期付息、一次还本债券投资的成本和到期一次还本付息债券投资的本息。

1511 长期股权投资

一、本科目核算小企业准备长期持有的权益性投资。

二、本科目应按照被投资单位进行明细核算。

三、长期股权投资的主要账务处理。

（一）小企业以支付现金取得的长期股权投资，如果实际支付的购买价款中包含已宣告但尚未发放的现金股利，应当按照实际支付的购买价款和相关税费扣除已宣告但尚未发放的现金股利后的金额，借记本科目，按照应收的现金股利，借记“应收股利”科目，按照实际支付的购买价款和相关税费，贷记“银行存款”科目。

通过非货币性资产交换取得的长期股权投资，应当按照非货币性资产的评估价值与相关税费之和，借记本科目，按照换出非货币性资产的账面价值，贷记“固定资产清理”、“无形资产”等科目，按照支付的相关税费，贷记“应交税费”等科目，按照其差额，贷记“营业外收入”或借记“营业外支出”等科目。

（二）在长期股权投资持有期间，被投资单位宣告分派的现金股利或利润，应当按照应分得的金额，借记“应收股利”科目，贷记“投资收益”科目。

（三）处置长期股权投资，应当按照处置价款，借记“银行存款”等科目，按照其成本，贷记本科目，按照应收未收的现金股利或利润，贷记“应收股利”科目，按照其差额，贷记或借记，“投资收益“科目。

（四）根据小企业会计准则规定确认实际发生的长期股权投资损失，应当按照可收回的金额，借记“银行存款”等科目，按照其账面余额，贷记本科目，按照其差额，借记“营业外支出”科目。

四、本科目期末借方余额，反映小企业持有的长期股权投资的成本。

1601 固定资产

一、本科目核算小企业固定资产的原价（成本）。

小企业应当根据小企业会计准则规定的固定资产标准，结合本企业的具体情况，制定固定资产目录，作为核算依据。

小企业购置计算机硬件所附带的、未单独计价的软件，也通过本科目核算。

小企业临时租入的固定资产和以经营租赁租入的固定资产，应另设备查簿进行登记，不在本科目核算。

二、本科目应按照固定资产类别和项目进行明细核算。

小企业根据实际情况设置“固定资产登记簿”和“固定资产卡片”。

三、固定资产的主要账务处理。

（一）小企业购入（含以分期付款方式购入）不需要安装的固定资产，应当按照实际支付的购买价款、相关税费（不包括按照税法规定可抵扣的增值税进项税额）、运输费、装卸费、保险费等，借记本科目，按照税法规定可抵扣的增值税进项税额，借记“应交税费——应交增值税（进项税额）”科目，贷记“银行存款”、“长期应付款”等科目。

购入需要安装的固定资产，先记入“在建工程”科目，安装完成后再转入本科目。

自行建造固定资产完成竣工决算，按照竣工决算前发生相关支出，借记本科目，贷记“在建工程”科目。

取得投资者投入的固定资产，应当按照评估价值和相关税费，借记本科目或“在建工程”科目，贷记“实收资本”、“资本公积”科目。

融资租入的固定资产，在租赁期开始日，按照租赁合同约定的付款总额和在签订租赁合同过程中发生的相关税费等，借记本科目或“在建工程”科目，贷记“长期应付款”等科目。

盘盈的固定资产，按照同类或类似固定资产的市场价格或评估价值扣除按照新旧程度估计的折旧后的余额，借记本科目，贷记“待处理财产损溢——待处理非流动资产损溢”科目。

（二）在固定资产使用过程中发生的修理费，应当按照固定资产的受益对象，借记“制造费用”、“管理费用”等科目，贷记“银行存款”等科目。

固定资产的大修理支出，借记“长期待摊费用”科目，贷记“银行存款”等科目。

（三）对固定资产进行改扩建时，应当按照该项固定资产账面价值，借记“在建工程”科目，按照其已计提的累计折旧，借记“累计折旧”科目，按照其原价，贷记本科目。

（四）因出售、报废、毁损、对外投资等原因处置固定资产，应当按照该项固定资产账面价值，借记“固定资产清理”科目，按照其已计提的累计折旧，借记“累计折旧”科目，按照其原价，贷记本科目。

盘亏的固定资产，按照该项固定资产的账面价值，借记“待处理财产损溢——待处理非流动资产损溢”科目，按照已计提的折旧，借记“累计折旧”科目，按照其原价，贷记本科目。

四、本科目期末借方余额，反映小企业固定资产的原价（成本）。

1602 累计折旧

一、本科目核算小企业固定资产的累计折旧。

二、本科目可以进行总分类核算，也可以进行明细核算。

需要查明某项固定资产的已计提折旧，可以根据“固定资产卡片”上所记载的该项固定资产原价、折旧率和实际使用年数等资料进行计算。

三、累计折旧的主要账务处理。

（一）小企业按月计提固定资产的折旧费，应当按照固定资产的受益对象，借记“制造费用”、“管理费用”等科目，贷记本科目。

（二）因出售、报废、毁损、对外投资等原因处置固定资产，应当按照该项固定资产账面价值，借记“固定资产清理”科目，按照其已计提的累计折旧，借记本科目，按照其原价，贷记“固定资产”科目。

四、本科目期末贷方余额，反映小企业固定资产的累计折旧额。

1604 在建工程

一、本科目核算小企业需要安装的固定资产、固定资产新建工程、改扩建等所发生的成本。

小企业购入不需要安装的固定资产，在“固定资产”科目核算，不在本科目核算。

小企业已提足折旧的固定资产的改建支出和经营租入固定资产的改建支出，在“长期待摊费用”科目核算，不在本科目核算。

二、本科目应按照在建工程项目进行明细核算。

三、在建工程的主要账务处理。

（一）小企业购入需要安装的固定资产，应当按照实际支付的购买价款、相关税费（不包括按照税法规定可抵扣的增值税进项税额）、运输费、装卸费、保险费、安装费等，借记本科目，按照税法规定可抵扣的增值税进项税额，借记“应交税费——应交增值税（进项税额）”科目，贷记“银行存款”等科目。

融资租入的固定资产，在租赁期开始日，按照租赁合同约定的付款总额和在签订租赁合同过程中发生的相关税费等，借记本科目或“固定资产”科目，贷记“长期应付款”科目。

固定资产安装完成，借记“固定资产”科目，贷记本科目。

（二）自营工程领用工程物资，借记本科目，贷记“工程物资”科目。

在建工程应负担的职工薪酬，借记本科目，贷记“应付职工薪酬”科目。

在建工程使用本企业的产品或商品，应当按照成本，借记本科目，贷记“库存商品”科目。同时，按照税法规定应交纳的增值税额，借记本科目，贷记“应交税费——应交增值税（销项税额）”科目。

在建工程在竣工决算前发生的借款利息，在应付利息日应当根据借款合同利率计算确定的利息费用，借记本科目，贷记“应付利息”科目。办理竣工决算后发生的利息费用，在应付利息日，借记“财务费用”科目，贷记“应付利息”等科目。

在建工程在试运转过程中发生的支出，借记本科目，贷记“银行存款”等科目；形成的产品或者副产品对外销售或转为库存商品的，借记“银行存款”、“库存商品”等科目，贷记本科目。

自营工程办理竣工决算，借记“固定资产”科目，贷记本科目。

（三）出包工程，按照工程进度和合同规定结算的工程价款，借记本科目，贷记“银行存款”、“预付账款”等科目。

工程完工收到承包单位提供的账单，借记“固定资产”科目，贷记本科目。

（四）对固定资产进行改扩建时，应当按照该项固定资产账面价值，借记本科目，按照其已计提的累计折旧，借记“累计折旧”科目，按照其原价，贷记“固定资产”科目。

在改扩建过程中发生的相关支出，借记本科目，贷记相关科目。

改扩建完成办理竣工决算，借记“固定资产”科目，贷记本科目。

四、本科目期末借方余额，反映小企业尚未完工或虽已完工，但尚未办理竣工决算的工程成本。

1605 工程物资

一、本科目核算小企业为在建工程准备的各种物资的成本。包括：工程用材料、尚未安装的设备以及为生产准备的工器具等。

二、本科目应按照“专用材料”、“专用设备”、“工器具”等进行明细核算。

三、工程物资的主要账务处理。

（一）小企业购入为工程准备的物资，应当按照实际支付的购买价款和相关税费，借记本科目，贷记“银行存款”等科目。

（二）工程领用工程物资，借记“在建工程”科目，贷记本科目。工程完工后将领出的剩余物资退库时做相反的会计分录。

工程完工后剩余的工程物资转作本企业存货的，借记“原材料”等科目，贷记本科目。

四、本科目期末借方余额，反映小企业为在建工程准备的各种物资的成本。

1606 固定资产清理

一、本科目核算小企业因出售、报废、毁损、对外投资等原因处置固定资产所转出的固定资产账面价值以及在清理过程中发生的费用等。

二、本科目应按照被清理的固定资产项目进行明细核算。

三、固定资产清理的主要账务处理。

（一）小企业因出售、报废、毁损、对外投资等原因处置固定资产，应当按照该项固定资产的账面价值，借记本科目，按照其已计提的累计折旧，借记“累计折旧”科目，按照其原价，贷记“固定资产”科目。

同时，按照税法规定不得从增值税销项税额中抵扣的进项税额，借记本科目，贷记“应交税费——应交增值税（进项税额转出）”科目。

（二）清理过程中应支付的相关税费及其他费用，借记本科目，贷记“银行存款”、“应交税费”等科目。取得出售固定资产的价款、残料价值和变价收入等处置收入，借记“银行存款”、“原材料”等科目，贷记本科目。应由保险公司或过失人赔偿的损失，借记“其他应收款”等科目，贷记本科目。

（三）固定资产清理完成后，如为借方余额，借记“营业外支出——非流动资产处置净损失”科目，贷记本科目。如为贷方余额，借记本科目，贷记“营业外收入——非流动资产处置净收益”科目。

四、本科目期末借方余额，反映小企业尚未清理完毕的固定资产清理净损失；本科目期末贷方余额，反映小企业尚未清理完毕的固定资产清理净收益。

1621 生产性生物资产

一、本科目核算小企业（农、林、牧、渔业）持有的生产性生物资产的原价（成本）。

二、本科目应按照“未成熟生产性生物资产”和“成熟生产性生物资产”，分别生物资产的种类、群别等进行明细核算。

三、生产性生物资产的主要账务处理。

（一）小企业外购的生产性生物资产，按照购买价款和相关税费，借记本科目，贷记“银行存款”等科目。涉及按照税法规定可抵扣的增值税进项税额的，还应当借记“应交税费——应交增值税（进项税额）”科目。

（二）自行营造的林木类生产性生物资产，达到预定生产经营目的前发生的造林费、抚育费、营林设施费、良种试验费、调查设计费和应分摊的间接费用等必要支山，借记本科目（未成熟生产性生物资产），贷记“原材料”、“银行存款”、“应付利息”等科目。

（三）自行繁殖的产畜和役畜，达到预定生产经营目的前发生的饲料费、人工费和应分摊的间接费用等必要支出，借记本科目（末成熟生产性生物资产），贷记“原材料”、“银行存款”、“应付利息”等科目。

（四）末成熟生产性生物资产达到预定生产经营目的时，按照其账面余额，借记本科目（成熟生产性生物资产），贷记本科目（未成熟生产性生物资产）。

（五）育肥畜转为产畜或役畜，应当按照其账面余额，借记本科目，贷记“消耗性生物资产”科目。

产畜或役畜淘汰转为育肥畜，应按照转群时其账面价值，借记“消耗性生物资产”科目，按照已计提的累计折旧，借记“生产性生物资产累计折旧”科目，按照其原价，贷记本科目。

（六）择伐、间伐或抚育更新等生产性采伐而补植林木类生产性生物资产发生的后续支出，借记本科目（未成熟生产性生物资产），贷记“银行存款”等科目。

生产性生物资产发生的管护、饲养费用等后续支出，借记“管理费用”科目，贷记“银行存款”等科目。

（七）因出售、报废、毁损、对外投资等原因处置生产性生物资产，应按照取得的出售生产性生物资产的价款、残料价值和变价收入等处置收入，借记“银行存款”等科目，按照已计提的累计折旧，借记“生产性生物资产累计折旧”科目，按照其原价，贷记本科目，按照其差额，借记“营业外支出——非流动资产处置净损失”科目或贷记“营业外收入——处置非流动资产处置净收益”科目。

四、本科目期末借方余额，反映小企业（农、林、牧、渔业）生产性生物资产的原价（成本）。

1622 生产性生物资产累计折旧

一、本科目核算小企业（农、林、牧、渔业）成熟生产性生物资产的累计折旧。

二、本科目应按照生产性生物资产的种类、群别等进行明细核算。

三、生产性生物资产累计折旧的主要账务处理。

小企业按月计提成熟生产性生物资产的折旧，借记“生产成本”、“管理费用”等科目，贷记本科目。

处置生产性生物资产还应同时结转生产性生物资产累计折旧。

四、本科目期末贷方余额，反映小企业成熟生产性生物资产的累计折旧额。

1701 无形资产

一、本科目核算小企业持有的无形资产成本。

二、本科目应按照无形资产项目进行明细核算。

三、无形资产的主要账务处理。

（一）小企业外购无形资产，应当按照实际支付的购买价款、相关税费和相关的其他支出（含相关的利息费用），借记本科目，贷记“银行存款”、“应付利息”等科目。

（二）自行开发建造厂房等建筑物，外购土地及建筑物支付的价款应当在建筑物与土地使用权之间按照合理的方法进行分配，其中属于土地使用权的部分，借记本科目，贷记“银行存款”等科目。

（三）收到投资者投入的无形资产，应当按照评估价值和相关税费，借记本科目，贷记“实收资本”、“资本公积”科目。

（四）开发项目达到预定用途形成无形资产的，按照应予资本化的支出，借记本科目，贷记“研发支出”科目。

（五）因出售、报废、对外投资等原因处置无形资产，应当按照取得的出售无形资产的价款等处置收入，借记“银行存款”等科目，按照其已计提的累计摊销，借记“累计摊销”科目，按照应支付的相关税费及其他费用，贷记“应交税费——应交营业税”、“银行存款”等科目，按照其成本，贷记本科目，按照其差额，贷记“营业外收入——非流动资产处置净收益”科目或借记“营业外支出——非流动资产处置净损失”科目。

四、本科目期末借方余额，反映小企业无形资产的成本。

1702 累计摊销

一、本科目核算小企业对无形资产计提的累计摊销。

二、本科目应按照无形资产项目进行明细核算。

三、累计摊销的主要账务处理。

小企业按月采用年限平均法计提无形资产的摊销，应当按照无形资产的受益对象，借记“制造费用”、“管理费用”等科目，贷记本科目。

处置无形资产还应同时结转累计摊销。

四、本科目期末借方余额，反映小企业无形资产的累计摊销额。

1801 长期待摊费用

一、本科目核算小企业已提足折旧的固定资产的改建支出、经营租入固定资产的改建支出、固定资产的大修理支出和其他长期待摊费用等。

二、本科目应按照支出项目进行明细核算。

三、长期待摊费用的主要账务处理。

（一）小企业发生的长期待摊费用，借记本科目，贷记“银行存款”、“原材料”等科目。

（二）按月采用年限平均法摊销长期待摊费用，应当按照长期待摊费用的受益对象，借记“制造费用”、“管理费用”等科目，贷记本科目。

四、本科目期末借方余额，反映小企业尚未摊销完毕的长期待摊费用。

1901 待处理财产损溢

一、本科目核算小企业在清查财产过程中查明的各种财产盘盈、盘亏和毁损的价值。

所采购物资在运输途中因自然灾害等发生的损失或尚待查明的损耗，也通过本科目核算。

二、本科目应按照待处理流动资产损溢和待处理非流动资产损溢进行明细核算。

三、待处理财产损溢的主要账务处理。

（一）盘盈的各种材料、产成品、商品、现金等，应当按照同类或类似存货的市场价格或评估价值，借记“原材料”、“库存商品”、“库存现金”等科目，贷记本科目（待处理流动资产损溢）。盘亏、毁损、短缺的各种材料、产成品、商品、现金等，应当按照其账面余额，借记本科目（待处理流动资产损溢），贷记“材料采购”或“在途物资”、“原材料”、“库存商品”、“库存现金”等科目。涉及增值税进项税额的，还应进行相应的账务处理。

盘盈的固定资产，按照同类或类似固定资产的市场价格或评估价值扣除按照该项固定资产新旧程度估计的折旧后的余额，借记“固定资产”科目，贷记本科目（待处理非流动资产损溢）。盘亏的固定资产，按照该项固定资产的账面价值，借记本科目（待处理非流动资产损溢），按照已计提的累计折旧，借记“累计折旧”科目，按照其原价，贷记“固定资产”科目。

（二）盘亏、毁损、报废的各项资产，按照管理权限经批准后处理时，按照残料价值，借记“原材料”等科目，按照可收回的保险赔偿或过失人赔偿，借记“其他应收款”科目，按照本科目余额，贷记本科目（待处理流动资产损溢、待处理非流动资产损溢），按照其借方差额，借记“营业外支出”科目。

盘盈的各种材料、产成品、商品、固定资产、现金等，按照管理权限经批准后处理时，按照本科目余额，借记本科目（待处理流动资产损溢、待处理非流动资产损溢），贷记“营业外收入”科目。

四、小企业的财产损溢，应当查明原因，在年末结账前处理完毕，处理后本科目应无余额。

负债类

2001 短期借款

一、本科目核算小企业向银行或其他金融机构等借入的期限在 1 年内的各种借款。

二、本科目应按照借款种类、贷款人和币种进行明细核算。

三、短期借款的主要账务处理。

（一）小企业借入的各种短期借款，借记“银行存款”科目，贷记本科目；偿还借款，做相反的会计分录。

银行承兑汇票到期，小企业无力支付票款的，按照银行承兑汇票的票面金额，借记“应付票据”科目，贷记本科目。

持未到期的商业汇票向银行贴现，应当按照实际收到的金额（即减去贴现息后的净额），借记“银行存款”科目，按照贴现息，借记“财务费用”科目，按照商业汇票的票面金额，贷记“应收票据”科目（银行无追索权情况下）或本科目（银行有追索权情况下）。

（二）在应付利息日，应当按照短期借款合同利率计算确定的利息费用，借记“财务费用”科目，贷记“应付利息”等科目。

四、本科目期末贷方余额，反映小企业尚未偿还的短期借款本金。

2201 应付票据

一、本科目核算小企业因购买材料、商品和接受劳务等日常生产经营活动开出、承兑的商业汇票（银行承兑汇票和商业承兑汇票）。

二、本科目应按照债权人进行明细核算。

三、应付票据的主要账务处理。

（一）小企业开出、承兑商业汇票或以承兑商业汇票抵付货款、应付账款等，借记“材料采购”或“在途物资”、“库存商品”等科目，贷记本科目。涉及增值税进项税额的，还应进行相应的账务处理。

（二）支付银行承兑汇票的手续费，借记“财务费用”科目，贷记“银行存款”科目。支付票款，借记本科目，贷记“银行存款”科目。

（三）银行承兑汇票到期，小企业无力支付票款的，按照银行承兑汇票的票面金额，借记本科目，贷记“短期借款”科目。

四、小企业应当设置“应付票据备查簿”，详细登记商业汇票的种类、号数和出票日期、到期日、票面金额、交易合同号和收款人姓名或单位名称以及付款日期和金额等资料，商业汇票到期结清票款后，在备查簿中应予注销。

五、本科目期末贷方余额，反映小企业开出、承兑的尚未到期的商业汇票的票面金额。

2202　应付账款

一、本科目核算小企业因购买材料、商品和接受劳务等日常生产经营活动应支付的款项。

二、本科目应按照对方单位（或个人）进行明细核算。

三、应付账款的主要账务处理。

（一）小企业购入材料、商品等未验收入库，货款尚未支付，应当根据有关凭证（发票账单、随货同行发票上记载的实际价款或暂估价值），借记“在途物资”科目，按照可抵扣的增值税进项税额，借记“应交税费——应交增值税（进项税额）”科目，按照应付的价款，贷记本科目。

接受供应单位提供劳务而发生的应付未付款项，应当根据供应单位的发票账单，借记“生产成本”、“管理费用”等科目，贷记本科目。

（二）偿付应付账款，借记本科目，贷记“银行存款”等科目。

小企业确实无法偿付的应付账款，借记本科目，贷记“营业外收入”科目。

四、本科目期末贷方余额，反映小企业尚未支付的应付账款。

2203　预收账款

一、本科目核算小企业按照合同规定预收的款项。包括：预收的购货款、工程款等。

预收账款情况不多的，也可以不设置本科目，将预收的款项直接记入“应收账款”科目贷方。

二、本科目应按照对方单位（或个人）进行明细核算。

三、预收账款的主要账务处理。

（一）小企业向购货单位预收的款项，借记“银行存款”等科目，贷记本科目。

（二）销售收入实现时，按照实现的收入金额，借记本科目，贷记“主营业务收入”科目。涉及增值税销项税额的，还应进行相应的账务处理。

四、本科目期末贷方余额，反映小企业预收的款项；期末如为借方余额，反映小企业尚未转销的款项。

2211　应付职工薪酬

一、本科目核算小企业根据有关规定应付给职工的各种薪酬。

小企业（外商投资）按照规定从净利润中提取的职工奖励及福利基金，也通过本科目核算。

二、本科目应按照“职工工资”、“奖金、津贴和补贴”、“职工福利费”、“社会保险费”、“住房公积金”、“工会经费”、“职工教育经费”、“非货币性福利”、“辞退福利”等进行明细核算。

三、应付职工薪酬的主要账务处理。

（一）月末，小企业应当将本月发生的职工薪酬区分以下情况进行分配：

1. 生产部门（提供劳务）人员的职工薪酬，借记“生产成本”、“制造费用”等科目，贷记本科目。

2. 应由在建工程、无形资产开发项目负担的职工薪酬，借记“在建工程”、“研发支出”等科目，贷记本科目。

3. 管理部门人员的职工薪酬和因解除与职工的劳动关系给予的补偿，借记“管理费用”科目，贷记本科目。

4. 销售人员的职工薪酬，借记“销售费用”科目，贷记本科目。

（二）小企业发放职工薪酬应当区分以下情况进行处理：

1. 向职工支付工资、奖金、津贴、福利费等，从应付职工薪酬中扣还的各种款项（代垫的家属药费、个人所得税等）等，借记本科目，贷记“库存现金”、“银行存款”、“其他应收款”、“应交税费——应交个人所得税”等科目。

2. 支付工会经费和职工教育经费用于工会活动和职工培训，借记本科目，贷记“银行存款”等科目。

3. 按照国家有关规定缴纳的社会保险费和住房公积金，借记本科目，贷记“银行存款”科目。

4. 以其自产产品发放给职工的，按照其销售价格，借记本科目，贷记“主营业务收入”科目；同时，还应结转产成品的成本。涉及增值税销项税额的，还应进行相应的账务处理。

5. 支付的因解除与职工的劳动关系给予职工的补偿，借记本科目，贷记“库存现金”、“银行存款“等科目。

四、本科目期末贷方余额，反映小企业应付未付的职工薪酬。

2221 应交税费

一、本科目核算小企业按照税法等规定计算应交纳的各种税费。包括：增值税、消费税、营业税、城市维护建设税、企业所得税、资源税、土地增值税、城镇土地使用税、房产税、车船税和教育费附加、矿产资源补偿费、排污费等。

小企业代扣代缴的个人所得税等，也通过本科目核算。

二、本科目应按照应交的税费项目进行明细核算。

应交增值税还应当分别“进项税额”、“销项税额”、“出口退税”、“进项税额转出”、“已交税金”等设置专栏。

小规模纳税人只需设置“应交增值税”明细科目，不需要在“应交增值税”明细科目中设置上述专栏。

三、应交税费的主要账务处理。

（一）应交增值税的主要账务处理。

1. 小企业采购物资等，按照应计入采购成本的金额，借记“材料采购”或“在途物资”、“原材料”、“库存商品”等科目，按照税法规定可抵扣的增值税进项税额，借记本科目（应交增值税——进项税额），按照应付或实际支付的金额，贷记“应付账款”、“银行存款”等科目。购入物资发生退货的，做相反的会计分录。

购进免税农业产品，按照购入农业产品的买价和税法规定的税率计算的增值税进项税额，借记本科目（应交增值税——进项税额），按照买价减去按照税法规定计算的增值税进项税额后的金额，借记“材料采购”或“在途物资”等科目，按照应付或实际支付的价款，贷记“应付账款”、“库存现金”、“银行存款”等科目。

2. 销售商品（提供劳务），按照收入金额和应收取的增值税销项税额，借记“应收账款”、“银行存款”等科目，按照税法规定应交纳的增值税销项税额，贷记本科目（应交增值税——销项税额），按照确认的营业收入金额，贷记“主营业务收入”、“其他业务收入”等科目。发生销售退回的，做相反的会计分录。

随同商品出售但单独计价的包装物，应当按照实际收到或应收的金额，借记“银行存款”、“应收账款”等科目；按照税法规定应交纳的增值税销项税额，贷记本科目（应交增值税——销项税额），按照确认的其他业务收入金额，贷记“其他业务收入”科目。

3. 有出口产品的小企业，其出口退税的账务处理如下：

（1）实行“免、抵、退”管理办法的小企业，按照税法规定计算的当期出口产品不予免征、抵扣和退税的增值税额，借记“主营业务成本”科目，贷记本科目（应交增值税——进项税额转出）。按照税法规定计算的当期应予抵扣的增值税额，借记本科目（应交增值税——出口抵减内销产品应纳税额），贷记本科目（应交增值税——出口退税）。

出口产品按照税法规定应予退回的增值税款，借记“其他应收款”科目，贷记本科目（应交增值税——出口退税）。

（2）未实行“免、抵、退”管理办法的小企业，出口产品实现销售收入时，应当按照应收的金额，借记“应收账款”等科目，按照税法规定应收的出口退税，借记“其他应收款”科目，按照税法规定不予退回的增值税额，借记“主营业务成本”科目，按照确认的销售商品收入，贷记“主营业务收入”科目，按照税法规定应交纳的增值税额，贷记本科目（应交增值税——销项税额）。

4. 购入材料等按照税法规定不得从增值税销项税额中抵扣的进项税额，其进项税额应计入材料等的成本，借记“材料采购”或“在途物资”等科目，贷记“银行存款”等科目，不通过本科目（应交增值税——进项税额）核算。

5. 将自产的产品等用作福利发放给职工，应视同产品销售计算应交增值税的，借记“应付职工酬薪”科目，贷记“主营业务收入”、本科目（应交增值税——销项税额）等科目。

6. 购进的物资、在产品、产成品因盘亏、毁损、报废、被盗，以及购进物资改变用途等原因按照税法规定不得从增值税销项税额中抵扣的进项税额，其进项税额应转入有关科目，借记“待处理财产损溢”等科目，贷记本科目（应交增值税——进项税额转出）。

由于工程而使用本企业的产品或商品，应当按照成本，借记“在建工程”科目，贷记“库存商品”科目。同时，按照税法规定应交纳的增值税销项税额，借记“在建工程”科目，贷记本科目（应交增值税——销项税额）。

7. 交纳的增值税，借记本科目（应交增值税——已交税金），贷记“银行存款”科目。

（二）应交消费税的主要账务处理。

1. 销售需要交纳消费税的物资应交的消费税，借记“营业税金及附加”等科目，贷记本科目（应交消费税）。

2. 以生产的产品用于在建工程、非生产机构等，按照税法规定应交纳的消费税，借记“在建工程”、“管理费用”等科目，贷记本科目（应交消费税）。

随同商品出售但单独计价的包装物，按照税法规定应交纳的消费税，借记“营业税金及附加”科目，贷记本科目（应交消费税）。出租、出借包装物逾期末收回没收的押金应交的消费税，借记“营业税金及附加”科目，贷记本科目（应交消费税）。

3. 需要交纳消费税的委托加工物资，由受托方代收代缴税款（除受托加工或翻新改制金银首饰按照税法规定由受托方交纳消费税外）。小企业（受托方）按照应交税款金额，借记“应收账款”、“银行存款”等科目，贷记本科目（应交消费税）。

委托加工物资收回后，直接用于销售的，小企业（委托方）应将代收代缴的消费税计入委托加工物资的成本，借记“库存商品”等科目，贷记“应付账款”、“银行存款”等科目；委托加工物资收回后用于连续生产，按照税法规定准予抵扣的，按照代收代缴的消费税，借记本科目（应交消费税），贷记“应付账款”、“银行存款”等科目。

4. 有金银首饰零售业务的以及采用以旧换新方式销售金银首饰的小企业，在营业收入实现时，按照应交的消费税，借记“营业税金及附加”科目，贷记本科目（应交消费税）。有金银首饰零售业务的小企业因受托代销金银首饰按照税法规定应交纳的消费税，借记“营业税金及附加”科目，贷记本科目（应交消费税）；以其他方式代销金银首饰的，其交纳的消费税，借记“营业税金及附加”科目，贷记本科目（应交消费税）。

有金银首饰批发、零售业务的小企业将金银首饰用于馈赠、赞助、广告、职工福利、奖励等方面的，应于物资移送时，按照应交的消费税，借记“营业外支出”、“销售费用”、“应付职工薪酬”等科目，贷记本科目（应交消费税）。

随同金银首饰出售但单独计价的包装物，按照税法规定应交纳的消费税，借记“营业税金及附加”科目，贷记本科目（应交消费税）。

小企业因受托加工或翻新改制金银首饰按照税法规定应交纳的消费税，于向委托方交货时，借记“营业税金及附加”科目，贷记本科目（应交消费税）。

5. 需要交纳消费税的进口物资，其交纳的消费税应计入该项物资的成本，借记“材料采购”或“在途物资”、“库存商品”、“固定资产”等科目，贷记“银行存款”等科目。

6. 小企业（生产性）直接出口或通过外贸企业出口的物资，按照税法规定直接予以免征消费税的，可不计算应交消费税。

7. 交纳的消费税，借记本科目（应交消费税），贷记“银行存款”科目。

（三）应交营业税的主要账务处理。

1. 小企业按照营业额和税法规定的税率，计算应交纳的营业税，借记“营业税金及附加”等科目，贷记本科目（应交营业税）。

2. 出售原作为固定资产管理的不动产应交纳的营业税，借记“固定资产清理”等科目，贷记本科目（应交营业税）。

3. 交纳的营业税，借记本科目（应交营业税），贷记“银行存款”科目。

（四）应交城市维护建设税和教育费附加的主要账务处理。

1. 小企业按照税法规定应交的城市维护建设税、教育费附加，借记“营业税金及附加”科目，贷记本科目（应交城市维护建设税、应交教育费附加）。

2. 交纳的城市维护建设税和教育费附加，借记本科目（应交城市维护建设税、应交教育费附加），贷记“银行存款”科目。

（五）应交企业所得税的主要账务处理。

1. 小企业按照税法规定应交的企业所得税，借记“所得税费用”科目，贷记本科目（应交企业所得税）。

2. 交纳的企业所得税，借记本科目（应交企业所得税），贷记“银行存款”科目。

（六）应交资源税的主要账务处理。

1. 小企业销售商品按照税法规定应交纳的资源税，借记“营业税金及附加”科目，贷记本科目（应交资源税）。

2. 自产自用的物资应交纳的资源税，借记“生产成本”科目，贷记本科目（应交资源税）。

3. 收购未税矿产品，按照实际支付的价款，借记“材料采购”或“在途物资”等科目，贷记“银行存款”等科目，按照代扣代缴的资源税，借记“材料采购”或“在途物资”等科目，贷记本科目（应交资源税）。

4. 外购液体盐加工固体盐：在购入液体盐时，按照税法规定所允许抵扣的资源税，借记本科目（应交资源税），按照购买价款减去允许抵扣的资源税后的金额，借记“材料采购”或“在途物资”、“原材料”等科目，按照应支付的购买价款，贷记“银行存款”、“应付账款”等科目；加工成固体盐后，在销售时，按照销售固体盐应交纳的资源税，借记“营业税金及附加”科目，贷记本科目（应交资源税）；将销售固体盐应交资源税抵扣液体盐已交资源税后的差额上交时，借记本科目（应交资源税），贷记“银行存款”科目。

5. 交纳的资源税，借记本科目（应交资源税），贷记“银行存款”科目。

（七）应交土地增值税的主要账务处理。

1. 小企业转让土地使用权应交纳的土地增值税，土地使用权与地上建筑物及其附着物一并在“固定资产”科目核算的，借记“固定资产清理”科目，贷记本科目（应交土地增值税）。

土地使用权在“无形资产”科目核算的，按照实际收到的金额，借记“银行存款”科目，按照应交纳的土地增值税，贷记本科目（应交土地增值税），按照已计提的累计摊销，借记“累计摊销”科目，按照其成本，贷记“无形资产”科目，按照其差额，贷记“营业外收入——非流动资产处置净收益”科目或借记“营业外支出——非流动资产处置净损失”科目。

2. 小企业（房地产开发经营）销售房地产应交纳的土地增值税，借记“营业税金及附加”科目，贷记本科目（应交土地增值税）。

3. 交纳的土地增值税，借记本科目（应交土地增值税），贷记“银行存款”科目。

（八）应交城镇土地使用税、房产税、车船税、矿产资源补偿费、排污费的主要账务处理。

1. 小企业按照规定应交纳的城镇土地使用税、房产税、车船税、矿产资源补偿费、排污费，借记“营业税金及附加”科目，贷记本科目（应交城镇土地使用税、应交房产税、应交车船税、应交矿产资源补偿费、应交排污费）。

2. 交纳的城镇土地使用税、房产税、车船税、矿产资源补偿费、排污费，借记本科目（应交城镇土地使用税、应交房产税、应交车船税、应交矿产资源补偿费、应交排污费），贷记“银行存款”科目。

（九）应交个人所得税的主要账务处理。

1. 小企业按照税法规定应代扣代缴的职工个人所得税，借记“应付职工薪酬”科目，贷记本科目（应交个人所得税）。

2. 交纳的个人所得税，借记本科目（应交个人所得税），贷记“银行存款”科目。

（十）小企业按照规定实行企业所得税、增值税、消费税、营业税等先征后返的，应当在实际收到返还的企业所得税、增值税（不含出口退税）、消费税、营业税等时，借记“银行存款”科目，贷记“营业外收入”科目。

四、本科目期末贷方余额，反映小企业尚未交纳的税费；期末如为借方余额，反映小企业多交或尚未抵扣的税费。

2231 应付利息

一、本科目核算小企业按照合同约定应支付的利息费用。

二、本科目应按照贷款人等进行明细核算。

三、应付利息的主要账务处理。

（一）在应付利息日，小企业应当按照合同利率计算确定的利息费用，借记“财务费用”、“在建工程”等科目，贷记本科目。

（二）实际支付的利息，借记本科目，贷记“银行存款”等科目。

四、本科目期末贷方余额，反映小企业应付未付的利息费用。

2232 应付利润

一、本科目核算小企业向投资者分配的利润。

二、本科目应按照投资者进行明细核算。

三、应付利润的主要账务处理。

（一）小企业根据规定或协议确定的应分配给投资者的利润，借记“利润分配”科目，贷记本科目。

（二）向投资者实际支付利润，借记本科目，贷记“库存现金”、“银行存款”科目。

四、本科目期末贷方余额，反映小企业应付未付的利润。

2241 其他应付款

一、本科目核算小企业除应付账款、预收账款、应付职工薪酬、应交税费、应付利息、应付利润等以外的其他各项应付、暂收的款项，如应付租入固定资产和包装物的租金、存入保证金等。

二、本科目应按照其他应付款的项目和对方单位（或个人）进行明细核算。

三、其他应付款的主要账务处理。

（一）小企业发生的其他各种应付、暂收款项，借记“管理费用”等科目，贷记本科目。

（二）支付的其他各种应付、暂收款项，借记本科目，贷记“银行存款”等科目。

小企业无法支付的其他应付款，借记本科目，贷记“营业外收入”科目。

四、本科目期末贷方余额，反映小企业应付未付的其他应付款项。

2401 递延收益

一、本科目核算小企业已经收到、应在以后期间计入损益的政府补助。

二、本科目应按照相关项目进行明细核算。

三、递延收益的主要账务处理。

（一）小企业收到与资产相关的政府补助，借记“银行存款”等科目，贷记本科目。

在相关资产的使用寿命内平均分配递延收益，借记本科目，贷记“营业外收入”科目。

（二）收到的其他政府补助，用于补偿本企业以后期间的相关费用或亏损的，应当按照收到的金额，借记“银行存款”等科目，贷记本科目。在发生相关费用或亏损的未来期间，应当按照应补偿的金额，借记本科目，贷记“营业外收入”科目。

用于补偿本企业已发生的相关费用或亏损的，应当按照收到的金额，借记“银行存款”等科目，贷记“营业外收入”科目。

四、本科目期末贷方余额，反映小企业已经收到、但应在以后期间计入损益的政府补助。

2501 长期借款

一、本科目核算小企业向银行或其他金融机构借入的期限在1年以上的各项借款本金。

二、本科目应按照借款种类、贷款人和币种进行明细核算。

三、长期借款的主要账务处理。

（一）小企业借入长期借款，借记“银行存款”科目，贷记本科目。

（二）在应付利息日，应当按照借款本金和借款合同利率计提利息费用，借记“财务费用”、“在建工程”等科目，贷记“应付利息”科目。

（三）偿还长期借款本金，借记本科目，贷记“银行存款”科目。

四、本科目期末贷方余额，反映小企业尚未偿还的长期借款本金。

2701 长期应付款

一、本科目核算小企业除长期借款以外的其他各种长期应付款项。包括：应付融资租入固定资产的租赁费、以分期付款方式购入固定资产发生的应付款项等。

二、本科目应按照长期应付款的种类和债权人进行明细核算。

三、长期应付款的主要账务处理。

（一）小企业融资租入固定资产，在租赁期开始日，按照租赁合同约定的付款总额和在签订租赁合同过程中发生的相关税费等，借记“固定资产”或“在建工程”科目，贷记本科目等科目。

（二）以分期付款方式购入固定资产，应当按照实际支付的购买价款和相关税费（不包括按照税法规定可抵扣的增值税进项税额），借记“固定资产”或“在建工程”科目，按照税法规定可抵扣的增值税进项税额，借记“应交税费——应交增值税（进项税额）”科目，贷记本科目。

四、本科目期末贷方余额，反映小企业应付未付的长期应付款项。

所有者权益类

3001　实收资本

一、本科目核算小企业收到投资者按照合同协议约定或相关规定投入的、构成注册资本的部分。

小企业（股份有限公司）应当将本科目的名称改为“3001 股本”科目。

小企业收到投资者出资超过其在注册资本中所占份额的部分，作为资本溢价，在“资本公积”科目核算，不在本科目核算。

二、本科目应按照投资者进行明细核算。

小企业（中外合作经营）根据合同规定在合作期间归还投资者的投资，应在本科目设置“已归还投资”明细科目进行核算。

三、实收资本的主要账务处理。

（一）小企业收到投资者的出资，借记“银行存款”、“其他应收款”、“固定资产”、“无形资产”等科目，按照其在注册资本中所占的份额，贷记本科目，按照其差额，贷记“资本公积”科目。

（二）根据有关规定增加注册资本，借记“银行存款”、“资本公积”、“盈余公积”等科目，贷记本科目。

根据有关规定减少注册资本，借记本科目、“资本公积”等科目，贷记“库存现金”、“银行存款”等科目。

小企业（中外合作经营）根据合同规定在合作期间归还投资者的投资，应当按照实际归还投资的金额，借记本科目（已归还投资），贷记“银行存款”等科目；同时，借记“利润分配——利润归还投资”科目，贷记“盈余公积——利润归还投资”科目。

四、本科目期末贷方余额，反映小企业实收资本总额。

3002　资本公积

一、本科目核算小企业收到投资者出资超出其在注册资本中所占份额的部分。

二、资本公积的主要账务处理。

（一）小企业收到投资者的出资，借记“银行存款”、“其他应收款”、“固定资产”、“无形资产”等科目，按照其在注册资本中所占的份额，贷记“实收资本”科目，按照其差额，贷记本科目。

（二）根据有关规定用资本公积转增资本，借记本科目，贷记“实收资本”科目。

根据有关规定减少注册资本，借记“实收资本”，科目，本科目等科目，贷记“库存现金”、“银行存款”等科目。

三、本科目期末贷方余额，反映小企业资本公积总额。

3101 盈余公积

一、本科目核算小企业（公司制）按照公司法规定在税后利润中提取的法定公积金和任意公积金。

小企业（外商投资）按照法律规定在税后利润中提取储备基金和企业发展基金也在本科目核算。

二、本科目应当分别“法定盈余公积”、“任意盈余公积”进行明细核算。

小企业（外商投资）还应当分别“储备基金”、“企业发展基金”进行明细核算。

小企业（中外合作经营）根据合同规定在合作期间归还投资者的投资，应在本科目设置“利润归还投资”明细科目进行核算。

三、盈余公积的主要账务处理。

（一）小企业（公司制）按照公司法规定提取法定公积金和任意公积金，借记“利润分配——提取法定盈余公积、提取任意盈余公积”科目，贷记本科目（法定盈余公积、任意盈余公积）。

小企业（外商投资）按照规定提取储备基金、企业发展基金、职工奖励及福利基金，借记“利润分配——提取储备基金、提取企业发展基金、提取职工奖励及福利基金”科目，贷记本科目（储备基金、企业发展基金）、“应付职工薪酬”科目。

（二）用盈余公积弥补亏损或者转增资本，借记本科目，贷记“利润分配——盈余公积补亏”或“实收资本”科目。

小企业（中外合作经营）根据合同规定在合作期间归还投资者的投资，应当按照实际归还投资的金额，借记“实收资本——已归还投资”科目，贷记“银行存款”等科目；同时，借记“利润分配——利润归还投资”科目，贷记本科目（利润归还投资）。

四、本科目期末贷方余额，反映小企业（公司制）的法定公积金和任意公积金总额，小企业（外商投资）的储备基金和企业发展基金总额。

3103 本年利润

一、本科目核算小企业当期实现的净利润（或发生的净亏损）。

二、本年利润的主要账务处理。

（一）期（月）末结转利润时，小企业可以将“主营业务收入”、“其他业务收入”、“营业外收入”科目的余额，转入本科目，借记“主营业务收入”、“其他业务收入”、“营业外收入”科目，贷记本科目；将“主营业务成本”、“其他业务成本”、“营业税金及附加”、“销售费用”、“管理费用”、“财务费用”、“营业外支出”、“所得税费用”科目的余额，转入本科目，借记本科目，贷记“主营业务成本”、“其他业务成本”、“营业税金及附加”、“销售费用”、“管理费用”、“财务费用”、“营业外支出”、“所得税费用”科目。将“投资收益”科目的贷方余额，转入本科目，借记“投资收益”科目，贷记本科目；如为借方余额，做相反的会计分录。

结转后本科目的贷方余额为当期实现的净利润；借方余额为当期发生的净亏损。

（二）年度终了，应当将本年收入和支出相抵后结出的本年实现的净利润，转入“利润分配”科目，借记本科目，贷记“利润分配——未分配利润”科目；如为净亏损，做相反的会计分录。

结转后本科目应无余额。

3104　利润分配

一、本科目核算小企业利润的分配（或亏损的弥补）和历年分配（或弥补）后的余额。

二、本科目应按照“应付利润”、“未分配利润”等进行明细核算。

三、利润分配的主要账务处理。

（一）小企业根据有关规定分配给投资者的利润，借记本科目（应付利润），贷记“应付利润”科目。

（二）用盈余公积弥补亏损，借记“盈余公积”科目，贷记本科目（盈余公积补亏）。

小企业（中外合作经营）根据合同规定在合作期间归还投资者的投资，应按照实际归还投资的金额，借记“实收资本——已归还投资”科目，贷记“银行存款”等科目；同时，借记本科目（利润归还投资），贷记“盈余公积——利润归还投资”科目。

四、年度终了，小企业应当将本年实现的净利润，自“本年利润”科目转入本科目，借记“本年利润”科目，贷记本科目（未分配利润）；为净亏损的，做相反的会计分录。同时，将“利润分配”科目所属明细科目（应付利润、盈余公积补亏）的余额转入本科目明细科目（未分配利润）。结转后，本科目除“未分配利润”明细科目外，其他明细科目应无余额。

五、本科目年末余额，反映小企业的未分配利润（或未弥补亏损）。

成本类

4001　生产成本

一、本科目核算小企业进行工业性生产发生的各项生产成本。包括：生产各种产品（产成品、自制半成品等）、自制材料、自制工具、自制设备等。

小企业对外提供劳务发生的成本，可将本科目改为“4001 劳务成本”科目，或单独设置“4002 劳务成本”科目进行核算。

二、本科目可按照基本生产成本和辅助生产成本进行明细核算。

三、生产成本的主要账务处理。

（一）小企业发生的各项直接生产成本，借记本科目（基本生产成本、辅助生产成本），贷记“原材料”、“库存现金”、“银行存款”、“应付职工薪酬”等科目。

各生产车间应负担的制造费用，借记本科目（基本生产成本、辅助生产成本），贷记“制造费用”科目。

（二）辅助生产车间为基本生产车间、管理部门和其他部门提供的劳务和产品，可在月末按照一定的分配标准分配给各受益对象，借记本科目（基本生产成本）、“销售费用”、“管理费用”、“其他业务成本”、“在建工程”等科目，贷记本科目（辅助生产成本）；也可在提供相关劳务和产品时，借记本科目、“销售费用”、“管理费用”、“其他业务成本”、“在建工程”等科目，贷记“原材料”、“库存现金”、“银行存款”、“应付职工薪酬”等科目。

（三）小企业已经生产完成并已验收入库的产成品以及入库的自制半成品，可在月末，借记“库存商品”等科目，贷记本科目（基本生产成本）。

四、本科目期末借方余额，反映小企业尚未加工完成的在产品成本。

4101 制造费用

一、本科目核算小企业生产车间（部门）为生产产品和提供劳务而发生的各项间接费用。

小企业经过1年期以上的制造才能达到预定可销售状态的产品发生的借款费用，也在本科目核算。

小企业行政管理部门为组织和管理生产经营活动而发生的管理费用，在“管理费用”科目核算，不在本科目核算。

二、本科目应按照不同的生产车间、部门和费用项目进行明细核算。

三、制造费用的主要账务处理。

（一）生产车间发生的机物料消耗和固定资产修理费，借记本科目，贷记“原材料”、“银行存款”等科目。

（二）发生的生产车间管理人员的工资等职工薪酬，借记本科目，贷记“应付职工薪酬”科目。

（三）生产车间计提的固定资产折旧费，借记本科目，贷记“累计折旧”科目。

（四）生产车间支付的办公费、水电费等，借记本科目，贷记“银行存款”、“应付利息”等科目。

（五）发生季节性和修理期间的停工损失，借记本科目，贷记“原材料”、“应付职工薪酬”、“银行存款”等科目。

（六）小企业经过1年期以上的制造才能达到预定可销售状态的产品在制造完成之前发生的借款利息，在应付利息日根据借款合同利率计算确定的利息费用，借记本科目，贷记“应付利息”科目。制造完成之后发生的利息费用，借记“财务费用”科目，贷记“应付利息”科目。

（七）将制造费用分配计入有关的成本核算对象，借记“生产成本——基本生产成本、辅助生产成本”等科目，贷记本科目。

（八）季节性生产小企业制造费用全年实际发生额与分配额的差额，除其中属于为下一年开工生产做准备的可留待下一年分配外，其余部分实际发生额大于分配额的差额，借记“生产成本——基本生产成本”科目，贷记本科目；实际发生额小于分配额的差额，做相反的会计分录。

四、除季节性的生产性小企业外，本科目期末应无余额。

4301 研发支出

一、本科目核算小企业进行研究与开发无形资产过程中发生的各项支出。

二、本科目应按照研究开发项目，分别“费用化支出”、“资本化支出”进行明细核算。

三、研发支出的主要账务处理。

（一）小企业自行研究开发无形资产发生的研发支出，不满足资本化条件的，借记本科目（费用化支出），满足资本化条件的，借记本科目（资本化支出），贷记“原材料”、“银行存款”、“应付职工薪酬”、“应付利息”等科目。

（二）研究开发项目达到预定用途形成无形资产的，应按本科目（资本化支出）的余额，借记“无形资产”科目，贷记本科目（资本化支出）。

月末，应将本科目归集的费用化支出金额转入“管理费用”科目，借记“管理费用”科目，贷记本科目（费用化支出）。

四、本科目期末借方余额，反映小企业正在进行的无形资产开发项目满足资本化条件的支出。

4401 工程施工

一、本科目核算小企业（建筑业）实际发生的各种工程成本。

二、本科目应按照建造合同项目分别“合同成本”和“间接费用”进行明细核算。

三、工程施工的主要账务处理。

（一）小企业进行合同建造时发生的人工费、材料费、机械使用费以及施工现场材料的二次搬运费、生产工具和用具使用费、检验试验费、临时设施折旧费等其他直接费用，借记本科目（合同成本），贷记“应付职工薪酬”、“原材料”等科目。

发生的施工、生产单位管理人员职工薪酬、财产保险费、工程保修费、固定资产折旧费等间接费用，借记本科目（间接费用），贷记“累计折旧”、“银行存款”等科目。

期（月）末，将间接费用分配计入有关合同成本，借记本科目（合同成本），贷记本科目（间接费用）。

（二）确认合同收入和合同费用时，借记“应收账款”、“预收账款”等科目，贷记“主营业务收入”科目；按照应结转的合同成本，借记“主营业务成本”科目，贷记本科目（合同成本）。

四、本科目期末借方余额，反映小企业尚未完工的建造合同成本和合同毛利。

4403 机械作业

一、本科目核算小企业（建筑业）及其内部独立核算的施工单位、机械站和运输队使用自有施工机械和运输设备进行机械作业（含机械化施工和运输作业等）所发生的各项费用。

小企业及其内部独立核算的施工单位，从外单位或本企业其他内部独立核算的机械站租入施工机械发生的机械租赁费，在“工程施工”科目核算，不在本科目核算。

二、本科目应按照施工机械或运输设备的种类等进行明细核算。

小企业内部独立核算的机械施工、运输单位使用自有施工机械或运输设备进行机械作业所发生的各项费用，应按照成本核算对象和成本项目进行归集。

成本项目一般分为：职工薪酬、燃料及动力费、折旧及修理费、其他直接费用、间接费用（为组织和管理机械作业生产所发生的费用）。

三、机械作业的主要账务处理。

（一）小企业发生的机械作业支出，借记本科目，贷记“原材料”、“应付职工薪酬”、“累计折旧”等科目。

（二）期（月）末，小企业及其内部独立核算的施工单位、机械站和运输队为本企业承包的工程进行机械化施工和运输作业的成本，应转入承包工程的成本，借记“工程施工”科目，贷记本科目。

对外单位、专项工程等提供机械作业（含运输设备）的成本，借记“生产成本（或劳务成本）”科目，贷记本科目。

四、本科目期末应无余额。

损益类

5001　主营业务收入

一、本科目核算小企业确认的销售商品或提供劳务等主营业务的收入。

二、本科目应按照主营业务的种类进行明细核算。

三、主营业务收入的主要账务处理。

小企业销售商品或提供劳务实现的收入，应当按照实际收到或应收的金额，借记“银行存款”、“应收账款”等科目，按照税法规定应交纳的增值税额，贷记“应交税费——应交增值税（销项税额）”科目，按照确认的销售商品收入，贷记本科目。

发生销货退回（不论属于本年度还是属于以前年度的销售），按照应冲减销售商品收入的金额，借记本科目，按照实际支付或应退还的金额，贷记“银行存款”、“应收账款”等科目。涉及增值税销项税额的，还应进行相应的账务处理。

四、月末，可将本科目的余额转入“本年利润”科目，结转后本科目应无余额。

5051　其他业务收入

一、本科目核算小企业确认的除主营业务活动以外的其他日常生产经营活动实现的收入。包括：出租固定资产、出租无形资产、销售材料等实现的收入。

二、本科目应按照其他业务收入种类进行明细核算。

三、其他业务收入的主要账务处理。

小企业确认的其他业务收入，借记“银行存款”、“其他应收款”等科目，贷记本科目。涉及增值税销项税额的，还应进行相应的账务自理。

四、月末，可将本科目余额转入“本年利润”科目，结转后本科目应无余额。

5111 投资收益

一、本科目核算小企业确认的投资收益或投资损失。

二、本科目应按照投资项目进行明细核算。

三、投资收益的主要账务处理。

（一）对于短期股票投资、短期基金投资和长期股权投资，小企业应当按照被投资单位宣告分派的现金股利或利润中属于本企业的部分，借记“应收股利”科目，贷记本科目。

（二）在长期债券投资或短期债券投资持有期间，在债务人应付利息日，按照分期付息、一次还本的长期债券投资或短期债券投资的票面利率计算的利息收入，借记“应收利息”科目，贷记本科目；按照一次还本付息的长期债券投资票面利率计算的利息收入，借记“长期债券投资——应计利息”科目，贷记本科目。

在债务人应付利息日，按照应分摊的债券溢折价金额，借记或贷记本科目，贷记或借记“长期债券投资——溢折价”科目。

（三）出售短期投资、处置长期股权投资和长期债券投资，应当按照实际收到的价款或收回的金额，借记“银行存款”或“库存现金”科目，按照其账面余额，贷记“短期投资”、“长期股权投资”、“长期债券投资”科目，按照尚未领取的现金股利或利润、债券利息收入，贷记“应收股利”、“应收利息”科目，按照其差额，贷记或借记本科目。

四、月末，可将本科目余额转入“本年利润”科目，本科目结转后应无余额。

5301 营业外收入

一、本科目核算小企业实现的各项营业外收入。包括：非流动资产处置净收益、政府补助、捐赠收益、盘盈收益、汇兑收益、出租包装物和商品的租金收入、逾期未退包装物押金收益、确实无法偿付的应付款项、已作坏账损失处理后又收回的应收款项、违约金收益等。

小企业收到出口产品或商品按照规定退回的增值税款，在“其他应收款”科目核算，不在本科目核算。

二、本科目应按照营业外收入项目进行明细核算。

三、营业外收入的主要账务处理。

（一）小企业确认非流动资产处置净收益，比照“固定资产清理”、“无形资产”等科目的相关规定进行账务处理。

（二）确认的政府补助收入，借记“银行存款”或“递延收益”科目，贷记本科目。

（三）小企业按照规定实行企业所得税、增值税（不含出口退税）、消费税、营业税等先征后返的，应当在实际收到返还的企业所得税、增值税、消费税、营业税等时，借记“银行存款”科目，贷记本科目。

（四）确认的捐赠收益，借记“银行存款”、“固定资产”等科目，贷记本科目。

（五）确认的盘盈收益，借记“待处理财产损溢——待处理流动资产损溢、待处理非流动资产损溢”科目，贷记本科目。

（六）确认的汇兑收益，借记有关科目，贷记本科目。

（七）确认的出租包装物和商品的租金收入、逾期未退包装物押金收益、确实无法偿付的应付款项、违约金收益等，借记“其他应收款”、“应付账款”、“其他应付款”等科目，贷记本科目。

（八）确认的已作坏账损失处理后又收回的应收款项，借记“银行存款”等科目，贷记本科目。

四、月末，可将本科目余额转入“本年利润”科目，结转后本科目应无余额。

5401　主营业务成本

一、本科目核算小企业确认销售商品或提供劳务等主营业务收入应结转的成本。

二、本科目应按照主营业务的种类进行明细核算。

三、主营业务成本的主要账务处理。

（一）月末，小企业可根据本月销售各种商品或提供各种劳务实际成本，计算应结转的主营业务成本，借记本科目，贷记“库存商品”、“生产成本”、“工程施工”等科目。

（二）本月发生的销售退回，可以直接从本月的销售数量中减去，得出本月销售的净数量，然后计算应结转的主营业务成本，也可以单独计算本月销售退回成本，借记“库存商品”等科目，贷记本科目。

四、月末，可将本科目的余额转入“本年利润”科目，结转后本科目应无余额。

5402　其他业务成本

一、本科目核算小企业确认的除主营业务活动以外的其他日常生产经营活动所发生的支出。包括：销售材料的成本、出租固定资产的折旧费、出租无形资产的摊销额等。

二、本科目应按照其他业务成本的种类进行明细核算。

三、其他业务成本的主要账务处理。

小企业发生的其他业务成本，借记本科目，贷记“原材料”、“周转材料”、“累计折旧”、“累计摊销”、“银行存款”等科目。

四、月末，可将本科目余额转入“本年利润”科目，结转后本科目应无余额。

5403　营业税金及附加

一、本科目核算小企业开展日常生产经营活动应负担的消费税、营业税、城市维护建设税、资源税、土地增值税、城镇土地使用税、房产税、车船税、印花税和教育费附加、矿产资源补偿费、排污费等相关税费。

与最终确认营业外收入或营业外支出相关的税费，在“固定资产清理”、“无形资产”等科目核算，不在本科目核算。

二、本科目应按照税费种类进行明细核算。

三、营业税金及附加的主要账务处理。

小企业按照规定计算确定的与其日常生产经营活动相关的税费，借记本科目，贷记“应交税费”等科目。

四、月末，可将本科目余额转入“本年利润”科目，结转后本科目应无余额。

5601　销售费用

一、本科目核算小企业在销售商品或提供劳务过程中发生的各种费用。包括：销售人员的职工薪酬、商品维修费、运输费、装卸费、包装费、保险费、广告费和业务宣传费、展览费等费用。

小企业（批发业、零售业）在购买商品过程中发生的费用（包括：运输费、装卸费、包装费、保险费、运输途中的合理损耗和入库前的挑选整理费等），也在本科目核算。

二、本科目应按照费用项目进行明细核算。

三、销售费用的主要账务处理。

小企业在销售商品或提供劳务过程中发生的销售人员的职工薪酬、商品维修费、运输费、装卸费、包装费、保险费、广告费、业务宣传费、展览费等费用，借记本科目，贷记“库存现金”、“银行存款”等科目。

小企业（批发业、零售业）在购买商品过程中发生的运输费、装卸费、包装费、保险费、运输途中的合理损耗和入库前的挑选整理费等，借记本科目，贷记“库存现金”、“银行存款”、“应付账款”等科目。

四、月末，可将本科目余额转入“本年利润”科目，结转后本科目应无余额。

5602　管理费用

一、本科目核算小企业为组织和管理生产经营发生的其他费用。包括：小企业在筹建期间内发生的开办费、行政管理部门发生的费用（包括：固定资产折旧费、修理费、办公费、水电费、差旅费、管理人员的职工薪酬等）、业务招待费、研究费用、技术转让费、相关长期待摊费用摊销、财产保险费、聘请中介机构费、咨询费（含顾问费）、诉讼费等费用。

小企业（批发业、零售业）管理费用不多的，可不设置本科目，本科目的核算内容可并入“销售费用”科目核算。

二、本科目应按照费用项目进行明细核算。

三、管理费用的主要账务处理。

（一）小企业在筹建期间内发生的开办费（包括：相关人员的职工薪酬、办公费、培训费、差旅费、印刷费、注册登记费以及不计入固定资产成本的借款费用等费用），在实际发生时，借记本科目，贷记“银行存款”等科目。

（二）行政管理部门人员的职工薪酬，借记本科目，贷记“应付职工薪酬”科目。

（三）行政管理部门计提的固定资产折旧费和发生的修理费，借记本科目，贷记“累计折旧”、“银行存款”等科目。

（四）行政管理部门发生的办公费、水电费、差旅费，借记本科目，贷记“银行存款”等科目。

（五）小企业发生的业务招待费、相关长期待摊费用摊销、技术转让费、财产保险费、聘请中介机构费、咨询费（合顾问费）、诉讼费等，借记本科目，贷记“银行存款”、“长期待摊费用”等科目。

（六）小企业自行研究无形资产发生的研究费用，借记本科目，贷记“研发支出”科目。

四、月末，可将本科目的余额转入“本年利润”科目，结转后本科目应无余额。

5603 财务费用

一、本科目核算小企业为筹集生产经营所需资金发生的筹资费用。包括：利息费用（减利息收入）、汇兑损失、银行相关手续费、小企业给予的现金折扣（减享受的现金折扣）等费用。

小企业为购建固定资产、无形资产和经过1年期以上的制造才能达到预定可销售状态的存货发生的借款费用，在“在建工程”、“研发支出”、“制造费用”等科目核算，不在本科目核算。

小企业发生的汇兑收益，在“营业外收入”科目核算，不在本科目核算。

二、本科目应按照费用项目进行明细核算。

三、财务费用的主要账务处理。

（一）小企业发生的利息费用、汇兑损失、银行相关手续费、给予的现金折扣等，借记本科目，贷记“应付利息”、“银行存款”等科目。

（二）持未到期的商业汇票向银行贴现，应当按照实际收到的金额（即减去贴现息后的净额），借记“银行存款”科目，按照贴现息，借记本科目，按照商业汇票的票面金额，贷记“应收票据”科目（银行无追索权情况下）或“短期借款”科目（银行有追索权情况下）。

（三）发生的应冲减财务费用的利息收入、享受的现金折扣等，借记“银行存款”等科目，贷记本科目。

四、月末，可将本科目余额转入“本年利润”科目，结转后本科目应无余额。

5711　营业外支出

一、本科目核算小企业发生的各项营业外支出。包括：存货的盘亏、毁损、报废损失，非流动资产处置净损失，坏账损失，无法收回的长期债券投资损失，无法收回的长期股权投资损失，自然灾害等不可抗力因素造成的损失，税收滞纳金，罚金，罚款，被没收财物的损失，捐赠支出，赞助支出等。

二、本科目应按照支出项目进行明细核算。

三、营业外支出的主要账务处理。

（一）小企业确认存货的盘亏、毁损、报废损失，非流动资产处置净损失，自然灾害等不可抗力因素造成的损失，借记本科目、“生产性生物资产累计折旧”、“累计摊销”等科目，贷记“待处理财产损溢——待处理流动资产损溢、待处理非流动资产损溢”、“固定资产清理”、“生产性生物资产”、“无形资产”等科目。

（二）根据小企业会计准则规定确认实际发生的坏账损失、长期债券投资损失，应当按照可收回的金额，借记“银行存款”等科目，按照应收账款、预付账款、其他应收款、长期债券投资的账面余额，贷记“应收账款”、“预付账款”、“其他应收款”、“长期债券投资”等科目，按照其差额，借记本科目。

（三）根据小企业会计准则规定确认实际发生的长期股权投资损失，按照可收回的金额，借记“银行存款”等科目，按照长期股权投资的账面余额，贷记“长期股权投资”科目，按照其差额，借记本科目。

（四）支付的税收滞纳金、罚金、罚款，借记本科目，贷记“银行存款”等科目。

（五）确认被没收财物的损失、捐赠支出、赞助支出，借记本科目，贷记“银行存款”等科目。

四、月末，可将本科目余额转入“本年利润”科目，结转后本科目应无余额。

5801　所得税费用

一、本科目核算小企业根据企业所得税法确定的应从当期利润总额中扣除的所得税费用。

小企业根据企业所得税法规定补交的所得税，也通过本科目核算。

小企业按照规定实行企业所得税先征后返的，实际收到返还的企业所得税，在“营业外收入”科目核算，不在本科目核算。

二、所得税费用的主要账务处理。

年度终了，小企业按照企业所得税法规定计算确定的当期应纳税税额，借记本科目，贷记“应交税费——应交企业所得税”科目。

三、年度终了，应将本科目的余额转入“本年利润”科目，结转后本科目应无余额。

三、财务报表

小企业的财务报表包括资产负债表、利润表、现金流量表和附注。

（一）财务报表种类和格式

编号	报表名称	编报期
会小企 01 表	资产负债表	月报、年报
会小企 02 表	利润表	月报、年报
会小企 03 表	现金流量表	月报、年报

（二）小企业资产负债表格式及编制说明

资产负债表

会小企 01 表

编制单位：　　　　　　　　　　年　　月　　日　　　　　　　　　　单位：元

资产	行次	期末余额	年初余额	负债和所有者权益	行次	期末余额	年初余额
流动资产：				流动负债：			
货币资金	1			短期借款	31		
短期投资	2			应付票据	32		
应收票据	3			应付账款	33		
应收账款	4			预收账款	34		
预付账款	5			应付职工薪酬	35		
应收股利	6			应交税费	36		
应收利息	7			应付利息	37		
其他应收款	8			应付利润	38		
存货	9			其他应付款	39		
其中：原材料	10			其他流动负债	40		
在产品	11			流动负债合计	41		
库存商品	12			非流动负债：			
周转材料	13			长期借款	42		
其他流动资产	14			长期应付款	43		
流动资产合计	15			递延收益	44		
非流动资产：				其他非流动负债	45		
长期债券投资	16			非流动负债合计	46		
长期股权投资	17			负债合计	47		
固定资产原价	18						
减：累计折旧	19						
固定资产账面价值	20						
在建工程	21						
工程物资	22						
固定资产清理	23						
生产性生物资产	24			所有者权益（或股东权益）：			
无形资产	25			实收资本（或股本）	48		

续表

资产	行次	期末余额	年初余额	负债和所有者权益	行次	期末余额	年初余额
开发支出	26			资本公积	49		
长期待摊费用	27			盈余公积	50		
其他非流动资产	28			未分配利润	51		
非流动资产合计	29			所有者权益（或股东权益）合计	52		
资产总计	30			负债和所有者权益（或股东权益）总计	53		

小企业（中外合作经营）根据合同规定在合作期间归还投资者的投资，应在“实收资本（或股本）”项目下增加“减：已归还投资”项目单独列示。

1. 本表反映小企业某一特定日期全部资产、负债和所有者权益的情况。

2. 本表“年初余额”栏内各项数字，应根据上年末资产负债表“期末余额”栏内所列数字填列。

3. 本表“期末余额”各项目的内容和填列方法：

（1）“货币资金”项目，反映小企业库存现金、银行存款、其他货币资金的合计数。本项目应根据“库存现金”、“银行存款”和“其他货币资金”科目的期末余额合计填列。

（2）“短期投资”项目，反映小企业购入的能随时变现并且持有时间不准备超过1年的股票、债券和基金投资的余额。本项目应根据“短期投资”科目的期末余额填列。

（3）“应收票据”项目，反映小企业收到的未到期收款也未向银行贴现的应收票据（银行承兑汇票和商业承兑汇票）。本项目应根据“应收票据”科目的期末余额填列。

（4）“应收账款”项目，反映小企业因销售商品、提供劳务等日常生产经营活动应收取的款项。本项目应根据“应收账款”的期末余额分析填列。如“应收账款”科目期末为贷方余额，应当在“预收账款”项目列示。

（5）“预付账款”项目，反映小企业按照合同规定预付的款项。包括：根据合同规定预付的购货款、租金、工程款等。本项目应根据“预付账款”科目的期末借方余额填列；如“预付账款”科目期末为贷方余额，应当在“应付账款”项目列示。

属于超过1年期以上的预付账款的借方余额应当在“其他非流动资产”项目列示。

（6）“应收股利”项目，反映小企业应收取的现金股利或利润。本项目应根据“应收股利”科目的期末余额填列。

（7）“应收利息”项目，反映小企业债券投资应收取的利息。小企业购入一次还本付息债券应收的利息，不包括在本项目内。本项目应根据“应收利息”科目的期末余额填列。

（8）“其他应收款”项目，反映小企业除应收票据、应收账款、预付账款、应收股利、应收利息等以外的其他各种应收及暂付款项。包括：各种应收的赔款、应向职工收取的各种垫付款项等。本项目应根据“其他应收款”科目的期末余额填列。

（9）“存货”项目，反映小企业期末在库、在途和在加工中的各项存货的成本。包括：各种原材料、在产品、半成品、产成品、商品、周转材料（包装物、低值易耗品等）、消耗性生物资产等。本项目应根据“材料采购”、“在途物资”、“原材料”、“材料成本差异”、“生产成本”、“库存商品”、“商品进销差价”、“委托加工物资”、“周转材料”、“消耗性生物资产”等科目的期末余额分析填列。

（10）“其他流动资产”项目，反映小企业除以上流动资产项目外的其他流动资产（含1年内到期的非流动资产）。本项目应根据有关科目的期末余额分析填列。

（11）“长期债券投资”项目，反映小企业准备长期持有的债券投资的本息。本项目应根据“长期债券投资”科目的期末余额分析填列。

（12）“长期股权投资”项目，反映小企业准备长期持有的权益性投资的成本。本项目应根据“长期股权投资”科目的期末余额填列。

（13）“固定资产原价”和“累计折旧”项目，反映小企业固定资产的原价（成本）及累计折旧。这两个项目应根据“固定资产”科目和“累计折旧”科目的期末余额填列。

（14）“固定资产账面价值”项目，反映小企业固定资产原价扣除累计折旧后的余额。本项目应根据“固定资产”科目的期末余额减去“累计折旧”科目的期末余额后的金额填列。

（15）“在建工程”项目，反映小企业尚未完工或虽已完工，但尚未办理竣工决算的工程成本。本项目应根据“在建工程”科目的期末余额填列。

（16）“工程物资”项目，反映小企业为在建工程准备的各种物资的成本。本项目应根据“工程物资”科目的期末余额填列。

（17）“固定资产清理”项目，反映小企业因出售、报废、毁损、对外投资等原因处置固定资产所转出的固定资产账面价值以及在清理过程中发生的费用等。本项目应根据“固定资产清理”科目的期末借方余额填列；如“固定资产清理”科目期末为贷方余额，以“－”号填列。

（18）“生产性生物资产”项目，反映小企业生产性生物资产的账面价值。本项目应根据“生产性生物资产”科目的期末余额减去“生产性生物资产累计折旧”科目的期末余额后的金额填列。

（19）“无形资产”项目，反映小企业无形资产的账面价值。本项目应根据“无形资产”科目的期末余额减去“累计摊销”科目的期末余额后的金额填列。

（20）“开发支出”项目，反映小企业正在进行的无形资产研究开发项目满足资本化条件的支出。本项目应根据“研发支出”科目的期末余额填列。

（21）“长期待摊费用”项目，反映小企业尚未摊销完毕的已提足折旧的固定资产的改建支出、经营租入固定资产的改建支出、固定资产的大修理支出和其他长期待摊费用。本项目应根据“长期待摊费用”科目的期末余额分析填列。

（22）“其他非流动资产”项目，反映小企业除以上非流动资产以外的其他非流动资产。本项目应根据有关科目的期末余额分析填列。

（23）“短期借款”项目，反映小企业向银行或其他金融机构等借入的期限在1年内的、尚未偿还的各种借款本金。本项目应根据“短期借款”科目的期末余额填列。

（24）“应付票据”项目，反映小企业因购买材料、商品和接受劳务等日常生产经营活动开出、承兑的商业汇票（银行承兑汇票和商业承兑汇票）尚未到期的票面金额。本项目应根据“应付票据”科目的期末余额填列。

（25）“应付账款”项目，反映小企业因购买材料、商品和接受劳务等日常生产经营活动尚未支付的款项。本项目应根据“应付账款”科目的期末余额填列。如“应付账款”科目期末为借方余额，应当在“预付账款”项目列示。

（26）“预收账款”项目，反映小企业根据合同规定预收的款项。包括：预收的购货款、工程款等。本项目应根据“预收账款”科目的期末贷方余额填列；如“预收账款”科目期末为借方余额，应当在“应收账款”项目列示。

属于超过1年期以上的预收账款的贷方余额应当在“其他非流动负债”项目列示。

（27）“应付职工薪酬”项目，反映小企业应付未付的职工薪酬。本项目应根据“应付职工薪酬”科目期末余额填列。

（28）“应交税费”项目，反映小企业期末未交、多交或尚未抵扣的各种税费。本项目应根据“应交税费”科目的期末贷方余额填列；如“应交税费”科目期末为借方余额，以“－”号填列。

（29）“应付利息”项目，反映小企业尚未支付的利息费用。本项目应根据“应付利息”科目的期末余额填列。

（30）“应付利润“项目，反映小企业尚未向投资者支付的利润。本项目应根据“应付利润”科目的期末余额填列。

（31）“其他应付款”项目，反映小企业除应付账款、预收账款、应付职工薪酬、应交税费、应付利息、应付利润等以外的其他各项应付、暂收的款项。包括：应付租入固定资产和包装物的租金、存入保证金等。本项目应根据“其他应付款”科目的期末余额填列。

（32）“其他流动负债”项目，反映小企业除以上流动负债以外的其他流动负债（含1年内到期的非流动负债）。本项目应根据有关科目的期末余额填列。

（33）“长期借款”项目，反映小企业向银行或其他金融机构借入的期限在1年以上的、尚未偿还的各项借款本金。本项目应根据“长期借款”科目的期末余额分析填列。

（34）“长期应付款”项目，反映小企业除长期借款以外的其他各种应付未付的长期应付款项。包括：应付融资租入固定资产的租赁费、以分期付款方式购入固定资产发生的应付款项等。本项目应根据“长期应付款”科目的期末余额分析填列。

（35）“递延收益”项目，反映小企业收到的、应在以后期间计入损益的政府补助。本项目应根据“递延收益”科目的期末余额分析填列。

（36）“其他非流动负债”项目，反映小企业除以上非流动负债项目以外的其他非流动负债。本项目应根据有关科目的期末余额分析填列。

（37）“实收资本（或股本）”项目，反映小企业收到投资者按照合同协议约定或相关规定投入的、构成小企业注册资本的部分。本项目应根据“实收资本（或股本）”科目的期末余额分析填列。

（38）“资本公积”项目，反映小企业收到投资者投入资本超出其在注册资本中所占份额的部分。本项目应根据“资本公积”科目的期末余额填列。

（39）“盈余公积”项目，反映反映小企业（公司制）的法定公积金和任意公积金，小企业（外商投资）的储备基金和企业发展基金。本项目应根据“盈余公积”科目的期末余额填列。

（40）“未分配利润”项目，反映小企业尚未分配的历年结存的利润。本项目应根据“利润分配”科目的期末余额填列。未弥补的亏损，在本项目内以“－”号填列。

4. 本表中各项目之间的勾稽关系为：

行15＝行1＋行2＋行3＋行4＋行5＋行6＋行7＋行8＋行9＋行14；

行9≥行10＋行11＋行12＋行13；

行29＝行16＋行17＋行20＋行21＋行22＋行23＋行24＋行25＋行26＋行27＋行28；

行20＝行18－行19；

行30＝行15＋行29；

行41＝行31＋行32＋行33＋行34＋行35＋行36＋行37＋行38＋行39＋行40；

行46＝行42＋行43＋行44＋行45；

行47＝行41＋行46；

行52＝行48＋行49＋行50＋行51；

行53＝行47＋行52＝行30。

（三）小企业利润表格式及编制说明

利润表

会小企02表

编制单位：　　　　　　　　　　　　____年____月　　　　　　　　　　　　单位：元

项目	行次	本年累计金额	本月金额
一、营业收入	1		
减：营业成本	2		
营业税金及附加	3		
其中：消费税	4		
营业税	5		
城市维护建设税	6		
资源税	7		
土地增值税	8		
城镇土地使用税、房产税、车船税、印花税	9		
教育费附加、矿产资源补偿费、排污费	10		
销售费用	11		
其中：商品维修费	12		
广告费和业务宣传费	13		
管理费用	14		
其中：开办费	15		
业务招待费	16		
研究费用	17		
财务费用	18		
其中：利息费用（收入以“－”号填列）	19		
加：投资收益（损失以“－”号填列）	20		
二、营业利润（亏损以“－”号填列）	21		
加：营业外收入	22		
其中：政府补助	23		

续表

项目	行次	本年累计金额	本月金额
减：营业外支出	24		
其中：坏账损失	25		
无法收回的长期债券投资损失	26		
无法收回的长期股权投资损失	27		
自然灾害等不可抗力因素造成的损失	28		
税收滞纳金	29		
三、利润总额（亏损总额以“－”号填列）	30		
减：所得税费用	31		
四、净利润（净亏损以“－”号填列）	32		

1. 本表反映小企业在一定会计期间内利润（亏损）的实现情况。

2. 本表“本年累计金额”栏反映各项目自年初起至报告期末止的累计实际发生额。

本表“本月金额”栏反映各项目的本月实际发生额；在编报年度财务报表时，应将“本月金额”栏改为“上年金额”栏，填列上年全年实际发生额。

3. 本表各项目的内容及其填列方法：

（1）“营业收入”项目，反映小企业销售商品和提供劳务所实现的收入总额。本项目应根据“主营业务收入”科目和“其他业务收入”科目的发生额合计填列。

（2）“营业成本”项目，反映小企业所销售商品的成本和所提供劳务的成本。本项目应根据“主营业务成本”科目和“其他业务成本”科目的发生额合计填列。

（3）“营业税金及附加”项目，反映小企业开展日常生产活动应负担的消费税、营业税、城市维护建设税、资源税、土地增值税、城镇土地使用税、房产税、车船税、印花税和教育费附加、矿产资源补偿费、排污费等。本项目应根据“营业税金及附加”科日的发生额填列。

（4）“销售费用”项目，反映小企业销售商品或提供劳务过程中发生的费用。本项目应根据“销售费用”科目的发生额填列。

（5）“管理费用”项目，反映小企业为组织和管理生产经营发生的其他费用。本项目应根据“管理费用”科目的发生额填列。

（6）“财务费用”项目，反映小企业为筹集生产经营所需资金发生的筹资费用。本项目应根据“财务费用”科目的发生额填列。

（7）“投资收益”项目，反映小企业股权投资取得的现金股利（或利润）、债券投资取得的利息收入和处置股权投资和债券投资取得的处置价款扣除成本或账面余额、相关税费后的净额。本项目应根据“投资收益”科目的发生额填列；如为投资损失，以“－”号填列。

（8）“营业利润”项目，反映小企业当期开展日常生产经营活动实现的利润。本项目应根据营业收入扣除营业成本、营业税金及附加、销售费用、管理费用和财务费用，加上投资收益后的金额填列。如为亏损，以“－”号填列。

（9）“营业外收入”项目，反映小企业实现的各项营业外收入金额。包括：非流动资产处置净收益、政府补助、捐赠收益、盘盈收益、汇兑收益、出租包装物和商品的租金收入、逾期未退包装物押金收益、确实无法偿付的应付款项、已作坏账损失处理后又收回的应收款项、违约金收益等。本项目应根据"营业外收入"科目的发生额填列。

(10)"营业外支出"项目，反映小企业发生的各项营业外支出金额。包括：存货的盘亏、毁损、报废损失，非流动资产处置净损失，坏账损失，无法收回的长期债券投资损失，无法收回的长期股权投资损失，自然灾害等不可抗力因素造成的损失，税收滞纳金，罚金，罚款，被没收财物的损失，捐赠支出，赞助支出等。本项目应根据"营业外支出"科目的发生额填列。

(11)"利润总额"项目，反映小企业当期实现的利润总额。本项目应根据营业利润加上营业外收入减去营业外支出后的金额填列。如为亏损总额，以"－"号填列。

(12)"所得税费用"项目，反映小企业根据企业所得税法确定的应从当期利润总额中扣除的所得税费用。本项目应根据"所得税费用"科目的发生额填列。

(13)"净利润"项目，反映小企业当期实现的净利润。本项目应根据利润总额扣除所得税费用后的金额填列。如为净亏损，以"－"号填列。

4. 本表中各项目之间的勾稽关系为：

行 21＝行 1－行 2－行 3－行 11－行 14－行 18＋行 20；

行 3≥行 4＋行 5＋行 6＋行 7＋行 8＋行 9＋行 10；

行 11≥行 12＋行 13；

行 14≥行 15＋行 16＋行 17；

行 18≥行 19；

行 30＝行 21＋行 22－行 24；

行 22≥行 23；

行 24≥行 25＋行 26＋行 27＋行 28＋行 29；

行 32＝行 30－行 31。

(四) 小企业现金流量表格式及编制说明

现金流量表

会小企 03 表

编制单位：　　　　　　　　　　　　____年____月单位：元

项目	行次	本年累计金额	本月金额
一、经营活动产生的现金流量：			
销售产成品、商品、提供劳务收到的现金	1		
收到其他与经营活动有关的现金	2		
购买原材料、商品、接受劳务支付的现金	3		
支付的职工薪酬	4		
支付的税费	5		
支付其他与经营活动有关的现金	6		
经营活动产生的现金流量净额	7		
二、投资活动产生的现金流量：			
收回短期投资、长期债券投资和长期股权投资收到的现金	8		
取得投资收益收到的现金	9		

续表

项目	行次	本年累计金额	本月金额
处置固定资产、无形资产和其他非流动资产收回的现金净额	10		
短期投资、长期债券投资和长期股权投资支付的现量	11		
购建固定资产、无形资产和其他非流动资产支付的现金	12		
投资活动产生的现金流量净额	13		
三、筹资活动产生的现金流量：			
取得借款收到的现金	14		
吸收投资者投资收到的现金	15		
偿还借款本金支付的现金	16		
偿还借款利息支付的现金	17		
分配利润支付的现金	18		
筹资活动产生的现金流量净额	19		
四、现金净增加额	20		
加：期初现金余额	21		
五、期末现金余额	22		

1. 本表反映小企业一定会计期间内有关现金流入和流出的信息。

2. 本表“本年累计金额”栏反映各项目自年初起至报告期末止的累计实际发生额。

本表“本月金额”栏反映各项目的本月实际发生额；在编报年度财务报表时，应将“本月金额”栏改为“上年金额”栏，填列上年全年实际发生额。

3. 本表各项目的内容及填列方法如下：

(1) 经营活动产生的现金流量

①“销售产成品、商品、提供劳务收到的现金”项目，反映小企业本期销售产成品、商品、提供劳务收到的现金。本项目可以根据“库存现金”、“银行存款”和“主营业务收入”等科目的本期发生额分析填列。

②“收到其他与经营活动有关的现金”项目，反映小企业本期收到的其他与经营活动有关的现金。本项目可以根据“库存现金”和“银行存款”等科目的本期发生额分析填列。

③“购买原材料、商品、接受劳务支付的现金”项目，反映小企业本期购买原材料、商品、接受劳务支付的现金。本项目可以根据“库存现金”、“银行存款”、“其他货币资金”、“原材料”、“库存商品”等科目的本期发生额分析填列。

④“支付的职工薪酬”项目，反映小企业本期向职工支付的薪酬。本项目可以根据“库存现金”、“银行存款”、“应付职工薪酬”科目的本期发生额填列。

⑤“支付的税费”项目，反映小企业本期支付的税费。本项目可以根据“库存现金”、“银行存款”、“应交税费”等科目的本期发生额填列。

⑥“支付其他与经营活动有关的现金”项目，反映小企业本期支付的其他与经营活动有关的现金。本项目可以根据“库存现金”、“银行存款”等科目的本期发生额分析填列。

(2) 投资活动产生的现金流量

①“收回短期投资、长期债券投资和长期股权投资收到的现金”项目，反映小企业

出售、转让或到期收回短期投资、长期股权投资而收到的现金，以及收回长期债券投资本金而收到的现金，不包括长期债券投资收回的利息。本项目可以根据“库存现金”、“银行存款”、“短期投资”、“长期股权投资”、“长期债券投资”等科目的本期发生额分析填列。

②“取得投资收益收到的现金”项目，反映小企业因权益性投资和债权性投资取得的现金股利或利润和利息收入。本项目可以根据“库存现金”、“银行存款”、“投资收益”等科目的本期发生额分析填列。

③“处置固定资产、无形资产和其他非流动资产收回的现金净额”项目，反映小企业处置固定资产、无形资产和其他非流动资产取得的现金，减去为处置这些资产而支付的有关税费等后的净额。本项目可以根据“库存现金”、“银行存款”、“固定资产清理”、“无形资产”、“生产性生物资产”等科目的本期发生额分析填列。

④“短期投资、长期债券投资和长期股权投资支付的现金”项目，反映小企业进行权益性投资和债权性投资支付的现金。包括：企业取得短期股票投资、短期债券投资、短期基金投资、长期债券投资、长期股权投资支付的现金。本项目可以根据“库存现金”、“银行存款”、“短期投资”、长期债券投资”、“长期股权投资”等科目的本期发生额分析填列。

⑤“购建固定资产、无形资产和其他非流动资产支付的现金”项目，反映小企业购建固定资产、无形资产和其他非流动资产支付的现金。包括：购买机器设备、无形资产、生产性生物资产支付的现金、建造工程支付的现金等现金支出，不包括为购建固定资产、无形资产和其他非流动资产而发生的借款费用资本化部分和支付给在建工程和无形资产开发项目人员的薪酬。为购建固定资产、无形资产和其他非流动资产而发生借款费用资本化部分，在“偿还借款利息支付的现金”项目反映；支付给在建工程和无形资产开发项目人员的薪酬，在“支付的职工薪酬”项目反映。本项目可以根据“库存现金”、“银行存款”、“固定资产”、“在建工程”、“无形资产”、“研发支出”、“生产性生物资产”、“应付职工薪酬”等科目的本期发生额分析填列。

（3）筹资活动产生的现金流量

①“取得借款收到的现金”项目，反映小企业举借各种短期、长期借款收到的现金。本项目可以根据“库存现金”、“银行存款”、“短期借款”、“长期借款”等科目的本期发生额分析填列。

②“吸收投资者投资收到的现金”项目，反映小企业收到的投资者作为资本投入的现金。本项目可以根据“库存现金”、“银行存款”、“实收资本”、“资本公积”等科目的本期发生额分析填列。

③“偿还借款本金支付的现金”项目，反映小企业以现金偿还各种短期、长期借款的本金。本项目可以根据“库存现金”、“银行存款”、“短期借款”、“长期借款”等科目的本期发生额分析填列。

④“偿还借款利息支付的现金”项目，反映小企业以现金偿还各种短期、长期借款的利息。本项目可以根据“库存现金”、“银行存款”、“应付利息”等科目的本期发生额分析填列。

⑤“分配利润支付的现金”项目，反映小企业向投资者实际支付的利润。本项目可

以根据“库存现金”、“银行存款”、“应付利润”等科目的本期发生额分析填列。

4. 本表中各项目之间的勾稽关系为：

行7=行1+行2-行3-行4-行5-行6；

行13=行8+行9+行10-行11-行12；

行19=行14+行15-行16-行17-行18；

行20=行7+行13+行19；

行22=行20+行21。

（五）附注

附注是财务报表的重要组成部分。小企业应当按照小企业会计准则规定披露附注信息，主要包括下列内容：

1. 遵循小企业会计准则的声明

小企业应当声明编制的财务报表符合小企业会计准则的要求，真实、完整地反映了小企业的财务状况、经营成果和现金流量等有关信息。

2. 短期投资、应收账款、存货、固定资产项目的说明。

（1）短期投资的披露格式如下：

项目	期末账面余额	期末市价	期末账面余额与市价的差额
1. 股票			
2. 债券			
3. 基金			
4. 其他			
合计			

（2）应收账款按账龄结构披露的格式如下：

账龄结构	期末账面余额	年初账面余额
1年以内（含1年）		
1年至2年（含2年）		
2年至3年（含3年）		
3年以上		
合计		

（3）存货的披露格式如下：

存货种类	期末账面余额	期末市价	期末账面余额与市价的差额
1. 原材料			
2. 在产品			
3，库存商品			
4. 周转材料			
5. 消耗性生物资产			
……			
合计			

（4）固定资产的披露格式如下：

项目	原价	累计折旧	期末账面价值
1. 房屋、建筑物			
2. 机器			
3. 机械			
4. 运输工具			
5. 设备			
6. 器具			
7. 工具			
……			
合计			

3. 应付职工薪酬、应交税费项目的说明。

（1）应付职工薪酬的披露格式如下：

应付职工薪酬明细表

会小企 01 表附表 1

编制单位：　　　　　　　　______年______月　　　　　　　　单位：元

项目	期末账面余额	年初账面余额
1. 职工工资		
2. 奖金、津贴和补贴		
3. 职工福利费		
4. 社会保险费		
5. 住房公积金		
6. 工会经费		
7. 职工教育经费		
8. 非货币性福利		
9. 辞退福利		
10. 其他		
合计		

（2）应交税费的披露格式如下：

应交税费明细表

会小企 01 表附表 2

编制单位：　　　　　　　　______年______月　　　　　　　　单位：元

项目	期末账面余额	年初账面余额
1. 增值税		
2. 消费税		
3. 营业税		
4. 城市维护建设税		
5. 企业所得税		
6. 资源税		
7. 土地增值税		

续表

项目	期末账面余额	年初账面余额
8. 城镇土地使用税		
9. 房产税		
10. 车船税		
11. 教育费附加		
12. 矿产资源补偿费		
13. 排污费		
14. 代扣代缴的个人所得税		
……		
合计		

4. 利润分配的说明。

利润分配表
应交税费明细表

会小企 01 表附表 3

编制单位： ______年度 单位：元

项目	行次	本年金额	上年金额
一、净利润	1		
加：年初未分配利润	2		
其他转入	3		
二、可供分配的利润	4		
减：提取法定盈余公积	5		
提取任意盈余公积	6		
提取职工奖励及福利基金*	7		
提取储备基金*	8		
提取企业发展基金*	9		
利润归还投资**	10		
三、可供投资者分配的利润	11		
减：应付利润	12		
四、未分配利润	13		

*提取职工奖励及福利基金、提取储备基金、提取企业发展基金这 3 个项目仅适用于小企业（外商投资）按照相关法律规定提取的 3 项基金。

**利润归还投资这个项目仅适用于小企业（中外合作经营）根据合同规定在合作期间归还投资者的投资。

5. 用于对外担保的资产名称、账面余额及形成的原因；未决诉讼、未决仲裁以及对外提供担保所涉及的金额。

6. 发生严重亏损的，应当披露持续经营的计划、未来经营的方案。

7. 对已在资产负债表和利润表中列示项目与企业所得税法规定存在差异的纳税调整过程。

参见《中华人民共和国企业所得税年度纳税申报表》。

8. 其他需要说明的事项。

2

第二部分
会计基础法规

【政策导读】

本部分收录了会计基本法规，从而使本书成为能够满足小企业财会需要相对完整的法规体系。需要说明的是，由于一些法规制定的时间较早，存在与现实不相适应的地方。建议读者在使用《会计基础工作规范》、《会计档案管理办法》时，参考本书第六部分范本一——《会计基础工作规范》中的相关内容，解决会计基础工作规范对会计电算化（财务信息化）条件下有关会计规范、会计电子数据存档等问题。当然，如果国家出台新的法规，应按新的规定执行。《会计从业资格管理办法》目前财政部正在修订，待新的《会计从业资格管理办法》出台后，按新办法执行。

【会计法规】

中华人民共和国会计法

（1985 年 1 月 21 日第六届全国人民代表大会常务委员会第九次会议通过根据 1993 年 12 月 29 日第八届全国人民代表大会常务委员会第五次会议《关于修改〈中华人民共和国会计法〉的决定》修正 1999 年 10 月 31 日第九届全国人民代表大会常务委员会第十二次会议修订）

第一章　总　则

第一条　为了规范会计行为，保证会计资料真实、完整，加强经济管理和财务管理，提高经济效益，维护社会主义市场经济秩序，制定本法。

第二条　国家机关、社会团体、公司、企业、事业单位和其他组织（以下统称单位）必须依照本法办理会计事务。

第三条　各单位必须依法设置会计账簿，并保证其真实、完整。

第四条　单位负责人对本单位的会计工作和会计资料的真实性、完整性负责。

第五条　会计机构、会计人员依照本法规定进行会计核算，实行会计监督。

任何单位或者个人不得以任何方式授意、指使、强令会计机构、会计人员伪造、变造会计凭证、会计账簿和其他会计资料，提供虚假财务会计报告。

任何单位或者个人不得对依法履行职责、抵制违反本法规定行为的会计人员实行打击报复。

第六条　对认真执行本法，忠于职守，坚持原则，做出显著成绩的会计人员，给予精神的或者物质的奖励。

第七条　国务院财政部门主管全国的会计工作。

县级以上地方各级人民政府财政部门管理本行政区域内的会计工作。

第八条　国家实行统一的会计制度。国家统一的会计制度由国务院财政部门根据本法制定并公布。

国务院有关部门可以依照本法和国家统一的会计制度制定对会计核算和会计监督有特殊要求的行业实施国家统一的会计制度的具体办法或者补充规定，报国务院财政部门审核批准。

中国人民解放军总后勤部可以依照本法和国家统一的会计制度制定军队实施国家统一的会计制度的具体办法，报国务院财政部门备案。

第二章　会计核算

第九条　各单位必须根据实际发生的经济业务事项进行会计核算，填制会计凭证，登记会计账簿，编制财务会计报告。

任何单位不得以虚假的经济业务事项或者资料进行会计核算。

第十条 下列经济业务事项，应当办理会计手续，进行会计核算：

（一）款项和有价证券的收付；

（二）财物的收发、增减和使用；

（三）债权债务的发生和结算；

（四）资本、基金的增减；

（五）收入、支出、费用、成本的计算；

（六）财务成果的计算和处理；

（七）需要办理会计手续、进行会计核算的其他事项。

第十一条 会计年度自公历1月1日起至12月31日止。

第十二条 会计核算以人民币为记账本位币。

业务收支以人民币以外的货币为主的单位，可以选定其中一种货币作为记账本位币，但是编报的财务会计报告应当折算为人民币。

第十三条 会计凭证、会计账簿、财务会计报告和其他会计资料，必须符合国家统一的会计制度的规定。

使用电子计算机进行会计核算的，其软件及其生成的会计凭证、会计账簿、财务会计报告和其他会计资料，也必须符合国家统一的会计制度的规定。

任何单位和个人不得伪造、变造会计凭证、会计账簿及其他会计资料，不得提供虚假的财务会计报告。

第十四条 会计凭证包括原始凭证和记账凭证。

办理本法第十条所列的经济业务事项，必须填制或者取得原始凭证并及时送交会计机构。

会计机构、会计人员必须按照国家统一的会计制度的规定对原始凭证进行审核，对不真实、不合法的原始凭证有权不予接受，并向单位负责人报告；对记载不准确、不完整的原始凭证予以退回，并要求按照国家统一的会计制度的规定更正、补充。

原始凭证记载的各项内容均不得涂改；原始凭证有错误的，应当由出具单位重开或者更正，更正处应当加盖出具单位印章。原始凭证金额有错误的，应当由出具单位重开，不得在原始凭证上更正。

记账凭证应当根据经过审核的原始凭证及有关资料编制。

第十五条 会计账簿登记，必须以经过审核的会计凭证为依据，并符合有关法律、行政法规和国家统一的会计制度的规定。会计账簿包括总账、明细账、日记账和其他辅助性账簿。

会计账簿应当按照连续编号的页码顺序登记。会计账簿记录发生错误或者隔页、缺号、跳行的，应当按照国家统一的会计制度规定的方法更正，并由会计人员和会计机构负责人（会计主管人员）在更正处盖章。

使用电子计算机进行会计核算的，其会计账簿的登记、更正，应当符合国家统一的会计制度的规定。

第十六条 各单位发生的各项经济业务事项应当在依法设置的会计账簿上统一登记、核算，不得违反本法和国家统一的会计制度的规定私设会计账簿登记、核算。

第十七条 各单位应当定期将会计账簿记录与实物、款项及有关资料相互核对，保证会计账簿记录与实物及款项的实有数额相符、会计账簿记录与会计凭证的有关内容相符、会计账簿之间相对应的记录相符、会计账簿记录与会计报表的有关内容相符。

第十八条 各单位采用的会计处理方法，前后各期应当一致，不得随意变更；确有必要变更的，应当按照国家统一的会计制度的规定变更，并将变更的原因、情况及影响在财务会计报告中说明。

第十九条 单位提供的担保、未决诉讼等或有事项，应当按照国家统一的会计制度的规定，在财务会计报告中予以说明。

第二十条 财务会计报告应当根据经过审核的会计账簿记录和有关资料编制，并符合本法和国家统一的会计制度关于财务会计报告的编制要求、提供对象和提供期限的规定；其他法律、行政法规另有规定的，从其规定。

财务会计报告由会计报表、会计报表附注和财务情况说明书组成。向不同的会计资料使用者提供的财务会计报告，其编制依据应当一致。有关法律、行政法规规定会计报表、会计报表附注和财务情况说明书须经注册会计师审计的，注册会计师及其所在的会计师事务所出具的审计报告应当随同财务会计报告一并提供。

第二十一条 财务会计报告应当由单位负责人和主管会计工作的负责人、会计机构负责人（会计主管人员）签名并盖章；设置总会计师的单位，还须由总会计师签名并盖章。

单位负责人应当保证财务会计报告真实、完整。

第二十二条 会计记录的文字应当使用中文。在民族自治地方，会计记录可以同时使用当地通用的一种民族文字。在中华人民共和国境内的外商投资企业、外国企业和其他外国组织的会计记录可以同时使用一种外国文字。

第二十三条 各单位对会计凭证、会计账簿、财务会计报告和其他会计资料应当建立档案，妥善保管。会计档案的保管期限和销毁办法，由国务院财政部门会同有关部门制定。

第三章 公司、企业会计核算的特别规定

第二十四条 公司、企业进行会计核算，除应当遵守本法第二章的规定外，还应当遵守本章规定。

第二十五条 公司、企业必须根据实际发生的经济业务事项，按照国家统一的会计制度的规定确认、计量和记录资产、负债、所有者权益、收入、费用、成本和利润。

第二十六条 公司、企业进行会计核算不得有下列行为：

（一）随意改变资产、负债、所有者权益的确认标准或者计量方法，虚列、多列、不列或者少列资产、负债、所有者权益；

（二）虚列或者隐瞒收入，推迟或者提前确认收入；

（三）随意改变费用、成本的确认标准或者计量方法，虚列、多列、不列或者少列费用、成本；

（四）随意调整利润的计算、分配方法，编造虚假利润或者隐瞒利润；

（五）违反国家统一的会计制度规定的其他行为。

第四章　会计监督

第二十七条　各单位应当建立、健全本单位内部会计监督制度。单位内部会计监督制度应当符合下列要求：

（一）记账人员与经济业务事项和会计事项的审批人员、经办人员、财物保管人员的职责权限应当明确，并相互分离、相互制约；

（二）重大对外投资、资产处置、资金调度和其他重要经济业务事项的决策和执行的相互监督、相互制约程序应当明确；

（三）财产清查的范围、期限和组织程序应当明确；

（四）对会计资料定期进行内部审计的办法和程序应当明确。

第二十八条　单位负责人应当保证会计机构、会计人员依法履行职责，不得授意、指使、强令会计机构、会计人员违法办理会计事项。

会计机构、会计人员对违反本法和国家统一的会计制度规定的会计事项，有权拒绝办理或者按照职权予以纠正。

第二十九条　会计机构、会计人员发现会计账簿记录与实物、款项及有关资料不相符的，按照国家统一的会计制度的规定有权自行处理的，应当及时处理；无权处理的，应当立即向单位负责人报告，请求查明原因，作出处理。

第三十条　任何单位和个人对违反本法和国家统一的会计制度规定的行为，有权检举。收到检举的部门有权处理的，应当依法按照职责分工及时处理；无权处理的，应当及时移送有权处理的部门处理。收到检举的部门、负责处理的部门应当为检举人保密，不得将检举人姓名和检举材料转给被检举单位和被检举人个人。

第三十一条　有关法律、行政法规规定，须经注册会计师进行审计的单位，应当向受委托的会计师事务所如实提供会计凭证、会计账簿、财务会计报告和其他会计资料以及有关情况。

任何单位或者个人不得以任何方式要求或者示意注册会计师及其所在的会计师事务所出具不实或者不当的审计报告。

财政部门有权对会计师事务所出具审计报告的程序和内容进行监督。

第三十二条　财政部门对各单位的下列情况实施监督：

（一）是否依法设置会计账簿；

（二）会计凭证、会计账簿、财务会计报告和其他会计资料是否真实、完整；

（三）会计核算是否符合本法和国家统一的会计制度的规定；

（四）从事会计工作的人员是否具备从业资格。

在对前款第（二）项所列事项实施监督，发现重大违法嫌疑时，国务院财政部门及其派出机构可以向与被监督单位有经济业务往来的单位和被监督单位开立账户的金融机构查询有关情况，有关单位和金融机构应当给予支持。

第三十三条　财政、审计、税务、人民银行、证券监管、保险监管等部门应当依照有关法律、行政法规规定的职责，对有关单位的会计资料实施监督检查。

前款所列监督检查部门对有关单位的会计资料依法实施监督检查后，应当出具检查结论。有关监督检查部门已经作出的检查结论能够满足其他监督检查部门履行本部门职责需要的，其他监督检查部门应当加以利用，避免重复查账。

第三十四条 依法对有关单位的会计资料实施监督检查的部门及其工作人员对在监督检查中知悉的国家秘密和商业秘密负有保密义务。

第三十五条 各单位必须依照有关法律、行政法规的规定，接受有关监督检查部门依法实施的监督检查，如实提供会计凭证、会计账簿、财务会计报告和其他会计资料以及有关情况，不得拒绝、隐匿、谎报。

第五章 会计机构和会计人员

第三十六条 各单位应当根据会计业务的需要，设置会计机构，或者在有关机构中设置会计人员并指定会计主管人员；不具备设置条件的，应当委托经批准设立从事会计代理记账业务的中介机构代理记账。

国有的和国有资产占控股地位或者主导地位的大、中型企业必须设置总会计师。总会计师的任职资格、任免程序、职责权限由国务院规定。

第三十七条 会计机构内部应当建立稽核制度。

出纳人员不得兼任稽核、会计档案保管和收入、支出、费用、债权债务账目的登记工作。

第三十八条 从事会计工作的人员，必须取得会计从业资格证书。

担任单位会计机构负责人（会计主管人员）的，除取得会计从业资格证书外，还应当具备会计师以上专业技术职务资格或者从事会计工作三年以上经历。

会计人员从业资格管理办法由国务院财政部门规定。

第三十九条 会计人员应当遵守职业道德，提高业务素质。对会计人员的教育和培训工作应当加强。

第四十条 因有提供虚假财务会计报告，做假账，隐匿或者故意销毁会计凭证、会计账簿、财务会计报告，贪污，挪用公款，职务侵占等与会计职务有关的违法行为被依法追究刑事责任的人员，不得取得或者重新取得会计从业资格证书。

除前款规定的人员外，因违法违纪行为被吊销会计从业资格证书的人员，自被吊销会计从业资格证书之日起五年内，不得重新取得会计从业资格证书。

第四十一条 会计人员调动工作或者离职，必须与接管人员办清交接手续。

一般会计人员办理交接手续，由会计机构负责人（会计主管人员）监交；会计机构负责人（会计主管人员）办理交接手续，由单位负责人监交，必要时主管单位可以派人会同监交。

第六章 法律责任

第四十二条 违反本法规定，有下列行为之一的，由县级以上人民政府财政部门责令限期改正，可以对单位并处三千元以上五万元以下的罚款；对其直接负责的主管人员和其他直接责任人员，可以处二千元以上二万元以下的罚款；属于国家工作人员的，还应当由其所在单位或者有关单位依法给予行政处分：

（一）不依法设置会计账簿的；

（二）私设会计账簿的；

（三）未按照规定填制、取得原始凭证或者填制、取得的原始凭证不符合规定的；

（四）以未经审核的会计凭证为依据登记会计账簿或者登记会计账簿不符合规定的；

（五）随意变更会计处理方法的；

（六）向不同的会计资料使用者提供的财务会计报告编制依据不一致的；

（七）未按照规定使用会计记录文字或者记账本位币的；

（八）未按照规定保管会计资料，致使会计资料毁损、灭失的；

（九）未按照规定建立并实施单位内部会计监督制度或者拒绝依法实施的监督或者不如实提供有关会计资料及有关情况的；

（十）任用会计人员不符合本法规定的。

有前款所列行为之一，构成犯罪的，依法追究刑事责任。

会计人员有第一款所列行为之一，情节严重的，由县级以上人民政府财政部门吊销会计从业资格证书。

有关法律对第一款所列行为的处罚另有规定的，依照有关法律的规定办理。

第四十三条 伪造、变造会计凭证、会计账簿，编制虚假财务会计报告，构成犯罪的，依法追究刑事责任。

有前款行为，尚不构成犯罪的，由县级以上人民政府财政部门予以通报，可以对单位并处五千元以上十万元以下的罚款；对其直接负责的主管人员和其他直接责任人员，可以处三千元以上五万元以下的罚款；属于国家工作人员的，还应当由其所在单位或者有关单位依法给予撤职直至开除的行政处分；对其中的会计人员，并由县级以上人民政府财政部门吊销会计从业资格证书。

第四十四条 隐匿或者故意销毁依法应当保存的会计凭证、会计账簿、财务会计报告，构成犯罪的，依法追究刑事责任。

有前款行为，尚不构成犯罪的，由县级以上人民政府财政部门予以通报，可以对单位并处五千元以上十万元以下的罚款；对其直接负责的主管人员和其他直接责任人员，可以处三千元以上五万元以下的罚款；属于国家工作人员的，还应当由其所在单位或者有关单位依法给予撤职直至开除的行政处分；对其中的会计人员，并由县级以上人民政府财政部门吊销会计从业资格证书。

第四十五条 授意、指使、强令会计机构、会计人员及其他人员伪造、变造会计凭证、会计账簿，编制虚假财务会计报告或者隐匿、故意销毁依法应当保存的会计凭证、会计账簿、财务会计报告，构成犯罪的，依法追究刑事责任；尚不构成犯罪的，可以处五千元以上五万元以下的罚款；属于国家工作人员的，还应当由其所在单位或者有关单位依法给予降级、撤职、开除的行政处分。

第四十六条 单位负责人对依法履行职责、抵制违反本法规定行为的会计人员以降级、撤职、调离工作岗位、解聘或者开除等方式实行打击报复，构成犯罪的，依法追究刑事责任；尚不构成犯罪的，由其所在单位或者有关单位依法给予行政处分。对受打击报复的会计人员，应当恢复其名誉和原有职务、级别。

第四十七条 财政部门及有关行政部门的工作人员在实施监督管理中滥用职权、玩忽职守、徇私舞弊或者泄露国家秘密，商业秘密，构成犯罪的，依法追究刑事责任；尚不构成犯罪的，依法给予行政处分。

第四十八条 违反本法第三十条规定，将检举人姓名和检举材料转给被检举单位和被检举人个人的，由所在单位或者有关单位依法给予行政处分。

第四十九条 违反本法规定，同时违反其他法律规定的，由有关部门在各自职权范围内依法进行处罚。

第七章 附 则

第五十条 本法下列用语的含义：

单位负责人，是指单位法定代表人或者法律、行政法规规定代表单位行使职权的主要负责人。

国家统一的会计制度，是指国务院财政部门根据本法制定的关于会计核算，会计监督、会计机构和会计人员以及会计工作管理的制度。

第五十一条 个体工商户会计管理的具体办法，由国务院财政部门根据本法的原则另行规定。

第五十二条 本法自 2000 年 7 月 1 日起施行。

会计基础工作规范

（财会字〔1996〕19号　1996年6月17日）

第一章　总则

第一条　为了加强会计基础工作，建立规范的会计工作秩序，提高会计工作水平，根据《中华人民共和国会计法》的有关规定，制定本规范。

第二条　国家机关、社会团体、企业、事业单位、个体工商户和其他组织的会计基础工作，应当符合本规范的规定。

第三条　各单位应当依据有关法律、法规和本规范的规定，加强会计基础工作，严格执行会计法规制度，保证会计工作依法有序地进行。

第四条　单位领导人对本单位的会计基础工作负有领导责任。

第五条　各省，自治区、直辖市财政厅（局）要加强对会计基础工作的管理和指导，通过政策引导、经验交流、监督检查等措施，促进基层单位加强会计基础工作，不断提高会计工作水平。国务院各业务主管部门根据职责权限管理本部门的会计基础工作。

第二章　会计机构和会计人员

第一节　会计机构设置和会计人员配备

第六条　各单位应当根据会计业务的需要设置会计机构；不具备单独设置会计机构条件的，应当在有关机构中配人员。事业行政单位会计机构的设置和会计人员的配备，应当符合国家统一事业行政单位会计制度的规定。设置会计机构，应当配备会计机构负责人；在有关机构中配备专职会计人员，应当在专职会计人员中指定会计主管人员。会计机构负责人、会计主管人员的任免，应当符合《中华人民共和国会计法》和有关法律的规定。

第七条　会计机构负责人、会计主管人员应当具备下列基本条件：（一）坚持原则，廉洁奉公；（二）具有会计专业技术资格；（三）主管一个单位或者单位内一个重要方面的财务会计工作时间不少于2年；（四）熟悉国家财经法律、法规、规章和方针、政策，掌握本行业业务管理的有关知识；（五）有较强的组织能力；（六）身体状况能够适应本职工作的要求。

第八条　没有设置会计机构和配备会计人员的单位，应当根据《代理记账管理暂行办法》委托会计师事务所或者持有代理记账许可证书的其他代理记账机构进行代理记账。

第九条　大、中型企业、事业单位、业务主管部门应当根据法律和国家有关规定设置总会计师。总会计师由具有会计师以上专业技术资格的人员担任。总会计师行使《总会计师条例》规定的职责、权限。总会计师的任命（聘任）、免职（解聘）依照《总会计师条例》和有关法律的规定办理。

第十条 各单位应当根据会计业务需要配备持有会计证的会计人员。未取得会计证的人员，不得从事会计工作。

第十一条 各单位应当根据会计业务需要设置会计工作岗位。会计工作岗位上般可分为：会计机构负责人或者会计主管人员，出纳，财产物资核算，工资核算，成本费用核算；财务成果核算，资金核算，往来结算，总账报表，稽核，档案管理等。开展会计电算化和管理会计的单位，可以根据需要设置相应工作岗位，也可以与其他工作岗位相结合。

第十二条 会计工作岗位，可以一人一岗、一人多岗或者一岗多人。但出纳人员不得兼管审核、会计档案保管和收入、费用、债权债务账目的登记工作。

第十三条 会计人员的工作岗位应当有计划地进行轮换。

第十四条 会计人员应当具备必要的专业知识和专业技能，熟悉国家有关法律、法规，规章和国家统一会计制度，遵守职业道德。会计人员应当按照国家有关规定参加会计业务的培训。各单位应当合理安排会计人员的培训，保证会计人员每年有一定时间用于学习和参加培训。

第十五条 各单位领导人应当支持会计机构、会计人员依法行使职权；对忠于职守，坚持原则，做出显著成绩的会计机构、会计人员，应当给予精神的和物质的奖励。

第十六条 国家机关、国有企业、事业单位任用会计人员应当实行回避制度。单位领导人的直系亲属不得担任本单位的会计机构负责人、会计主管人员。会计机构负责人，会计主管人员的直系亲属不得在本单位会计机构中担任出纳工作。需要回避的直系亲属为：夫妻关系、直系血亲关系、三代以内旁系血亲以及配偶亲关系。

第二节　会计人员职业道德

第十七条 会计人员在会计工作中应当遵守职业道德，树立良好的职业品质、严谨的工作作风，严守工作纪律，努力提高工作效率和工作质量。

第十八条 会计人员应当热爱本职工作，努力钻研业务，使自己的知识和技能适应所从事工作的要求。

第十九条 会计人员应当熟悉财经法律、法规、规章和国家统一会计制度，并结合会计工作进行广泛宣传。

第二十条 会计人员应当按照会计法律、法规和国家统一会计制度规定的程序和要求进行会计工作，保证所提供的会计信息合法、真实、准确、及时、完整。

第二十一条 会计人员办理会计事务应当实事求是、客观公正。

第二十二条 会计人员应当熟悉本单位的生产经营和业务管理情况，运用掌握的会计信息和会计方法，为改善单位内部管理、提高经济效益服务。

第二十三条 会计人员应当保守本单位的商业秘密。除法律规定和单位领导人同意外，不能私自向外界提供或者泄露单位的会计信息。

第二十四条 财政部门、业务主管部门和各单位应当定期检查会计人员遵守职业道德的情况，并作为会计人员晋升、晋级、聘任专业职务、表彰奖励的重要考核依据。会计人员违反职业道德的，由所在单位进行处罚；情节严重的，由会计证发证机关吊销其会计证。

第三节　会计工作交接

第二十五条　会计人员工作调动或者因故离职，必须将本人所经管的会计工作全部移交给接替人员。没有办清交接手续的，不得调动或者离职。

第二十六条　接替人员应当认真接管移交工作，并继续办理移交的未了事项。

第二十七条　会计人员办理移交手续前，必须及时做好以下工作：（一）已经受理的经济业务尚未填制会计凭证的，应当填制完毕。（二）尚未登记的账目，应当登记完毕，并在最后一笔余额后加盖经办人员印章。（三）整理应该移交的各项资料，对未了事项写出书面材料。（四）编制移交清册，列明应当移交的会计凭证、会计账簿、会计报表、印章、现金、有价证券、支票簿、发票、文件、其他会计资料和物品等内容；实行会计电算化的单位，从事该项工作的移交人员还应当在移交清册中列明会计软件及密码、会计软件数据磁盘（磁带等）及有关资料、实物等内容。

第二十八条　会计人员办理交接手续，必须有监交人负责监交。一般会计人员交接，由单位会计机构负责人、会计主管人员负责监交；会计机构负责人、会计主管人员交接，由单位领导人负责监交，必要时可由上级主管部门派人会同监交。

第二十九条　移交人员在办理移交时，要按移交清册逐项移交；接替人员要逐项核对点收。（一）现金、有价证券要根据会计账簿有关记录进行点交。库存现金、有价证券必须与会计账簿记录保持一致。不一致时，移交人员必须限期查清。（二）会计凭证、会计账簿、会计报表和其他会计资料必须完整无缺。如有短缺，必须查清原因，并在移交清册中注明，由移交人员负责。（三）银行存款账户余额要与银行对账单核对，如不一致，应当编制银行存款余额调节表调节相符，各种财产物资和债权债务的明细账户余额要与总账有关账户余额核对相符；必要时，要抽查个别账户的余额，与实物核对相符，或者与往来单位、个人核对清楚。（四）移交人员经管的票据、印章和其他实物等，必须交接清楚；移交人员从事会计电算化工作的，要对有关电子数据在实际操作状态下进行交接。

第三十条　会计机构负责人、会计主管人员移交时，还必须将全部财务会计工作、重大财务收支和会计人员的情况等，向接替人员详细介绍。对需要移交的遗留问题，应当写出书面材料。

第三十一条　交接完毕后，交接双方和监交人员要在移交注册上签名或者盖章，并应在移交注册上注明：单位名称，交接日期，交接双方和监交人员的职务、姓名，移交清册页数以及需要说明的问题和意见等。移交清册一般应当填制一式三份，交接双方各执一份，存档一份。

第三十二条　接替人员应当继续使用移交的会计账簿，不得自行另立新账，以保持会计记录的连续性。

第三十三条　会计人员临时离职或者因病不能工作且需要接替或者代理的，会计机构负责人、会计主管人员或者单位领导人必须指定有关人员接替或者代理，并办理交接手续。临时离职或者因病不能工作的会计人员恢复工作的，应当与接替或者代理人员办理交接手续。移交人员因病或者其他特殊原因不能亲自办理移交的，经单位领导人批准，可由移交人员委托他人代办移交，但委托人应当承担本规范第三十五条规定的责任。

第三十四条 单位撤销时，必须留有必要的会计人员，会同有关人员办理清理工作，编制决算。未移交前，不得离职。接收单位和移交日期由主管部门确定。单位合并、分立的，其会计工作交接手续比照上述有关规定办理。

第三十五条 移交人员对所移交的会计凭证、会计账簿、会计报表和其他有关资料的合法性、真实性承担法律责任。

第三章 会计核算

第一节 会计核算一般要求

第三十六条 各单位应当按照《中华人民共和国会计法》和国家统一会计制度的规定建立会计账册，进行会计核算，及时提供合法、真实、准确、完整的会计信息。

第三十七条 各单位发生的下列事项，应当及时办理会计手续、进行会计核算：（一）款项和有价证券的收付；（二）财物的收发、增减和使用；（三）债权债务的发生和结算；（四）资本、基金的增减；（五）收入、支出、费用、成本的计算；（六）财务成果的计算和处理；（七）其他需要办理会计手续、进行会计核算的事项。

第三十八条 各单位的会计核算应当以实际发生的经济业务为依据，按照规定的会计处理方法进行，保证会计指标的口径一致、相互可比和会计处理方法的前后各期相一致。

第三十九条 会计年度自公历1月1日起至12月31日止。

第四十条 会计核算以人民币为记账本位币。收支业务以外国货币为主的单位，也可以选定某种外国货币作为记账本位市，但是编制的会计报表应当折算为人民币反映。境外单位向国内有关部门编报的会计报表，应当折算为人民币反映。

第四十一条 各单位根据国家统一会计制度的要求，在不影响会计核算要求、会计报表指标汇总和对外统一会计报表的前提下，可以根据实际情况自行设置和使用会计科目。事业行政单位会计科目的设置和使用，应当符合国家统一事业行政单位会计制度的规定。

第四十二条 会计凭证、会计账簿、会计报表和其他会计资料的内容和要求必须符合国家统一会计制度的规定，不得伪造、变造会计凭证和会计账簿，不得设置账外账，不得报送虚假会计报表。

第四十三条 各单位对外报送的会计报表格式由财政部统一规定。

第四十四条 实行会计电算化的单位，对使用的会计软件及其生成的会计凭证、会计账簿。会计报表和其他会计资料的要求，应当符合财政部关于会计电算化的有关规定。

第四十五条 各单位的会计凭证、会计账簿、会计报表和其他会计资料，应当建立档案，妥善保管。会计档案建档要求、保管期限、销毁办法等依据《会计档案管理办法》的规定进行。实行会计电算化的单位，有关电子数据、会计软件资料等应当作为会计档案进行管理。

第四十六条 会计记录的文字应当使用中文，少数民族自治地区可以同时使用少数民族文字。中国境内的外商投资企业、外国企业和其他外国经济组织也可以同时使用某种外国文字。

第二节 填制会计凭证

第四十七条 各单位办理本规范第三十七条规定的事项，必须取得或者填制原始凭证，并及时送交会计机构。

第四十八条 原始凭证的基本要求是：

（一）原始凭证的内容必须具备：凭证的名称；填制凭证的日期；填制凭证单位名称或者填制人姓名；经办人员的签名或者盖章；接受凭证单位名称；经济业务内容；数量、单价和金额。

（二）从外单位取得的原始凭证，必须盖有填制单位的公章；从个人取得的原始凭证，必须有填制人员的签名或者盖章。自制原始凭证必须有经办单位领导人或者其指定的人员签名或者盖章。对外开出的原始凭证，必须加盖本单位公章。

（三）凡填有大写和小写金额的原始凭证，大写与小写金额必须相符。购买实物的原始凭证，必须有验收证明。支付款项的原始凭证。必须有收款单位和收款人的收款证明。

（四）一式几联的原始凭证，应当注明各联的用途，只能以一联作为报销凭证。一式几联的发票和收据，必须用双面复写纸（发票和收据本身具备复写纸功能的除外）套写，并连续编号。作废时应当加盖“作废”戳记，连同存根一起保存，不得撕毁。

（五）发生销货退回的，除填制退货发票外，还必须有退货验收证明；退款时，必须取得对方的收款收据或者汇款银行的凭证，不得以退货发票代替收据。

（六）职工公出借款凭据，必须附在记账凭证之后。收回借款时，应当另开收据或者退还借据副本，不得退还原借款收据。

（七）经上级有关部门批准的经济业务，应当将批准文件作为原始凭证附件：如果批准文件需要单独归档的，应当在凭证上注明批准机关名称、日期和文件字号。

第四十九条 原始凭证不得涂改、挖补。发现原始凭证有错误的，应当由开出单位重开或者更正，更正处应当加盖开出单位的公章。

第五十条 会计机构、会计人员要根据审核无误的原始凭证填制记账凭证。记账凭证可以分为收款凭证、付款凭证和转账凭证，也可以使用通用记账凭证。

第五十一条 记账凭证的基本要求是：

（一）记账凭证的内容必须具备：填制凭证的日期；凭证编号；经济业务摘要；会计科目；金额；所附原始凭证张数；填制凭证人员、稽核人员、记账人员、会计机构负责人、会计主管人员签名或者盖章。收款和付款记账凭证还应当由出纳人员签名或者盖章。以自制的原始凭证或者原始凭证汇总表代替记账凭证的，也必须具备记账凭证应有的项目。

（二）填制记账凭证时，应当对记账凭证进行连续编号。一笔经济业务需要填制两张以上记账凭证的，可以采用分数编号法编号。

（三）记账凭证可以根据每一张原始凭证填制，或者根据若干张同类原始凭证汇总填制，也可以根据原始凭证汇总表填制。但不得将不同内容和类别的原始凭证汇总填制在一张记账凭证上。

（四）除结账和更正错误的记账凭证可以不附原始凭证外，其他记账凭证必须附有原始凭证。如果一张原始凭证涉及几张记账凭证，可以把原始凭证附在一张主要的记账凭证后面，并在其他记账凭证上注明附有该原始凭证的记账凭证的编号或者附原始凭证复印机。一张复始凭证所列支出需要几个单位共同负担的，应当将其他单位负担的部分，开给对方原始凭证分割单，进行结算。原始凭证分割单必须具备原始凭证的基本内容：凭证名称、填制凭证日期、填制凭证单位名称或者填制人姓名、经办人的签名或者盖章、接受凭证单位名称、经济业务内容、数量、单价、金额和费用分摊情况等。

（五）如果在填制记账凭证时发生错误，应当重新填制。已经登记入账的记账凭证，在当年内发现填写错误时，可以用红字填写一张与原内容相同的记账凭证，在摘要栏注明“注销某月某日某号凭证”字样，同时再用蓝字重新填制一张正确的记账凭证，注明“订正某月某日某号凭证”字样。如果会计科目没有错误，只是金额错误，也可以将正确数字与错误数字之间的差额，另编一张调整的记账凭证，调增金额用蓝字，调减金额用红字。发现以前年度记账凭证有错误的，应当用蓝字填制一张更正的记账凭证。

（六）记账凭证填制完经济业务事项后，如有空行，应当自金额栏最后一笔金额数字下的空行处至合计数上的空行处划线注销。

第五十二条 填制会计凭证，字迹必须清晰、工整，并符合下列要求：

（一）阿拉伯数字应当一个一个地写，不得连笔写。阿拉伯金额数字前面应当书写货币市种符号或者货币名称简写和市种符号。币种符号与阿拉伯金额数字之间不得留有空白。凡阿拉伯数字前写有市种符号的，数字后面不再写货币单位。

（二）所有以元为单位（其他货币种类为货币基本单位，下同）的阿拉伯数字，除表示单价等情况外，一律填写到角分；元角分的，角位和分位可写“00”，或者符号“一”；有角无分的，分位应当写“0”，不得用符号“一”代替。

（三）汉字大写数字金额如零、壹、贰、叁、肆、伍、陆、柒、捌、玖、拾、佰、仟、万、亿等，一律用正楷或者行书体书写，不得用0、一、二、三、四、五、六、七、八、九、十等简化字代替，不得任意自造简化字。大写金额数字到元或者角为止的，在“元”或者“角”字之后应当写“整”字或者“正”字；大写金额数字有分的，分字后面不写“整”或者“正”字。

（四）大写金额数字前未印有货币名称的，应当加填货币名称，货币名称与金额数字之间不得留有空白。

（五）阿拉伯金额数字中间有“0”时，汉字大写金额要写“零”字；阿拉伯数字金额中间连续有几个“0”时，汉字大写金额中可以只写一个“零”字；阿拉伯金额数字元位是“0”，或者数字中间连续有几个“0”、元位也是“0”但角位不是“0”时，汉字大写金额可以只写一个“零”字，也可以不写“零”字。

第五十三条 实行会计电算化的单位，对于机制记账凭证，要认真审核，做到会计科目使用正确，数字准确无误。打印出的机制记账凭证要加盖制单人员、审核人员、记账人员及会计机构负责人、会计主管人员印章或者签字。

第五十四条 各单位会计凭证的传递程序应当科学、合理，具体办法由各单位根据会计业务需要自行规定。

第五十五条 会计机构、会计人员要妥善保管会计凭证。

（一）会计凭证应当及时传递，不得积压。

（二）会计凭证登记完毕后，应当按照分类和编号顺序保管，不得散乱丢失。

（三）记账凭证应当连同所附的原始凭证或者原始凭证汇总表，按照编号顺序，折叠整齐，按期装订成册，并加具封面，注明单位名称、年度、月份和起讫日期、凭证种类、起讫号码，由装订人在装订线封签外签名或者盖章。对于数量过多的原始凭证，可以单独装订保管，在封面上注明记账凭证日期、编号、种类，同时在记账凭证上注明“附件另订”和原始凭证名称及编号。各种经济合同、存出保证金收据以及涉外文件等重要原始凭证，应当另编目录，单独登记保管，并在有关的记账凭证和原始凭证上相互注明日期和编号。

（四）原始凭证不得外借，其他单位如因特殊原因需要使用原始凭证时，经本单位会计机构负责人、会计主管人员批准，可以复制。向外单位提供的原始凭证复制件，应当在专设的登记簿上登记，并由提供人员和收取人员共同签名或者盖章。

（五）从外单位取得的原始凭证如有遗失，应当取得原开出单位盖有公章的证明，并注明原来凭证的号码、金额和内容等，由经办单位会计机构负责人、会计主管人员和单位领导人批准后，才能代作原始凭证。如果确实无法取得证明的，如火车、轮船、飞机票等凭证，由当事人写出详细情况，由经办单位会计机构负责人、会计主管人员和单位领导人批准后，代作原始凭证。

第三节　登记会计账簿

第五十六条 各单位应当按照国家统一会计制度的规定和会计业务的需要设置会计账簿。会计账簿包括总账、明细账、日记账和其他辅助性账簿。

第五十七条 现金日记账和银行存款日记账必须采用订本式账簿。不得用银行对账单或者其他方法代替日记账。

第五十八条 实行会计电算化的单位，用计算机打印的会计账簿必须连续编号，经审核无误后装订成册，并由记账人员和会计机构负责人、会计主管人员签字或者盖章。

第五十九条 启用会计账簿时，应当在账簿封面上写明单位名称和账簿名称。在账簿扉页上应当附启用表，内容包括：启用日期、账簿页数、记账人员和会计机构负责人、会计主管人员姓名，并加盖名章和单位公章。记账人员或者会计机构负责人、会计主管人员调动工作时，应当注明交接日期、接办人员或者监交人员姓名，并由交接双方人员签名或者盖章。启用订本式账簿，应当从第一页到最后一页顺序编定页数，不得跳页、缺号。使用活页式账页，应当按账户顺序编号，并须定期装订成册。装订后再接实际使用的账页顺序编定页码。另加目录，记明每个账户的名称和页次。

第六十条 会计人员应当根据审核无误的会计凭证登记会计账簿。登记账簿的基本要求是：

（一）登记会计账簿时，应当将会计凭证日期、编号、业务内容摘要、金额和其他有关资料逐项记入账内；做到数字准确、摘要清楚、登记及时、字迹工整。

（二）登记完毕后，要在记账凭证上签名或者盖章，并注明已经登账的符号，表示已经记账。

（三）账簿中书写的文字和数字上面要留有适当空格，不要写满格；一般应占格距的二分之一。

（四）登记账簿要用蓝黑墨水或者碳素墨水书写，不得使用圆珠笔（银行的复写账簿除外）或者铅笔书写。

（五）下列情况，可以用红色墨水记账：

1. 按照红字冲账的记账凭证，冲销错误记录；

2. 在不设借贷等栏的多栏式账页中，登记减少数；

3. 在三栏式账户的余额栏前，如未印明余额方面的，在余额栏内登记负数余额；

4. 根据国家统一会计制度的规定可以用红字登记的其他会计记录。

（六）各种账簿按页次顺序连续登记，不得跳行、隔页。如果发生跳行、隔页，应当将空行、空页划线注销，或者注明"此行空白"、"此页空白"字样，并由记账人员签名或者盖章。

（七）凡需要结出余额的账户，结出余额后。应当在"借或贷"等栏内写明"借"或者"贷，'等字样。没有余额的账户，应当在"借或贷"等栏内写"平"字，并在余额栏内用"Q"表示。现金日记账和银行存款日记账必须逐日结出余额。

（八）每一账页登记完毕结转下页时，应当结出本页合计数及余额，写在本页最后一行和下页第一行有关栏内，并在摘要栏内注明"过次页"和"承前页"字样；也可以将本页合计数及金额只写在下页第一行有关栏内，并在摘要栏内注明"承前页"字样。对需要结计本月发生额的账户，结计"过次页"的本页合计数应当为自本月初起至本页未止的发生额合计数；对需要结计本年累计发生额的账户，结计"过次页"的本页合计数应当为自年初起至本页未止的累计数；对既不需要结计本月发生额也不需要结计本年累计发生额的账户，可以只将每页未的余额结转次页。

第六十一条 实行会计电算化的单位，总账和明细账应当定期打印。发生收款和付款业务的，在输入收款凭证和付款凭证的当天必须打印出现金日记账和银行存款日记账，并与库存现金核对无误。

第六十二条 账簿记录发生错误，不准涂改、挖补、刮擦或者用药水消除字迹，不准重新抄写，必须按照下列方法进行更正：

（一）登记账簿时发生错误，应当将错误的文字或者数字划红线注销，但必须使原有字迹仍可辨认；然后在划线上方填写正确的文字或者数字，并由记账人员在更正处盖章。对于错误的数字，应当全部划红线更正，不得只更正其中的错误数字。对于文字错误，可只划去错误的部分。

（二）由于记账凭证错误而使账簿记录发生错误，应当按更正的记账凭证登记账簿。

第六十三条 各单位应当定期对会计账簿记录的有关数字与库存实物、货币资金、有价证券、往来单位或者个人等进行相互核对，保证账证相符、账账相符、账实相符。对账工作每年至少进行一次。

（一）账证核对。核对会计账簿记录与原始凭证、记账凭证的时间、凭证字号、内容、金额是否一致，记账方向是否相符。

（二）账账核对。核对不同会计账簿之间的账簿记录是否相符，包括：总账有关账户的余额核对，总账与明细账核对，总账与日记账核对，会计部门的财产物资明细账与财产物资保管和使用部门的有关明细账核对等。

（三）账实核对。核对会计账簿记录与财产等实有数额是否相符。包括：现金日记账账面余额与现金实际库存数相核对；银行存款日记账账面余额定期与银行对账单相核对；各种财物明细账账面余额与财物实存数额相核对；各种应收、应付款明细账账面余额与有关债务、债权单位或者个人核对等。

第六十四条 各单位应当按照规定定期结账。

（一）结账前，必须将本期内所发生的各项经济业务全部登记入账。

（二）结账时，应当结出每个账户的期末余额。需要结出当月发生额的，应当在摘要栏内注明“本月合计”字样，并在下面通栏划单红线。需要结出本年累计发生额的，应当在摘要栏内注明“本年累计”字样，并在下面通栏划单红线；12 月末的“本年累计”就是全年累计发生额。全年累计发生额下面应当通栏划双红线。年度终了结账时，所有总账账户都应当结出全年发生额和年末余额。

（三）年度终了，要把各账户的余额结转到下一会计年度，并在摘要栏注明“结转下年”字样；在下一会计年度新建有关会计账簿的第一行余额栏内填写上年结转的余额，并在摘要栏注明“上年结转”字样。

第四节　编制财务报告

第六十五条 各单位必须按照国家统一会计制度的规定，定期编制财务报告。财务报告包括会计报表及其说明。会计报表包括会计报表主表、会计报表附表、会计报表附注。

第六十六条 各单位对外报送的财务报告应当根据国家统一会计制度规定的格式和要求编制。单位内部使用的财务报告，其格式和要求由各单位自行规定。

第六十七条 会计报表应当根据登记完整、核对无误的会计账簿记录和其他有关资料编制，做到数字真实、计算准确、内容完整、说明清楚。任何人不得篡改或者授意、指使、强令他人篡改会计报表的有关数字。

第六十八条 会计报表之间、会计报表各项目之间，凡有对应关系的数字，应当相互一致。本期会计报表与上期会计报表之间有关的数字应当相互衔接。如果不同会计年度会计报表中各项目的内容和核算方法有变更的，应当在年度会计报表中加以说明。

第六十九条 各单位应当按照国家统一会计制度的规定认真编写会计报表附注及其说明，做到项目齐全，内容完整。

第七十条 各单位应当按照国家规定的期限对外报送财务报告。对外报送的财务报告，应当依次编定页码，加具封面，装订成册，加盖公章。封面上应当注明：单位名称，单位地址，财务报告所属年度、季度、月度，送出日期，并由单位领导人、总会计师、会计机构负责人、会计主管人员签名或者盖章。单位领导人对财务报告的合法性、真实性负法律责任。

第七十一条 根据法律和国家有关规定应当对财务报告进行审计的，则务报告编制单位应当先行委托注册会计师进行审计，并将注册会计师出具的审计报告随同财务报告按照规定的期限报送有关部门。

第七十二条 如果发现对外报送的财务报告有错误，应当及时办理更正手续。除更正本单位留存的财务报告外，并应同时通知接受财务报告的单位更正。错误较多的，应当重新编报。

第四章 会计监督

第七十三条 各单位的会计机构、会计人员对本单位的经济活动进行会计监督。

第七十四条 会计机构、会计人员进行会计监督的依据是：

（一）财经法律、法规、规章；

（二）会计法律、法规和国家统一会计制度；

（三）各省、自治区、直辖市财政厅（局）和国务院业务主管部门根据《中华人民共和国会计法》和国家统一会计制度制定的具体实施办法或者补充规定；

（四）各单位根据《中华人民共和国会计法》和国家统一会计制度制定的单位内部会计管理制度；

（五）各单位内部的预算、财务计划、经济计划、业务计划。

第七十五条 会计机构、会计人员应当对原始凭证进行审核和监督。对不真实、不合法的原始凭证，不予受理。对弄虚作假、严重违法的原始凭证，在不予受理的同时，应当予以扣留，并及时向单位领导人报告，请求查明原因，追究当事人的责任。对记载不明确、不完整的原始凭证，予以退回，要求经办人员更正、补充。

第七十六条 会计机构、会计人员对伪造、变造、故意毁灭会计账簿或者账外设账行为，应当制止和纠正；制止和纠正无效的，应当向上级主管单位报告，请求作出处理。

第七十七条 会计机构、会计人员应当对实物、款项进行监督，督促建立并严格执行财产清查制度。发现账簿记录与实物、款项不符时，应当按照国家有关规定进行处理。超出会计机构、会计人员职权范围的，应当立即向本单位领导报告，请求查明原因，作出处理。

第七十八条 会计机构、会计人员对指使、强令编造、篡改财务报告行为，应当制止和纠正；制止和纠正无效的，应当向上级主管单位报告，请求处理。

第七十九条 会计机构、会计人员应当对财务收支进行监督。

（一）对审批手续不全的财务收支，应当退回，要求补充、更正。

（二）对违反规定不纳入单位统一会计核算的财务收支，应当制止和纠正。

（三）对违反国家统一的财政、财务、会计制度规定的财务收支，不予办理。

（四）对认为是违反国家统一的财政、财务、会计制度规定的财务收支。应当制止和纠正；制止和纠正无效的，应当向单位领导人提出书面意见请求处理。单位领导人应当在接到书面意见起十日内作出书面决定，并对决定承担责任。

（五）对违反国家统一的财政、财务、会计制度规定的财务收支，不予制止和纠正，又不向单位领导人提出书面意见的；也应当承担责任。

（六）对严重违反国家利益和社会公众利益的财务收支，应当向主管单位或者财政、审计、税务机关报告。

第八十条 会计机构、会计人员对违反单位内部会计管理制度的经济活动，应当制止和纠正；制止和纠正无效的，向单位领导人报告，请求处理。

第八十一条 会计机构、会计人员应当对单位制定的预算、财务计划、经济计划、业务计划的执行情况进行监督。

第八十二条 各单位必须依照法律和国家有关规定接受财政、审计、税务等机关的监督，如实提供会计凭证、会计账簿、会计报表和其他会计资料以及有关情况、不得拒绝、隐匿、谎报。

第八十三条 按照法律规定应当委托注册会计师进行审计的单位，应当委托注册会计师进行审计，并配合注册会计师的工作，如实提供会计凭证、会计账簿、会计报表和其他会计资料以及有关情况，不得拒绝、隐匿、谎报；不得示意注册会计师出具不当的审计报告。

第五章　内部会计管理制度

第八十四条 各单位应当根据《中华人民共和国会计法》和国家统一会计制度的规定，结合单位类型和内容管理的需要，建立健全相应的内部会计管理制度。

第八十五条 各单位制定内部会计管理制度应当遵循下列原则：

（一）应当执行法律、法规和国家统一的财务会计制度。

（二）应当体现本单位的生产经营、业务管理的特点和要求。

（三）应当全面规范本单位的各项会计工作，建立健全会计基础，保证会计工作的有序进行。

（四）应当科学、合理，便于操作和执行。

（五）应当定期检查执行情况。

（六）应当根据管理需要和执行中的问题不断完善。

第八十六条 各单位应当建立内部会计管理体系。主要内容包括：单位领导人、总会计师对会计工作的领导职责；会计部门及其会计机构负责人、会计主管人员的职责、权限；会计部门与其他职能部门的关系；会计核算的组织形式等。

第八十七条 各单位应当建立会计人员岗位责任制度。主要内容包括：会计人员的工作岗位设置；备会计工作岗位的职责和标准；各会计工作岗位的人员和具体分工；会计工作岗位轮换办法；对各会计工作岗位的考核办法。

第八十八条 各单位应当建立账务处理程序制度。主要内容包括：会计科目及其明细科目的设置和使用；会计凭证的格式、审核要求和传递程序；会计核算方法；会计账簿的设置；编制会计报表的种类和要求；单位会计指标体系。

第八十九条 各单位应当建立内部牵制制度。主要内容包括：内部牵制制度的原则；组织分工；出纳岗位的职责和限制条件；有关岗位的职责和权限。

第九十条 各单位应当建立稽核制度。主要内容包括：稽核工作的组织形式和具体分工；稽核工作的职责、权限；审核会计凭证和复核会计账簿、会计报表的方法。

第九十一条 各单位应当建立原始记录管理制度。主要内容包括：原始记录的内容和填制方法；原始记录的格式；原始记录的审核；原始记录填制人的责任；原始记录签署；传递、汇集要求。

第九十二条 各单位应当建立定额管理制度。主要内容包括：定额管理的范围；制定和修订定额的依据、程序和方法；定额的执行；定额考核和奖惩办法等。

第九十三条 各单位应当建立计量验收制度。主要内容包括：计量检测手段和方法；计量验收管理的要求；计量验收人员的责任和奖惩办法。

第九十四条 各单位应当建立财产清查制度。主要内容包括：财产清查的范围；财产清查的组织；时产清查的期限和方法；对财产清查中发现问题的处理办法；对财产管理人员的奖惩办法。

第九十五条 各单位应当建立财务收支审批制度。主要内容包括：财务收支审批人员和审批权限；财务收支审批程序；财务收支审批人员的责任。

第九十六条 实行成本核算的单位应当建立成本核算制度。主要内容包括：成本核算的对象；成本核算的方法和程序；成本、分析等。

第九十七条 各单位应当建立财务会计分析制度。主要内容包括：财务会计分析的主要内容；财务会计分析的基本要求和组织程序；财务会计分析的具体方法；财务会计分析报告的编写要求等。

第六章 附 则

第九十八条 本规范所称国家统一会计制度，是指由财政部制定、或者财政部与国务院有关部门联合制定、或者经财政部审核批准的在全国范围内统一执行的会计规章、准则、办法等规范性文件。本规范所称会计主管人员，是指不设置会计机构、只在其他机构中设置专职会计人员的单位行使会计机构负责人职权的人员。本规范第三章第二节和第三节关于填制会计凭证、登记会计账簿的规定，除特别指出外，一般适用于手工记账。实行会计电算化的单位，填制会计凭证和登记会计账簿的有关要求，应当符合财政部关于会计电算化的有关规定。

第九十九条 各省、自治区、直辖市财政厅（局）、国务院各业务主管部门可以根据本规范的原则，结合本地区、本部门的具体情况，制定具体实施办法，报财政部备案。

第一百条 本规范由财政部负责解释、修改。

第一百零一条 本规范自公布之日起实施。1984 年 4 月 24 日财政部发布的《会计人员工作规则》同时废止。

会计档案管理办法

（财会字〔1998〕32号　1998年8月21日）

第一条　为了加强会计档案管理，统一会计档案管理制度，更好地为发展社会主义市场经济服务，根据《中华人民共和国会计法》和《中华人民共和国档案法》的规定，制定本办法。

第二条　国家机关、社会团体、企业、事业单位、按规定应当建账的个体工商户和其他组织（以下简称各单位），应当依照本办法管理会计档案。

第三条　各级人民政府财政部门和档案行政管理部门共同负责会计档案工作的指导、监督和检查。

第四条　各单位必须加强对会计档案管理工作的领导，建立会计档案的立卷、归档、保管、查阅和销毁等管理制度，保证会计档案妥善保管、有序存放、方便查阅、严防毁损、散失和泄密。

第五条　会计档案是指会计凭证，会计账簿和财务报告等会计核算专业材料，是记录和反映单位经济业务的重要史料和证据。

具体包括：

（一）会计凭证类：原始凭证，记账凭证、汇总凭证，其他会计凭证。

（二）会计账簿类：总账，明细账，日记账，固定资产卡片，辅助账簿，其他会计账薄。

（三）财务报告类：月度、季度、年度财务报告，包括会计报表、附表、附注及文字说明，其他财务报告。

（四）其他类：银行存款余额调节表，银行对账单，其他应当保存的会计核算专业资料，会计档案移交清册，会计档案保管清册，会计档案销毁清册。

第六条　各单位每年形成的会计档案，应当由会计机构按照归档要求，负责整理立卷，装订成册，编制会计档案保管清册。

当年形成的会计档案，在会计年度终了后，可暂由会计机构保管一年，期满之后，应当由会计机构编制移交清册，移交本单位档案机构统一保管；未设立档案机构的，应当在会计机构内部指定专人保管。出纳人员不得兼管会计档案。

移交本单位档案机构保管的会计档案，原则上应当保持原卷册的封装。个别需要拆封重新整理的，档案机构应当会同会计机构和经办人员共同拆封整理，以分清责任。车船使用税按年征收、分期缴纳。纳税期限由省、自治区、直辖市人民政府确定。

第七条　各单位保存的会计档案不得借出。如有特殊需要，经本单位负责人批准，可以提供查阅或者复制，并办理登记手续。查阅或者复制会计档案的人员，严禁在会计档案上涂画、拆封和抽换。

各单位应当建立健全会计档案查阅、复制登记制度。

第八条　会计档案的保管期限分为永久、定期两类。

定期保管期限分为3年、5年、10年、15年、25年5类。

会计档案的保管期限，从会计年度终了后的第一天算起。

第九条 本办法规定的会计档案保管期限为最低保管期限，各类会计档案的保管原则上应当按照本办法附表所列期限执行。

各单位会计档案的具体名称如有同本办法附表所列档案名称不相符的，可以比照类似档案的保管期限办理。

第十条 保管期满的会计档案，除本办法第十一条、规定的情形外，可以按照以下程序销毁：

（一）由本单位档案机构会同会计机构提出销毁意见，编制会计档案销毁清册，列明销毁会计档案的名称。

卷号、册数、起止年度和档案编号、应保管期限、已保管期限、销毁时间等内容。

（二）单位负责人在会计档案销毁清册上签署意见。

（三）销毁会计档案时，应当由档案机构和会计机构共同派员监销。国家机关销毁会计档案时，应当由同级财政部门、审计部门派员参加监销。财政部门销毁会计档案时，应当由同级审计部门派员参加监销。

（四）监销人在销毁会计档案前，应当按照会计档案销毁清册所列内容清点核对所要销毁的会计档案了销毁后，应当在会计档案销毁清册上签名盖章，并将监销情况报告本单位负责人。

第十一条 保管期满但未结清的债权债务原始凭证和涉及其他未了事项的原始凭证，不得销毁，应当单独抽出立卷，保管到未了事项完结时为止。单独抽出立卷的会计档案，应当在会计档案销毁清册和会计档案保管清册中列明。

正在项目建设期间的建设单位，其保管期满的会计档案不得销毁。

第十二条 采用电子计算机进行会计核算的单位，应当保存打印出的纸质会计档案。

具备采用磁带、磁盘、光盘、微缩胶片等磁性介质保存会计档案条、件的，由国务院业务主管部门统一规定，并报财政部、国家档案局备案。

第十三条 单位因撤销、解散、破产或者其他原因而终止的，在终止和办理注销登记手续之前形成的会计档案，应当由终止单位的业务主管部门或财产所有者代管或移交有关档案馆代管，法律、行政法规另有规定的，从其规定。

第十四条 单位分立后原单位存续的，其会计档案应当由分立后的存续方统一保管，其他方可查阅、复制与其业务相关的会计档案；单位分立后原单位解散的，共会计档案应当经各方协商后由其中一方代管或移交档案馆代管，各方可查阅、复制与其业务相关的会计档案。

单位分立中未结清的会计事项所涉及的原始凭证，应当单独抽出由业务相关方保存，并按规定办理交接手续。

单位因业务移交其他单位办理所涉及的会计档案，应当由原单位保管，承接业务单位可查阅，复制与其业务相关的会计档案，对其中未结清的会计事项所涉及的原始凭证，应当单独抽出由业务承接单位保存，并按规定办理交接手续。

第十五条 单位合并后原各单位解散或一方存续其他方解散的，原各单位的会计档案应当由合并后的单位统一保管；单位合并后原各单位仍存续的，其会计档案仍应由原各单位保管。

第十六条 建设单位在项目建设期间形成的会计档案，应当在办理竣工决算后移交给建设项目的接受单位，并按规定办理交接手续。

第十七条 单位之间交接会计档案的，交接双方应当办理会计档案交按手续。

移交会计档案的单位，应当编制会计档案移交清册，列明应当移交的会计档案名称、卷号，册数，起止年度和档案编号、应保管期限、已保管期限等内容。

交接会计档案时，交接双人应当按照会计档案移交清册所列内容逐项交接，并由交接双方的单位负责人负责监交。交接完毕后、交接双方经办人和监交人应当在会计档案移交清册上签名或者益章。

第十八条 我国境内所有单位的会计档案不得携带出境。驻外机构和境内单位在境外设立的企业（简称境外单位）的会计档案，应当按照本办法和国家有关规定进行管理。

第十九条 预算、计划，制度等文件材料，应当执行文书档案管理规定，不适用本办法。

第二十条 各省、自治区，直辖市人民政府财政部门、档案管理部门，国务院各业务主管部门，中国人民解放军总后勤部，可以根据本办法的规定，结合本地区、本部门的具体情况，制定实施办法，报财政部和国家档案局备案。

第二十一条 本办法由财政部负责解释，自 1999 年 1 月 1 日起执行。

1984 年 6 月 1 日财政部、国家档案局发布的《会计档发管理办法》自本办法执行之日起废止。

会计从业资格管理办法

（财政部令第26号 2005年1月22日）

第一章 总则

第一条 为了加强会计从业资格管理，规范会计人员行为，根据《中华人民共和国会计法》（以下简称《会计法》）及相关法律的规定，制定本办法。

第二条 申请取得会计从业资格证书适用本办法。

在国家机关、社会团体、公司、企业、事业单位和其他组织（以下统称单位）从事下列会计工作的人员必须取得会计从业资格：

（一）会计机构负责人（会计主管人员）；

（二）出纳；

（三）稽核；

（四）资本、基金核算；

（五）收入、支出、债权债务核算；

（六）工资、成本费用、财务成果核算；

（七）财产物资的收发、增减核算；

（八）总账；

（九）财务会计报告编制；

（十）会计机构内会计档案管理。

第三条 各单位不得任用（聘用）不具备会计从业资格的人员从事会计工作。

不具备会计从业资格的人员，不得从事会计工作，不得参加会计专业技术资格考试或评审、会计专业职务的聘任，不得申请取得会计人员荣誉证书。

第四条 除本办法另有规定外，县级以上地方人民政府财政部门负责本行政区域内的会计从业资格管理。

第五条 财政部委托中共中央直属机关事务管理局、国务院机关事务管理局按照各自权限分别负责中央在京单位的会计从业资格的管理。

新疆生产建设兵团财务局负责所属单位的会计从业资格的管理。

财政部委托铁道部负责铁路系统的会计从业资格的管理。

第六条 财政部委托中国人民武装警察部队后勤部和中国人民解放军总后勤部分别负责中国人民武装警察部队、中国人民解放军系统的会计从业资格的管理。

第二章 会计从业资格的取得

第七条 国家实行会计从业资格考试制度。

第八条 申请参加会计从业资格考试的人员，应当符合下列基本条件：

（一）遵守会计和其他财经法律、法规；

（二）具备良好的道德品质；

（三）具备会计专业基础知识和技能。

因有《会计法》第四十二条、第四十三条、第四十四条所列违法情形，被依法吊销会计从业资格证书的人员，自被吊销之日起5年内（含5年）不得参加会计从业资格考试，不得重新取得会计从业资格证书。

因有提供虚假财务会计报告，做假账，隐匿或者故意销毁会计凭证、会计账簿、财务会计报告，贪污、挪用公款，职务侵占等与会计职务有关的违法行为，被依法追究刑事责任的人员，不得参加会计从业资格考试，不得取得或者重新取得会计从业资格证书。

第九条 会计从业资格考试科目为：财经法规与会计职业道德、会计基础、初级会计电算化（或者珠算五级）。

会计从业资格考试大纲由财政部统一制定并公布。

第十条 申请人符合本办法第八条规定且具备国家教育行政主管部门认可的中专以上（含中专，下同）会计类专业学历（或学位）的，自毕业之日起2年内（含2年），免试会计基础、初级会计电算化（或者珠算五级）。

前款所称会计类专业包括：

（一）会计学；

（二）会计电算化；

（三）注册会计师专门化；

（四）审计学；

（五）财务管理；

（六）理财学。

第十一条 省、自治区、直辖市、计划单列市财政厅（局），新疆生产建设兵团财务局，中共中央直属机关事务管理局、国务院机关事务管理局、铁道部、中国人民武装警察部队后勤部和中国人民解放军总后勤部（以下简称中央主管单位），按照本办法第四条、第五条、第六条规定的管理范围负责组织实施会计从业资格考试的下列事项：

（一）制定会计从业资格考试考务规则；

（二）组织会计从业资格考试命题；

（三）实施考试考务工作；

（四）监督检查会计从业资格考试考风、考纪。

省、自治区、直辖市、计划单列市财政厅（局），新疆生产建设兵团财务局和中央主管单位应当公布会计从业资格考试的报名条件、报考办法、考试科目、考务规则及考试相关要求，并将会计从业资格考试试题于考试结束后30日内报财政部备案。

第十二条 会计从业资格考试收费标准按照国家物价管理部门的有关规定执行。

第十三条 会计从业资格考试全科合格的申请人，可以向会计从业资格考试所在地的县级以上地方财政部门、新疆生产建设兵团财务局和中央主管单位（以下简称“会计从业资格管理机构”）申请会计从业资格证书。县级以上地方财政部门会计从业资格证书的颁发权限由各省、自治区、直辖市、计划单列市财政部门确定。

申请会计从业资格证书时，应当填写《会计从业资格证书申请表》，并持下列材料：

（一）考试成绩合格证明；

（二）有效身份证件原件；

（三）近期同一底片一寸免冠证件照两张。

符合本办法第十条规定条件，且财经法规与会计职业道德考试成绩合格的申请人，还需持学历或学位证书原件（香港特别行政区、澳门特别行政区、台湾地区居民及外国居民的学历或学位须经中华人民共和国教育行政主管部门认可）。

第十四条 申请人可以通过委托代理人申请会计从业资格证书。

申请人应当对其申请材料实质内容的真实性负责。

第十五条 申请人的申请材料齐全、符合规定形式的，会计从业资格管理机构应当当场受理；申请材料不齐全或者不符合规定形式的，会计从业资格管理机构应当当场或者5日内一次告知申请人需要补正的全部内容，逾期不告知的，自收到申请材料之日起即为受理。

会计从业资格管理机构受理或者不予受理会计从业资格证书申请，应当出具书面证明，同时注明日期，并加盖本机构专用印章。

第十六条 会计从业资格管理机构能够当场做出决定的，应当当场做出颁发会计从业资格证书的书面决定；不能当场做出决定的，应当自受理之日起20日内对申请人提交的申请材料进行审查，并做出是否颁发会计从业资格证书的决定；20日内不能做出决定的，经会计从业资格管理机构负责人批准，可以延长10日，并应当将延长期限的理由告知申请人。

第十七条 会计从业资格管理机构做出准予颁发会计从业资格证书的决定，应当自做出决定之日起10日内向申请人颁发会计从业资格证书。

会计从业资格管理机构做出不予颁发会计从业资格证书的决定，应当说明理由，并告知申请人享有依法申请行政复议或者提起行政诉讼的权利。

第十八条 财政部统一规定会计从业资格证书样式和编号规则。

省、自治区、直辖市、计划单列市财政厅（局）和新疆生产建设兵团财务局、中央主管单位负责会计从业资格证书的印制、编号和颁发，并于年度终了后30日内将上年度会计从业资格证书颁发情况报财政部备案。

第十九条 会计从业资格证书是具备会计从业资格的证明文件，在全国范围内有效。持有会计从业资格证书的人员（以下简称“持证人员”）不得涂改、转让会计从业资格证书。

第三章 会计从业资格管理

第二十条 持证人员应当接受继续教育，提高业务素质和会计职业道德水平。

持证人员每年参加继续教育不得少于24小时。

第二十一条 财政部负责制定并公布持证人员继续教育大纲。

省、自治区、直辖市、计划单列市财政厅（局）和新疆生产建设兵团财务局、中央主管单位负责制定持证人员继续教育培训规划并组织实施。

第二十二条 会计从业资格管理机构应当加强对持证人员继续教育工作的监督、

指导。

各单位应鼓励持证人员参加继续教育，保证学习时间，提供必要的学习条件。

第二十三条 会计从业资格证书实行注册登记制度。

持证人员从事会计工作，应当自从事会计工作之日起 90 日内，填写注册登记表，并持会计从业资格证书和所在单位出具的从事会计工作的证明，向单位所在地或所属部门、系统的会计从业资格管理机构办理注册登记。持证人员离开会计工作岗位超过 6 个月的，应当填写注册登记表，并持会计从业资格证书，向原注册登记的会计从业资格管理机构备案。

第二十四条 持证人员在同一会计从业资格管理机构管辖范围内调转工作单位，且继续从事会计工作的，应当自离开原工作单位之日起 90 日内，填写调转登记表，持会计从业资格证书及调入单位开具的从事会计工作的证明，办理调转登记。

持证人员在不同会计从业资格管理机构管辖范围调转工作单位，且继续从事会计工作的，应当填写调转登记表，持会计从业资格证书，及时向原注册登记的会计从业资格管理机构办理调出手续；并自办理调出手续之日起 90 日内，持会计从业资格证书、调转登记表和调入单位开具的从事会计工作证明，向调入单位所在地区的会计从业资格管理机构办理调入手续。

第二十五条 会计从业资格管理机构应当建立持证人员从业档案信息系统，及时记载、更新持证人员下列信息：

（一）持证人员相关基础信息和注册、变更、调转登记情况；

（二）持证人员从事会计工作情况；

（三）持证人员接受继续教育情况；

（四）持证人员受到表彰奖励情况；

（五）持证人员因违反会计法律、法规、规章和会计职业道德被处罚情况。

持证人员的学历或学位、会计专业技术职务资格以及前款第（一）至第（五）项内容发生变更的，可以持相关有效证明和会计从业资格证书，向所属会计从业资格管理机构办理从业档案信息变更。

第二十六条 会计从业资格管理机构应当将申请会计从业资格证书和办理会计从业资格证书注册、变更、调转登记的条件、程序、期限以及需要提交的材料和相关申请登记表格示范文本等在办公场所公示。相关申请登记表格应当置放于会计从业资格管理机构办公场所，免费提供。申请人也可以从会计从业资格管理机构指定网站下载。

第二十七条 会计从业资格管理机构应当对下列情况实施监督检查：

（一）从事会计工作的人员持有会计从业资格证书并注册登记情况；

（二）持证人员从事会计工作和执行国家统一的会计制度情况；

（三）持证人员遵守会计职业道德情况；

（四）持证人员接受继续教育情况。

会计从业资格管理机构在实施监督检查时，持证人员应当如实提供有关情况和材料，各有关单位应当予以配合。

第二十八条 会计从业资格管理机构应当对开展会计人员继续教育培训单位进行监督和指导，规范培训市场，确保培训质量。

第二十九条 单位和个人对违反本办法规定的行为有权检举，会计从业资格管理机构应当及时核实、处理，并为检举人保密。

第四章 法律责任

第三十条 参加会计从业资格考试舞弊的，由会计从业资格管理机构取消其该科目的考试成绩；情节严重的，取消其全部考试成绩。

第三十一条 用假学历、假证书等手段得以免试考试科目并取得会计从业资格证书的，由会计从业资格管理部门撤销其会计从业资格。

第三十二条 持证人员未按照本办法规定办理注册、调转登记的，会计从业资格管理机构责令其限期改正；逾期不改正的，予以公告。

第三十三条 持证人员有《会计法》第四十二条、第四十三条、第四十四条所列违法违纪情形之一，由会计从业资格管理机构按照《会计法》的规定予以处理并向社会公告。

第三十四条 会计从业资格管理机构发现单位任用（聘用）未经注册、调转登记的人员从事会计工作的，应责令其限期改正；逾期不改正的，予以公告。

单位任用（聘用）没有会计从业资格证书人员从事会计工作的，由会计从业资格管理机构依据《会计法》第四十二条的规定处理。

第三十五条 会计从业资格管理机构及其工作人员在实施会计从业资格管理中滥用职权、玩忽职守、徇私舞弊的，依法给予行政处分。

第三十六条 会计从业资格管理机构工作人员违反本办法第二十九条规定，将检举人姓名和检举材料转给被检举单位和被检举人个人的，由所在单位或者有关单位依法给予行政处分。

第五章 附则

第三十七条 省、自治区、直辖市、计划单列市财政厅（局）、新疆生产建设兵团财务局和中央主管单位可以根据本办法制定具体实施办法，报财政部备案。

第三十八条 香港特别行政区、澳门特别行政区、台湾地区居民及外国居民申请取得会计从业资格证书，适用本办法。

第三十九条 农村集体经济组织会计从业资格的管理可参照本办法执行。

第四十条 本办法自2005年3月1日起施行。财政部2000年5月8日发布的《会计从业资格管理办法》（财会字〔2000〕5号）、2000年9月13日发布的《〈会计从业资格管理办法〉若干问题解答（一）》（财会〔2000〕13号）、2002年7月25日发布的《〈会计从业资格管理办法〉若干问题解答（二）》（财办会〔2002〕28号）同时废止。

会计人员继续教育规定

（财会〔2006〕19号　2006年11月20日）

第一章　总　则

第一条　为推进会计人员继续教育科学化、制度化、规范化，培养造就高素质的会计队伍，提高会计人员专业胜任能力，根据《中华人民共和国会计法》和《会计从业资格管理办法》（财政部令第26号）的规定，制定本规定。

第二条　会计人员继续教育必须紧密结合经济社会发展和会计行业发展要求，统筹规划，分类指导，强化服务，注重质量，全面推进会计人才队伍建设，为经济社会和会计行业发展提供人才保证和智力支持。

第三条　会计人员继续教育应当遵循下列基本原则：

（一）以人为本，按需施教。把握会计行业发展趋势和会计人员从业基本要求，突出提升会计人员专业胜任能力，引导会计人员更新知识、拓展技能，提高解决实际问题的能力。

（二）突出重点，提高能力。会计人员继续教育面向会计队伍，创造人人皆受教育、人人皆可成才的环境，全面提高会计人员整体素质。同时，突出高层次会计人才培养和提高综合能力培训，进一步改善会计队伍人才结构和知识结构。

（三）加强指导，创新机制。在统筹规划的前提下，有效利用各方面教育资源，引导社会办学单位参与会计人才继续教育，并不断创新继续教育内容，改进继续教育方式，提高继续教育质量，逐步形成政府部门规划指导、社会办学单位积极参与、用人单位支持督促的会计人员继续教育新格局。

第二章　管理体制

第四条　财政部负责全国会计人员继续教育的管理。

（一）制定全国会计人员继续教育规划；

（二）制定全国会计人员继续教育制度；

（三）制定全国会计人员继续教育大纲；

（四）组织开发、评估、推荐全国会计人员继续教育重点教材；

（五）组织全国高级会计人员培训和会计人员继续教育师资培训；

（六）指导、督促各地区和有关部门会计人员继续教育工作的开展。

第五条　各省、自治区、直辖市、计划单列市财政厅（局）负责本地区的会计人员继续教育的组织管理工作。

（一）依据全国会计人员继续教育制度，制定本地区的会计人员继续教育实施办法；

（二）制定本地区会计人员继续教育规划并组织实施；

（三）确定本地区各级财政部门对会计人员继续教育的具体职责和管理权限；

（四）组织推荐适合本地区的会计人员继续教育教材，或者选用财政部统一组织开发、推荐的全国会计人员继续教育重点教材；

（五）组织本地区各类会计人才培训和会计人员继续教育师资培训；

（六）指导、监督本地区会计人员继续教育工作，规范会计培训市场。

第六条 中共中央直属机关事务管理局、国务院机关事务管理局、铁道部、中国人民武装警察部队后勤部、中国人民解放军总后勤部（以下简称中央主管单位）比照会计从业资格管理体制，分别负责中央在京单位、铁路系统、中国人民武装警察部队系统、中国人民解放军系统会计人员继续教育的组织实施工作。

中央主管单位组织会计人员继续教育的职责，比照本规定第五条执行。

第七条 会计人员所在单位负责组织和督促本单位的会计人员参加继续教育。

会计人员所在单位应当遵循教育、考核、使用相结合的原则，支持、督促并组织本单位会计人员参加继续教育，保证学习时间，提供必要的学习条件。

第三章 继续教育对象

第八条 会计人员享有参加继续教育的权利和接受继续教育的义务。

第九条 会计人员继续教育的对象是取得并持有会计从业资格证书的人员。

第十条 会计人员继续教育分为高级、中级、初级三个级别。

（一）高级会计人员继续教育的对象为取得或者受聘高级会计专业技术资格（职称）及具备相当水平的会计人员；

（二）中级会计人员继续教育的对象为取得或者受聘中级会计专业技术资格（职称）及具备相当水平的会计人员；

（三）初级会计人员继续教育的对象为取得或者受聘初级会计专业技术资格（职称）的会计人员，以及取得会计从业资格证书但未取得或者受聘初级会计专业技术资格（职称）的会计人员。

第十一条 会计人员每年接受培训（面授）的时间累计不应少于 24 小时。

会计人员由于病假、在境外工作、生育等原因，无法在当年完成接受培训时间的，可由本人提供合理证明，经归口管理的当地财政部门或中央主管单位（以下简称继续教育管理部门）审核确认后，其参加继续教育时间可以顺延至以后年度完成。

第四章 继续教育的内容与形式

第十二条 会计人员继续教育的内容主要包括会计理论、政策法规、业务知识、技能训练和职业道德等。

（一）会计理论继续教育，重点加强会计基础理论和应用理论的培训，提高会计人员用理论指导实践的能力；

（二）政策法规继续教育，重点加强会计法规制度及其他相关法规制度的培训，提高会计人员依法理财的能力；

（三）业务知识培训和技能训练，重点加强履行岗位职责所必备的专业知识和经营管理、内部控制、信息化等方面的培训，提高会计人员的实际工作能力和业务技能；

（四）职业道德继续教育，重点加强会计职业道德的培训，提高会计人员职业道德水平。

第十三条 会计人员继续教育的形式以接受培训为主。在职自学是会计人员继续教育的重要补充。

会计人员可以自愿选择参加继续教育主管部门认可的接受培训的形式：

（一）参加在继续教育主管部门备案并予以公布的会计人员继续教育机构组织的会计培训；

（二）参加继续教育主管部门组织的会计人员继续教育师资培训和会计培训；

（三）参加会计人员所在单位组织的会计类脱产培训；

（四）参加会计、审计、统计、经济专业技术资格考试，以及注册会计师、注册资产评估师、注册税务师考试；

（五）继续教育主管部门认可的其他形式。

继续教育主管部门应当按照管理权限，定期公布会计人员继续教育机构名称等相关信息。

第十四条 鼓励会计人员参加在职自学。在职自学形式包括：

（一）参加普通院校或成人院校会计、审计、财务管理、理财学、会计电算化、注册会计师专门化、会计硕士专业学位（MPAcc）等国家承认的相关专业学历教育；

（二）独立完成通过地（市）级以上（含地、市级）财政部门或会计学术团体认可的会计类研究课题或在省级以上（含省级）经济类报刊上发表会计类论文；

（三）系统地接受会计业务相关的远程教育和网上培训；

（四）其他在职自学形式。

会计人员所在单位应当对会计人员在职自学提出要求，并提供必要的条件。

第十五条 开展会计人员继续教育应当根据会计人员的特点，综合运用讲授式、研究式、案例式、模拟式、体验式等教学方法，提高培训效果和质量。

第十六条 推广网络教育、远程教育、电化教育，提高会计人员继续教育教学和管理的信息化水平。

第五章 继续教育机构

第十七条 加强会计人员继续教育机构建设，构建分工明确、优势互补、布局合理、竞争有序的会计人员继续教育网络。充分发挥国家会计学院、中华会计函授学校、会计学术团体、县级以上财政部门及中央主管单位会计人员培训基地（中心）等教育资源在会计人员继续教育中的主渠道作用，鼓励、引导高等院校、科研院所等社会办学单位参与会计人员继续教育工作。

第十八条 会计人员继续教育机构必须同时符合下列条件：

（一）具备承担培训工作相适应的教学场所和设施；

（二）拥有与承担培训工作相适应的师资队伍和管理力量；

（三）能够完成所承担的培训任务，保证培训质量。

第十九条 会计人员继续教育机构应当根据会计人员继续教育统一规划，改进培训方式，科学设置培训内容，加强教学管理，提高教学水平。

第六章 师资、教材

第二十条 从事会计人员继续教育工作的师资，应当具有良好的职业道德修养、较高的理论政策水平、扎实的专业知识基础，有一定的实际工作经验，掌握现代教育培训理论和方法，具备胜任教学、科研工作的能力。

（一）承担高级会计人员继续教育任务的教学人员，一般应具备教授职称、高级专业技术资格，或者为具备相应水平的专家。

（二）承担中级会计人员继续教育任务的教学人员，一般应具备副教授以上（含副教授）职称、高级专业技术资格，或者为具备相应水平的专家。

（三）承担初级会计人员继续教育任务的教学人员，一般应具备讲师以上（含讲师）职称、中级以上（含中级）专业技术资格，或者为具备相应水平的专家。

第二十一条 加强会计人员继续教育教材建设，逐步形成会计人员继续教育教材体系，以适应不同级别会计人员继续教育的需要。

第二十二条 坚持会计人员继续教育教材的开发与利用相结合，做到一纲多本、编审分开。加强教材开发的针对性和实用性。提倡会计人员继续教育教材开发社会化，鼓励社会上有能力的部门和单位按照统一的会计人员继续教育大纲，参与编制会计人员继续教育教材。

第二十三条 继续教育管理部门应当加强对会计人员继续教育教材的编写、评估、推荐、出版、发行、使用情况的管理和监督。

第二十四条 参加继续教育的会计人员自愿选择会计人员继续教育教材。

任何部门、单位和个人不得向会计人员强行推销、搭售培训教材。

第七章 考核与检查

第二十五条 继续教育主管部门应当加强对会计人员参加继续教育情况的考核，并将考核结果作为评选先进会计工作者、颁发会计人员荣誉证书等的依据之一。

对未按规定参加继续教育或者未完成接受培训时间的会计人员，继续教育主管部门应当督促其接受继续教育；对无正当理由仍不参加继续教育的，可采取适当方式向社会公布。

第二十六条 会计人员所在单位应当将会计人员参加继续教育情况作为会计人员任职、晋升的依据之一。

第二十七条 会计人员继续教育实行登记管理。会计人员按照要求接受培训，考核合格并取得相关证明后，应在90天内持《会计人员从业资格证书》及相关证明向继续教育主管部门办理继续教育事项登记。

继续教育主管部门应当加强会计人员业务档案、诚信档案建设，如实记载会计人员接受继续教育情况。

第二十八条 继续教育主管部门应当定期对继续教育机构的会计人员继续教育情况进行检查、评估，并将检查、评估结果以适当方式向社会公布。

第二十九条 会计人员继续教育机构有下列情形之一的，由继续教育主管部门责令限期整改；逾期不改正的，由继续教育主管部门予以通报：

（一）采取虚假、欺诈等手段招揽生源的；

（二）以会计人员继续教育名义组织境内外公费旅游或者进行其他高消费活动的；

（三）违反国家有关规定擅自印发学历或学位证书、资格证书或培训证书的；

（四）违反本规定的其他行为。

第三十条 继续教育主管部门应当将各单位会计人员继续教育情况列入《会计法》执行情况检查、会计从业资格情况检查的内容。

第八章 附 则

第三十一条 各省、自治区、直辖市、计划单列市财政厅（局），中共中央直属机关事务管理局、国务院机关事务管理局、铁道部、中国人民武装警察部队后勤部、中国人民解放军总后勤部可根据本规定制定具体实施办法，并报财政部备案。

第三十二条 本规定由财政部负责解释。

第三十三条 本规定自2007年1月1日起施行。财政部1998年1月23日公布的《会计人员继续教育暂行规定》（财会字〔1998〕4号）、1998年11月9日印发的《财政部关于开展中央单位会计人员继续教育工作有关问题的通知》（财会字〔1998〕69号）同时废止。

第三部分
小企业税务优惠政策

【政策导读】

2011年10月12日，国务院总理温家宝主持召开国务院常务会议，研究确定支持小型和微型企业发展的金融、财税政策措施。在税收政策上，一是加大对小型微型企业税收直接扶持力度；二是支持金融机构加强对小型微型企业的金融服务，间接支持小企业发展。支持小型微型企业发展的税收政策措施主要有：

（一）通过修改《中华人民共和国增值税暂行条例实施细则》和《中华人民共和国营业税暂行条例实施细则》，提高小型微型企业增值税和营业税起征点；

（二）将小型微利企业减半征收企业所得税政策，延长至2015年底并扩大范围；

（三）将符合条件的国家中小企业公共技术服务示范平台纳入科技开发用品进口税收优惠政策范围；

（四）对金融机构向小型微型企业贷款合同三年内免征印花税；

（五）将金融企业中小企业贷款损失准备金税前扣除政策延长至2013年底；

（六）将符合条件的农村金融机构金融保险收入减按3%征收营业税的政策，延长至2015年底。

本部分收录了与小企业有关的税收政策法规，特别是直接支持小企业的税收优惠政策，小企业应当充分利用好国家的税收政策优惠，合理地进行税收筹划。

【税收法规】

关于修改《中华人民共和国增值税暂行条例实施细则》和《中华人民共和国营业税暂行条例实施细则》的决定

（财政部令第 65 号　2011 年 10 月 28 日）

为了贯彻落实国务院关于支持小型和微型企业发展的要求，财政部、国家税务总局决定对《中华人民共和国增值税暂行条例实施细则》和《中华人民共和国营业税暂行条例实施细则》的部分条款予以修改。

一、将《中华人民共和国增值税暂行条例实施细则》第三十七条第二款修改为：“增值税起征点的幅度规定如下：

（一）销售货物的，为月销售额 5 000～20 000 元；

（二）销售应税劳务的，为月销售额 5 000～20 000 元；

（三）按次纳税的，为每次（日）销售额 300～500 元。”

二、将《中华人民共和国营业税暂行条例实施细则》第二十三条第三款修改为：“营业税起征点的幅度规定如下：

（一）按期纳税的，为月营业额 5 000～20 000 元；

（二）按次纳税的，为每次（日）营业额 300～500 元。”

本决定自 2011 年 11 月 1 日起施行。

财政部 国家税务总局关于延长金融企业涉农贷款和中小企业贷款损失准备金税前扣除政策执行期限的通知

（财税〔2011〕104 号　2011 年 10 月 19 日）

各省、自治区、直辖市、计划单列市财政厅（局）、国家税务局、地方税务局，新疆生产建设兵团财务局：

经国务院批准，《财政部 国家税务总局关于金融企业涉农贷款和中小企业贷款损失准备金税前扣除政策的通知》（财税〔2009〕99 号）规定的金融企业涉农贷款和中小企业贷款损失准备金税前扣除的政策，继续执行至 2013 年 12 月 31 日。

请遵照执行。

财政部 国家税务总局关于金融机构与小型微型企业签订借款合同免征印花税的通知

（财税〔2011〕105 号　2011 年 10 月 17 日）

各省、自治区、直辖市、计划单列市财政厅（局）、地方税务局，新疆生产建设兵团财务局：

经国务院批准，为鼓励金融机构对小型、微型企业提供金融支持，促进小型、微型企业发展，自2011年11月1日起至2014年10月31日止，对金融机构与小型、微型企业签订的借款合同免征印花税。

上述小型、微型企业的认定，按照《工业和信息化部国家统计局国家发展和改革委员会财政部关于印发中小企业划型标准规定的通知》(工信部联企业〔2011〕300号)的有关规定执行。

财政部 国家税务总局关于软件产品增值税政策的通知

(财税〔2011〕100号　2011年10月13日)

各省、自治区、直辖市、计划单列市财政厅(局)、国家税务局、地方税务局，新疆生产建设兵团财务局：

为落实《国务院关于印发进一步鼓励软件产业和集成电路产业发展若干政策的通知》(国发〔2011〕4号)的有关精神，进一步促进软件产业发展，推动我国信息化建设，现将软件产品增值税政策通知如下：

一、软件产品增值税政策

(一)增值税一般纳税人销售其自行开发生产的软件产品，按17%税率征收增值税后，对其增值税实际税负超过3%的部分实行即征即退政策。

(二)增值税一般纳税人将进口软件产品进行本地化改造后对外销售，其销售的软件产品可享受本条第一款规定的增值税即征即退政策。

本地化改造是指对进口软件产品进行重新设计、改进、转换等，单纯对进口软件产品进行汉字化处理不包括在内。

(三)纳税人受托开发软件产品，著作权属于受托方的征收增值税，著作权属于委托方或属于双方共同拥有的不征收增值税；对经过国家版权局注册登记，纳税人在销售时一并转让著作权、所有权的，不征收增值税。

二、软件产品界定及分类

本通知所称软件产品，是指信息处理程序及相关文档和数据。软件产品包括计算机软件产品、信息系统和嵌入式软件产品。嵌入式软件产品是指嵌入在计算机硬件、机器设备中并随其一并销售，构成计算机硬件、机器设备组成部分的软件产品。

三、满足下列条件的软件产品，经主管税务机关审核批准，可以享受本通知规定的增值税政策：

1. 取得省级软件产业主管部门认可的软件检测机构出具的检测证明材料；

2. 取得软件产业主管部门颁发的《软件产品登记证书》或著作权行政管理部门颁发的《计算机软件著作权登记证书》。

四、软件产品增值税即征即退税额的计算

(一)软件产品增值税即征即退税额的计算方法：

$$\text{即征即退税额}=\text{当期软件产品增值税应纳税额}-\text{当期软件产品销售额}\times 3\%$$

$$\text{当期软件产品增值税应纳税额} = \text{当期软件产品销项税额} - \text{当期软件产品可抵扣进项税额}$$

$$\text{当期软件产品销项税额} = \text{当期软件产品销售额} \times 17\%$$

（二）嵌入式软件产品增值税即征即退税额的计算：

1. 嵌入式软件产品增值税即征即退税额的计算方法

$$\text{即征即退税额} = \text{当期嵌入式软件产品增值税应纳税额} - \text{当期嵌入式软件产品销售额} \times 3\%$$

$$\text{当期嵌入式软件产品增值税应纳税额} = \text{当期嵌入式软件产品销项税额} - \text{当期嵌入式软件产品可抵扣进项税额}$$

$$\text{当期嵌入式软件产品销项税额} = \text{当期嵌入式软件产品销售额} \times 17\%$$

2. 当期嵌入式软件产品销售额的计算公式

$$\text{当期嵌入式软件产品销售额} = \text{当期嵌入式软件产品与计算机硬件、机器设备销售额合计} - \text{当期计算机硬件、机器设备销售额}$$

计算机硬件、机器设备销售额按照下列顺序确定：

①按纳税人最近同期同类货物的平均销售价格计算确定；

②按其他纳税人最近同期同类货物的平均销售价格计算确定；

③按计算机硬件、机器设备组成计税价格计算确定。

$$\text{计算机硬件、机器设备组成计税价格} = \text{计算机硬件、机器设备成本} \times (1 + 10\%)$$

五、按照上述办法计算，即征即退税额大于零时，税务机关应按规定，及时办理退税手续。

六、增值税一般纳税人在销售软件产品的同时销售其他货物或者应税劳务的，对于无法划分的进项税额，应按照实际成本或销售收入比例确定软件产品应分摊的进项税额；对专用于软件产品开发生产设备及工具的进项税额，不得进行分摊。纳税人应将选定的分摊方式报主管税务机关备案，并自备案之日起一年内不得变更。

专用于软件产品开发生产的设备及工具，包括但不限于用于软件设计的计算机设备、读写打印器具设备、工具软件、软件平台和测试设备。

七、对增值税一般纳税人随同计算机硬件、机器设备一并销售嵌入式软件产品，如果适用本通知规定按照组成计税价格计算确定计算机硬件、机器设备销售额的，应当分别核算嵌入式软件产品与计算机硬件、机器设备部分的成本。凡未分别核算或者核算不清的，不得享受本通知规定的增值税政策。

八、各省、自治区、直辖市、计划单列市税务机关可根据本通知规定，制定软件产品增值税即征即退的管理办法。主管税务机关可对享受本通知规定增值税政策的纳税人进行定期或不定期检查。纳税人凡弄虚作假骗取享受本通知规定增值税政策的，税务机关除根据现行规定进行处罚外，自发生上述违法违规行为年度起，取消其享受本通知规定增值税政策的资格，纳税人三年内不得再次申请。

九、本通知自 2011 年 1 月 1 日起执行。《财政部国家税务总局关于贯彻落实〈中共中央国务院关于加强技术创新，发展高科技，实现产业化的决定〉有关税收问题的通知》（财税字〔1999〕273 号）第一条、《财政部国家税务总局海关总署关于鼓励软件产业和集成电路产业发展有关税收政策问题的通知》（财税〔2000〕25 号）第一条第一款、《国家税务总局关于明确电子出版物属于软件征税范围的通知》（国税函〔2000〕168 号）、《财政部 国家税务总局关于增值税若干政策的通知》（财税〔2005〕165 号）第十一条第一款和第三款、《财政部国家税务总局关于嵌入式软件增值税政策问题的通知》（财税〔2006〕174 号）、《财政部国家税务总局关于嵌入式软件增值税政策的通知》（财税〔2008〕92 号）、《财政部国家税务总局关于扶持动漫产业发展有关税收政策问题的通知》（财税〔2009〕65 号）第一条同时废止。

财政部 国家税务总局关于员工制家政服务免征营业税的通知

（财税〔2011〕51 号　2011 年 9 月 28 日）

各省、自治区、直辖市、计划单列市财政厅（局）、地方税务局，北京、西藏、宁夏、青海省（自治区、直辖市）国家税务局，新疆生产建设兵团财务局：

为支持家政服务行业发展，增加就业，改善民生，经国务院批准，现将员工制家政服务营业税政策通知如下：

一、自 2011 年 10 月 1 日至 2014 年 9 月 30 日，对家政服务企业由员工制家政服务员提供的家政服务取得的收入免征营业税。

二、本通知所称家政服务企业，是指在企业营业执照的规定经营范围中包括家政服务内容的企业。

三、本通知所称员工制家政服务员，是指同时符合下列三个条件的家政服务员：

1. 依法与家政服务企业签订半年及半年以上的劳动合同或服务协议，且在该企业实际上岗工作；

2. 家政服务企业为其按月足额缴纳了企业所在地人民政府根据国家政策规定的基本养老保险、基本医疗保险、工伤保险、失业保险等社会保险。

对已享受新型农村养老保险和新型农村合作医疗等社会保险或者下岗职工原单位继续为其缴纳社会保险的家政服务员，如果本人书面提出不再缴纳企业所在地人民政府根据国家政策规定的相应的社会保险，并出具其所在乡镇或原单位开具的已缴纳相关保险的证明，可视同家政服务企业已为其按月足额缴纳了相应的社会保险。

3. 家政服务企业通过金融机构向其实际支付不低于企业所在地适用的经省级人民政府批准的最低工资标准的工资。

四、本通知所称家政服务，是指婴幼儿及小学生看护、老人和病人护理、孕妇和产妇护理、家庭保洁（不含产品售后服务）、家庭烹饪。

五、家政服务企业应将员工制家政服务员提供的家政服务收入按照《中华人民共和国营业税暂行条例》（国务院令第 540 号）第九条的规定，与其他收入分别核算，未分别核算的，不得享受本通知规定的免征营业税优惠政策。

六、家政服务企业依法与员工制家政服务员签订半年及半年以上的劳动合同或服务协议，应当在合同签订后三个月内到当地营业税主管税务机关进行备案，经过备案的企业方可申请本通知规定的营业税优惠政策。

七、家政服务企业凡弄虚作假骗取本通知规定的营业税优惠政策的，除根据现行规定进行处罚外，自发生上述违法违规行为年度起取消其享受本通知规定的营业税优惠政策的资格，3年内不得再次申请。

国家税务总局关于实施农林牧渔业项目企业所得税优惠问题的公告

（国家税务总局公告2011年第48号 2011年9月13日）

根据《中华人民共和国企业所得税法》（以下简称企业所得税法）及《中华人民共和国企业所得税法实施条例》（以下简称实施条例）的规定，现对企业（含企业性质的农民专业合作社，下同）从事农、林、牧、渔业项目的所得，实施企业所得税优惠政策和征收管理中的有关事项公告如下：

一、企业从事实施条例第八十六条规定的享受税收优惠的农、林、牧、渔业项目，除另有规定外，参照《国民经济行业分类》（GB/T4754-2002）的规定标准执行。

企业从事农、林、牧、渔业项目，凡属于《产业结构调整指导目录（2011年版）》（国家发展和改革委员会令第9号）中限制和淘汰类的项目，不得享受实施条例第八十六条规定的优惠政策。

二、企业从事农作物新品种选育的免税所得，是指企业对农作物进行品种和育种材料选育形成的成果，以及由这些成果形成的种子（苗）等繁殖材料的生产、初加工、销售一体化取得的所得。

三、企业从事林木的培育和种植的免税所得，是指企业对树木、竹子的育种和育苗、抚育和管理以及规模造林活动取得的所得，包括企业通过拍卖或收购方式取得林木所有权并经过一定的生长周期，对林木进行再培育取得的所得。

四、企业从事下列项目所得的税务处理

（一）猪、兔的饲养，按“牲畜、家禽的饲养”项目处理；

（二）饲养牲畜、家禽产生的分泌物、排泄物，按“牲畜、家禽的饲养”项目处理；

（三）观赏性作物的种植，按“花卉、茶及其他饮料作物和香料作物的种植”项目处理；

（四）“牲畜、家禽的饲养”以外的生物养殖项目，按“海水养殖、内陆养殖”项目处理。

五、农产品初加工相关事项的税务处理

（一）企业根据委托合同，受托对符合《财政部 国家税务总局关于发布享受企业所得税优惠政策的农产品初加工范围（试行）的通知》（财税〔2008〕149号）和《财政部 国家税务总局关于享受企业所得税优惠的农产品初加工有关范围的补充通知》（财税〔2011〕26号）规定的农产品进行初加工服务，其所收取的加工费，可以按照农产品初加工的免税项目处理。

（二）财税〔2008〕149号文件规定的“油料植物初加工”工序包括“冷却、过滤”等；“糖料植物初加工”工序包括“过滤、吸附、解析、碳脱、浓缩、干燥”等，其适用时间按照财税〔2011〕26号文件规定执行。

（三）企业从事实施条例第八十六条第（二）项适用企业所得税减半优惠的种植、养殖项目，并直接进行初加工且符合农产品初加工目录范围的，企业应合理划分不同项目的各项成本、费用支出，分别核算种植、养殖项目和初加工项目的所得，并各按适用的政策享受税收优惠。

（四）企业对外购茶叶进行筛选、分装、包装后进行销售的所得，不享受农产品初加工的优惠政策。

六、对取得农业部颁发的“远洋渔业企业资格证书”并在有效期内的远洋渔业企业，从事远洋捕捞业务取得的所得免征企业所得税。

七、购入农产品进行再种植、养殖的税务处理

企业将购入的农、林、牧、渔产品，在自有或租用的场地进行育肥、育秧等再种植、养殖，经过一定的生长周期，使其生物形态发生变化，且并非由于本环节对农产品进行加工而明显增加了产品的使用价值的，可视为农产品的种植、养殖项目享受相应的税收优惠。

主管税务机关对企业进行农产品的再种植、养殖是否符合上述条件难以确定的，可要求企业提供县级以上农、林、牧、渔业政府主管部门的确认意见。

八、企业同时从事适用不同企业所得税政策规定项目的，应分别核算，单独计算优惠项目的计税依据及优惠数额；分别核算不清的，可由主管税务机关按照比例分摊法或其他合理方法进行核定。

九、企业委托其他企业或个人从事实施条例第八十六条规定农、林、牧、渔业项目取得的所得，可享受相应的税收优惠政策。

企业受托从事实施条例第八十六条规定农、林、牧、渔业项目取得的收入，比照委托方享受相应的税收优惠政策。

十、企业购买农产品后直接进行销售的贸易活动产生的所得，不能享受农、林、牧、渔业项目的税收优惠政策。

十一、除本公告第五条第二项的特别规定外，公告自2011年1月1日起执行。

特此公告。

财政部 国家税务总局关于继续实施小型微利企业所得税优惠政策的通知

（财税〔2011〕4号　2011年1月27日）

各省、自治区、直辖市、计划单列市财政厅（局）、国家税务局、地方税务局，新疆生产建设兵团财务局：

为巩固和扩大应对国际金融危机冲击的成果，发挥小企业在促进经济发展、增加就业等方面的积极作用，经国务院批准，2011年继续实施小型微利企业所得税优惠政策。

现将有关政策通知如下：

一、自2011年1月1日至2011年12月31日，对年应纳税所得额低于3万元（含3万元）的小型微利企业，其所得减按50%计入应纳税所得额，按20%的税率缴纳企业所得税。

二、本通知所称小型微利企业，是指符合《中华人民共和国企业所得税法》及其实施条例以及相关税收政策规定的小型微利企业。

请遵照执行。

国家税务总局关于"公司+农户"经营模式企业所得税优惠问题的公告

（国家税务总局公告2010年第2号　2010年7月9日）

现就有关"公司+农户"模式企业所得税优惠问题公告如下：

目前，一些企业采取"公司+农户"经营模式从事牲畜、家禽的饲养，即公司与农户签订委托养殖合同，向农户提供畜禽苗、饲料、兽药及疫苗等（所有权〈产权〉仍属于公司），农户将畜禽养大成为成品后交付公司回收。鉴于采取"公司+农户"经营模式的企业，虽不直接从事畜禽的养殖，但系委托农户饲养，并承担诸如市场、管理、采购、销售等经营职责及绝大部分经营管理风险，公司和农户是劳务外包关系。为此，对此类以"公司+农户"经营模式从事农、林、牧、渔业项目生产的企业，可以按照《中华人民共和国企业所得税法实施条例》第八十六条的有关规定，享受减免企业所得税优惠政策。

本公告自2010年1月1日起施行。

国家税务总局关于企业所得税核定征收若干问题的通知

（国税函〔2009〕377号　2009年7月14日）

各省、自治区、直辖市和计划单列市国家税务局、地方税务局：

《国家税务总局关于印发〈企业所得税核定征收办法〉（试行）的通知》（国税发〔2008〕30号）下发后，各地反映需要对有关问题进一步明确。为规范企业所得税核定征收工作，现对企业所得税核定征收若干问题通知如下：

一、国税发〔2008〕30号文件第三条第二款所称"特定纳税人"包括以下类型的企业：

（一）享受《中华人民共和国企业所得税法》及其实施条例和国务院规定的一项或几项企业所得税优惠政策的企业（不包括仅享受《中华人民共和国企业所得税法》第二十六条规定免税收入优惠政策的企业）；

（二）汇总纳税企业；

（三）上市公司；

（四）银行、信用社、小额贷款公司、保险公司、证券公司、期货公司、信托投资公司、金融资产管理公司、融资租赁公司、担保公司、财务公司、典当公司等金融企业；

（五）会计、审计、资产评估、税务、房地产估价、土地估价、工程造价、律师、价格鉴证、公证机构、基层法律服务机构、专利代理、商标代理以及其他经济鉴证类社会中介机构；

（六）国家税务总局规定的其他企业。

对上述规定之外的企业，主管税务机关要严格按照规定的范围和标准确定企业所得税的征收方式，不得违规扩大核定征收企业所得税范围；对其中达不到查账征收条件的企业核定征收企业所得税，并促使其完善会计核算和财务管理，达到查账征收条件后要及时转为查账征收。

二、国税发〔2008〕30号文件第六条中的“应税收入额”等于收入总额减去不征税收入和免税收入后的余额。用公式表示为：

应税收入额＝收入总额－不征税收入－免税收入

其中，收入总额为企业以货币形式和非货币形式从各种来源取得的收入。

三、本通知从2009年1月1日起执行。

国家税务总局关于印发《企业所得税核定征收办法》（试行）的通知

（国税发〔2008〕30号　2008年3月6日）

各省、自治区、直辖市和计划单列市国家税务局、地方税务局：

为加强和规范企业所得税核定征收工作，税务总局制定了《企业所得税核定征收办法（试行）》，现印发给你们，请遵照执行。

一、严格按照规定的范围和标准确定企业所得税的征收方式。不得违规扩大核定征收企业所得税范围。严禁按照行业或者企业规模大小，“一刀切”地搞企业所得税核定征收。

二、按公平、公正、公开原则核定征收企业所得税。应根据纳税人的生产经营行业特点，综合考虑企业的地理位置、经营规模、收入水平、利润水平等因素，分类逐户核定应纳所得税额或者应税所得率，保证同一区域内规模相当的同类或者类似企业的所得税税负基本相当。

三、做好核定征收企业所得税的服务工作。核定征收企业所得税的工作部署与安排要考虑方便纳税人，符合纳税人的实际情况，并在规定的时限内及时办结鉴定和认定工作。

四、推进纳税人建账建制工作。税务机关应积极督促核定征收企业所得税的纳税人建账建制，改善经营管理，引导纳税人向查账征收方式过渡。对符合查账征收条件的纳税人，要及时调整征收方式，实行查账征收。

五、加强对核定征收方式纳税人的检查工作。对实行核定征收企业所得税方式的纳税人，要加大检查力度，将汇算清缴的审核检查和日常征管检查结合起来，合理确定年度稽查面，防止纳税人有意通过核定征收方式降低税负。

六、国家税务局和地方税务局密切配合。要联合开展核定征收企业所得税工作，共同确定分行业的应税所得率，共同协商确定分户的应纳所得税额，做到分属国家税务局和地方税务局管辖，生产经营地点、经营规模、经营范围基本相同的纳税人，核定的应纳所得税额和应税所得率基本一致。

企业所得税核定征收办法（试行）

第一条 为了加强企业所得税征收管理，规范核定征收企业所得税工作，保障国家税款及时足额入库，维护纳税人合法权益，根据《中华人民共和国企业所得税法》及其实施条例、《中华人民共和国税收征收管理法》及其实施细则的有关规定，制定本办法。

第二条 本办法适用于居民企业纳税人。

第三条 纳税人具有下列情形之一的，核定征收企业所得税：

（一）依照法律、行政法规的规定可以不设置账簿的；

（二）依照法律、行政法规的规定应当设置但未设置账薄的；

（三）擅自销毁账簿或者拒不提供纳税资料的；

（四）虽设置账簿，但账目混乱或者成本资料、收入凭证、费用凭证残缺不全，难以查账的；

（五）发生纳税义务，未按照规定的期限办理纳税申报，经税务机关责令限期申报，逾期仍不申报的；

（六）申报的计税依据明显偏低，又无正当理由的。

特殊行业、特殊类型的纳税人和一定规模以上的纳税人不适用本办法。上述特定纳税人由国家税务总局另行明确。

第四条 税务机关应根据纳税人具体情况，对核定征收企业所得税的纳税人，核定应税所得率或者核定应纳所得税额。

具有下列情形之一的，核定其应税所得率：

（一）能正确核算（查实）收入总额，但不能正确核算（查实）成本费用总额的；

（二）能正确核算（查实）成本费用总额，但不能正确核算（查实）收入总额的；

（三）通过合理方法，能计算和推定纳税人收入总额或成本费用总额的。

纳税人不属于以上情形的，核定其应纳所得税额。

第五条 税务机关采用下列方法核定征收企业所得税：

（一）参照当地同类行业或者类似行业中经营规模和收入水平相近的纳税人的税负水平核定；

（二）按照应税收入额或成本费用支出额定率核定；

（三）按照耗用的原材料、燃料、动力等推算或测算核定；

（四）按照其他合理方法核定。

采用前款所列一种方法不足以正确核定应纳税所得额或应纳税额的，可以同时采用两种以上的方法核定。采用两种以上方法测算的应纳税额不一致时，可按测算的应纳税额从高核定。

第六条 采用应税所得率方式核定征收企业所得税的，应纳所得税额计算公式如下：

应纳所得税额＝应纳税所得额×适用税率

应纳税所得额＝应税收入额×应税所得率

或：应纳税所得额＝成本(费用)支出额/(1－应税所得率)×应税所得率

第七条 实行应税所得率方式核定征收企业所得税的纳税人，经营多业的，无论其经营项目是否单独核算，均由税务机关根据其主营项目确定适用的应税所得率。

主营项目应为纳税人所有经营项目中，收入总额或者成本（费用）支出额或者耗用原材料、燃料、动力数量所占比重最大的项目。

第八条 应税所得率按下表规定的幅度标准确定：

行业	应税所得率（%）
农、林、牧、渔业	3～10
制造业	5～15
批发和零售贸易业	4～15
交通运输业	7～15
建筑业	8～20
饮食业	8～25
娱乐业	15～30
其他行业	10～30

第九条 纳税人的生产经营范围、主营业务发生重大变化，或者应纳税所得额或应纳税额增减变化达到20%的，应及时向税务机关申报调整已确定的应纳税额或应税所得率。

第十条 主管税务机关应及时向纳税人送达《企业所得税核定征收鉴定表》（表样附后），及时完成对其核定征收企业所得税的鉴定工作。具体程序如下：

（一）纳税人应在收到《企业所得税核定征收鉴定表》后10个工作日内，填好该表并报送主管税务机关。《企业所得税核定征收鉴定表》一式三联，主管税务机关和县税务机关各执一联，另一联送达纳税人执行。主管税务机关还可根据实际工作需要，适当增加联次备用。

（二）主管税务机关应在受理《企业所得税核定征收鉴定表》后20个工作日内，分类逐户审查核实，提出鉴定意见，并报县税务机关复核、认定。

（三）县税务机关应在收到《企业所得税核定征收鉴定表》后30个工作日内，完成复核、认定工作。

纳税人收到《企业所得税核定征收鉴定表》后，未在规定期限内填列、报送的，税务机关视同纳税人已经报送，按上述程序进行复核认定。

第十一条 税务机关应在每年6月底前对上年度实行核定征收企业所得税的纳税人

进行重新鉴定。重新鉴定工作完成前，纳税人可暂按上年度的核定征收方式预缴企业所得税；重新鉴定工作完成后，按重新鉴定的结果进行调整。

第十二条 主管税务机关应当分类逐户公示核定的应纳所得税额或应税所得率。主管税务机关应当按照便于纳税人及社会各界了解、监督的原则确定公示地点、方式。

纳税人对税务机关确定的企业所得税征收方式、核定的应纳所得税额或应税所得率有异议的，应当提供合法、有效的相关证据，税务机关经核实认定后调整有异议的事项。

第十三条 纳税人实行核定应税所得率方式的，按下列规定申报纳税：

（一）主管税务机关根据纳税人应纳税额的大小确定纳税人按月或者按季预缴，年终汇算清缴。预缴方法一经确定，一个纳税年度内不得改变。

（二）纳税人应依照确定的应税所得率计算纳税期间实际应缴纳的税额，进行预缴。按实际数额预缴有困难的，经主管税务机关同意，可按上一年度应纳税额的1/12或1/4预缴，或者按经主管税务机关认可的其他方法预缴。

（三）纳税人预缴税款或年终进行汇算清缴时，应按规定填写《中华人民共和国企业所得税月（季）度预缴纳税申报表（B类）》，在规定的纳税申报时限内报送主管税务机关。

第十四条 纳税人实行核定应纳所得税额方式的，按下列规定申报纳税：

（一）纳税人在应纳所得税额尚未确定之前，可暂按上年度应纳所得税额的1/12或1/4预缴，或者按经主管税务机关认可的其他方法，按月或按季分期预缴。

（二）在应纳所得税额确定以后，减除当年已预缴的所得税额，余额按剩余月份或季度均分，以此确定以后各月或各季的应纳税额，由纳税人按月或按季填写《中华人民共和国企业所得税月（季）度预缴纳税申报表（B类）》，在规定的纳税申报期限内进行纳税申报。

（三）纳税人年度终了后，在规定的时限内按照实际经营额或实际应纳税额向税务机关申报纳税。申报额超过核定经营额或应纳税额的，按申报额缴纳税款；申报额低于核定经营额或应纳税额的，按核定经营额或应纳税额缴纳税款。

第十五条 对违反本办法规定的行为，按照《中华人民共和国税收征收管理法》及其实施细则的有关规定处理。

第十六条 各省、自治区、直辖市和计划单列市国家税务局、地方税务局，根据本办法的规定联合制定具体实施办法，并报国家税务总局备案。

第十七条 本办法自2008年1月1日起执行。《国家税务总局关于印发〈核定征收企业所得税暂行办法〉的通知》（国税发〔2000〕38号）同时废止。

附件：企业所得税核定征收鉴定表

纳税人编码：　　　　　　鉴定期：　　　年度　　　　　　金额单位：元

申报单位			
地址			
经济性质		行业类别	
开户银行		账号	

续表

邮政编码		联系电话	
上年收入总额		上年成本费用额	
上年注册资本		上年原材料耗费量（额）	
上年职工人数		上年燃料、动力耗费量（额）	
上年固定资产原值		上年商品销售量（额）	
上年所得税额		上年征收方式	

行次	项目	纳税人自报情况	主管税务机关审核意见
1	账簿设置情况		
2	收入核算情况		
3	成本费用核算情况		
4	纳税申报情况		
5	履行纳税义务情况		
6	其他情况		

纳税人对征收方式的意见： 经办人签章：（公章） 年 月 日	主管税务机关意见： 经办人签章：（公章） 年 月 日
县级税务机关审核意见： 经办人签章：（公章） 年 月 日	

增值税一般纳税人纳税辅导期管理办法

（国税发〔2010〕40号 2010年4月7日）

第一条 为加强增值税一般纳税人纳税辅导期管理，根据《增值税一般纳税人资格认定管理办法》（以下简称认定办法）第十三条规定，制定本办法。

第二条 实行纳税辅导期管理的增值税一般纳税人（以下简称辅导期纳税人），适用本办法。

第三条 认定办法第十三条第一款所称的“小型商贸批发企业”，是指注册资金在80万元（含80万元）以下、职工人数在10人（含10人）以下的批发企业。只从事出口贸易，不需要使用增值税专用发票的企业除外。

批发企业按照国家统计局颁发的《国民经济行业分类》（GB/T4754-2002）中有关批发业的行业划分方法界定。

第四条 认定办法第十三条所称“其他一般纳税人”，是指具有下列情形之一的一般纳税人：

（一）增值税偷税数额占应纳税额的10%以上并且偷税数额在10万元以上的；

（二）骗取出口退税的；

（三）虚开增值税扣税凭证的；

（四）国家税务总局规定的其他情形。

第五条 新认定为一般纳税人的小型商贸批发企业实行纳税辅导期管理的期限为3个月；其他一般纳税人实行纳税辅导期管理的期限为6个月。

第六条 对新办小型商贸批发企业，主管税务机关应在认定办法第九条第（四）款规定的《税务事项通知书》内告知纳税人对其实行纳税辅导期管理，纳税辅导期自主管税务机关制作《税务事项通知书》的当月起执行；对其他一般纳税人，主管税务机关应自稽查部门作出《税务稽查处理决定书》后40个工作日内，制作、送达《税务事项通知书》告知纳税人对其实行纳税辅导期管理，纳税辅导期自主管税务机关制作《税务事项通知书》的次月起执行。

第七条 辅导期纳税人取得的增值税专用发票（以下简称专用发票）抵扣联、海关进口增值税专用缴款书以及运输费用结算单据应当在交叉稽核比对无误后，方可抵扣进项税额。

第八条 主管税务机关对辅导期纳税人实行限量限额发售专用发票。

（一）实行纳税辅导期管理的小型商贸批发企业，领购专用发票的最高开票限额不得超过十万元；其他一般纳税人专用发票最高开票限额应根据企业实际经营情况重新核定。

（二）辅导期纳税人专用发票的领购实行按次限量控制，主管税务机关可根据纳税人的经营情况核定每次专用发票的供应数量，但每次发售专用发票数量不得超过25份。

辅导期纳税人领购的专用发票未使用完而再次领购的，主管税务机关发售专用发票的份数不得超过核定的每次领购专用发票份数与未使用完的专用发票份数的差额。

第九条 辅导期纳税人一个月内多次领购专用发票的，应从当月第二次领购专用发票起，按照上一次已领购并开具的专用发票销售额的3%预缴增值税，未预缴增值税的，主管税务机关不得向其发售专用发票。

预缴增值税时，纳税人应提供已领购并开具的专用发票记账联，主管税务机关根据其提供的专用发票记账联计算应预缴的增值税。

第十条 辅导期纳税人按第九条规定预缴的增值税可在本期增值税应纳税额中抵减，抵减后预缴增值税仍有余额的，可抵减下期再次领购专用发票时应当预缴的增值税。

纳税辅导期结束后，纳税人因增购专用发票发生的预缴增值税有余额的，主管税务机关应在纳税辅导期结束后的第一个月内，一次性退还纳税人。

第十一条 辅导期纳税人应当在"应交税金"科目下增设"待抵扣进项税额"明细科目，核算尚未交叉稽核比对的专用发票抵扣联、海关进口增值税专用缴款书以及运输费用结算单据（以下简称增值税抵扣凭证）注明或者计算的进项税额。

辅导期纳税人取得增值税抵扣凭证后，借记"应交税金——待抵扣进项税额"明细科目，贷记相关科目。交叉稽核比对无误后，借记"应交税金——应交增值税（进项税额）"科目，贷记"应交税金——待抵扣进项税额"科目。经核实不得抵扣的进项税额，红字借记"应交税金——待抵扣进项税额"，红字贷记相关科目。

第十二条 主管税务机关定期接收交叉稽核比对结果，通过《稽核结果导出工具》导出发票明细数据及《稽核结果通知书》并告知辅导期纳税人。

辅导期纳税人根据交叉稽核比对结果相符的增值税抵扣凭证本期数据申报抵扣进项税额，未收到交叉稽核比对结果的增值税抵扣凭证留待下期抵扣。

第十三条 辅导期纳税人按以下要求填写《增值税纳税申报表附列资料（表二）》。

（一）第2栏填写当月取得认证相符且当月收到《稽核比对结果通知书》及其明细清单注明的稽核相符专用发票、协查结果中允许抵扣的专用发票的份数、金额、税额。

（二）第3栏填写前期取得认证相符且当月收到《稽核比对结果通知书》及其明细清单注明的稽核相符专用发票、协查结果中允许抵扣的专用发票的份数、金额、税额。

（三）第5栏填写税务机关告知的《稽核比对结果通知书》及其明细清单注明的本期稽核相符的海关进口增值税专用缴款书、协查结果中允许抵扣的海关进口增值税专用缴款书的份数、金额、税额。

（四）第7栏"废旧物资发票"不再填写。

（五）第8栏填写税务机关告知的《稽核比对结果通知书》及其明细清单注明的本期稽核相符的运输费用结算单据、协查结果中允许抵扣的运输费用结算单据的份数、金额、税额。

（六）第23栏填写认证相符但未收到稽核比对结果的增值税专用发票月初余额数。

（七）第24栏填写本月已认证相符但未收到稽核比对结果的专用发票数据。

（八）第25栏填写已认证相符但未收到稽核比对结果的专用发票月末余额数。

（九）第28栏填写本月未收到稽核比对结果的海关进口增值税专用缴款书。

（十）第30栏"废旧物资发票"不再填写。

（十一）第31栏填写本月未收到稽核比对结果的运输费用结算单据数据。

第十四条 主管税务机关在受理辅导期纳税人纳税申报时，按照以下要求进行"一窗式"票表比对。

（一）审核《增值税纳税申报表》附表二第3栏份数、金额、税额是否等于或小于本期稽核系统比对相符的专用发票抵扣联数据。

（二）审核《增值税纳税申报表》附表二第5栏份数、金额、税额是否等于或小于本期交叉稽核比对相符和协查后允许抵扣的海关进口增值税专用缴款书合计数。

（三）审核《增值税纳税申报表》附表二中第8栏的份数、金额是否等于或小于本期交叉稽核比对相符和协查后允许抵扣的运输费用结算单据合计数。

（四）申报表数据若大于稽核结果数据的，按现行"一窗式"票表比对异常情况处理。

第十五条 纳税辅导期内，主管税务机关未发现纳税人存在偷税、逃避追缴欠税、骗取出口退税、抗税或其他需要立案查处的税收违法行为的，从期满的次月起不再实行纳税辅导期管理，主管税务机关应制作、送达《税务事项通知书》，告知纳税人；主管税务机关发现辅导期纳税人存在偷税、逃避追缴欠税、骗取出口退税、抗税或其他需要立案查处的税收违法行为的，从期满的次月起按照本规定重新实行纳税辅导期管理，主管税务机关应制作、送达《税务事项通知书》，告知纳税人。

第十六条 本办法自2010年3月20日起执行。《国家税务总局关于加强新办商贸企业增值税征收管理有关问题的紧急通知》（国税发明电〔2004〕37号）、《国家税务总局关于辅导期一般纳税人实施“先比对、后扣税”有关管理问题的通知》（国税发明电〔2004〕51号）、《国家税务总局关于加强新办商贸企业增值税征收管理有关问题的补充通知》（国税发明电〔2004〕62号）、《国家税务总局关于辅导期增值税一般纳税人增值税专用发票预缴增值税有关问题的通知》（国税函〔2005〕1097号）同时废止。

增值税一般纳税人资格认定管理办法

（国家税务总局令第22号 2010年2月10日）

第一条 为加强增值税一般纳税人（以下简称一般纳税人）资格认定管理，根据《中华人民共和国增值税暂行条例》及其实施细则，制定本办法。

第二条 一般纳税人资格认定和认定以后的资格管理适用本办法。

第三条 增值税纳税人（以下简称纳税人），年应税销售额超过财政部、国家税务总局规定的小规模纳税人标准的，除本办法第五条规定外，应当向主管税务机关申请一般纳税人资格认定。

本办法所称年应税销售额，是指纳税人在连续不超过12个月的经营期内累计应征增值税销售额，包括免税销售额。

第四条 年应税销售额未超过财政部、国家税务总局规定的小规模纳税人标准以及新开业的纳税人，可以向主管税务机关申请一般纳税人资格认定。

对提出申请并且同时符合下列条件的纳税人，主管税务机关应当为其办理一般纳税人资格认定：

（一）有固定的生产经营场所；

（二）能够按照国家统一的会计制度规定设置账簿，根据合法、有效凭证核算，能够提供准确税务资料。

第五条 下列纳税人不办理一般纳税人资格认定：

（一）个体工商户以外的其他个人；

（二）选择按照小规模纳税人纳税的非企业性单位；

（三）选择按照小规模纳税人纳税的不经常发生应税行为的企业。

第六条 纳税人应当向其机构所在地主管税务机关申请一般纳税人资格认定。

第七条 一般纳税人资格认定的权限，在县（市、区）国家税务局或者同级别的税务分局（以下称认定机关）。

第八条 纳税人符合本办法第三条规定的，按照下列程序办理一般纳税人资格认定：

（一）纳税人应当在申报期结束后40日（工作日，下同）内向主管税务机关报送《增值税一般纳税人申请认定表》（见附件1，以下简称申请表），申请一般纳税人资格认定。

（二）认定机关应当在主管税务机关受理申请之日起20日内完成一般纳税人资格认定，并由主管税务机关制作、送达《税务事项通知书》，告知纳税人。

（三）纳税人未在规定期限内申请一般纳税人资格认定的，主管税务机关应当在规定期限结束后20日内制作并送达《税务事项通知书》，告知纳税人。

纳税人符合本办法第五条规定的，应当在收到《税务事项通知书》后10日内向主管税务机关报送《不认定增值税一般纳税人申请表》（见附件2），经认定机关批准后不办理一般纳税人资格认定。认定机关应当在主管税务机关受理申请之日起20日内批准完毕，并由主管税务机关制作、送达《税务事项通知书》，告知纳税人。

第九条 纳税人符合本办法第四条规定的，按照下列程序办理一般纳税人资格认定：

（一）纳税人应当向主管税务机关填报申请表，并提供下列资料：

1.《税务登记证》副本；

2. 财务负责人和办税人员的身份证明及其复印件；

3. 会计人员的从业资格证明或者与中介机构签订的代理记账协议及其复印件；

4. 经营场所产权证明或者租赁协议，或者其他可使用场地证明及其复印件；

5. 国家税务总局规定的其他有关资料。

（二）主管税务机关应当当场核对纳税人的申请资料，经核对一致且申请资料齐全、符合填列要求的，当场受理，制作《文书受理回执单》，并将有关资料的原件退还纳税人。

对申请资料不齐全或者不符合填列要求的，应当当场告知纳税人需要补正的全部内容。

（三）主管税务机关受理纳税人申请以后，根据需要进行实地查验，并制作查验报告。

查验报告由纳税人法定代表人（负责人或者业主）、税务查验人员共同签字（签章）确认。

实地查验时，应当有两名或者两名以上税务机关工作人员同时到场。

实地查验的范围和方法由各省税务机关确定并报国家税务总局备案。

（四）认定机关应当自主管税务机关受理申请之日起20日内完成一般纳税人资格认定，并由主管税务机关制作、送达《税务事项通知书》，告知纳税人。

第十条 主管税务机关应当在一般纳税人《税务登记证》副本“资格认定”栏内加盖“增值税一般纳税人”戳记（附件3）。

“增值税一般纳税人”戳记印色为红色，印模由国家税务总局制定。

第十一条 纳税人自认定机关认定为一般纳税人的次月起（新开业纳税人自主管税务机关受理申请的当月起），按照《中华人民共和国增值税暂行条例》第四条的规定计算应纳税额，并按照规定领购、使用增值税专用发票。

第十二条 除国家税务总局另有规定外，纳税人一经认定为一般纳税人后，不得转为小规模纳税人。

第十三条 主管税务机关可以在一定期限内对下列一般纳税人实行纳税辅导期管理：

（一）按照本办法第四条的规定新认定为一般纳税人的小型商贸批发企业；

（二）国家税务总局规定的其他一般纳税人。

纳税辅导期管理的具体办法由国家税务总局另行制定。

第十四条 本办法自2010年3月20日起执行。《国家税务总局关于印发〈增值税一般纳税人申请认定办法〉的通知》（国税明电〔1993〕52号、国税发〔1994〕59号），《国家税务总局关于增值税一般纳税人申请认定办法的补充规定》（国税明电〔1993〕60号），《国家税务总局关于印发〈增值税一般纳税人年审办法〉的通知》（国税函〔1998〕156号），《国家税务总局关于使用增值税防伪税控系统的增值税一般纳税人资格认定问题的通知》（国税函〔2002〕326号）同时废止。

附件1：

增值税一般纳税人申请认定表

<table>
<tr><td>纳税人名称</td><td colspan="2"></td><td>纳税人识别号</td><td colspan="2"></td></tr>
<tr><td>法定代表人（负责人、业主）</td><td></td><td>证件名称及号码</td><td></td><td>联系电话</td><td></td></tr>
<tr><td>财务负责人</td><td></td><td>证件名称及号码</td><td></td><td>联系电话</td><td></td></tr>
<tr><td>办税人员</td><td></td><td>证件名称及号码</td><td></td><td>联系电话</td><td></td></tr>
<tr><td>生产经营地址</td><td colspan="5"></td></tr>
<tr><td>核算地址</td><td colspan="5"></td></tr>
<tr><td colspan="6">纳税人类别：企业、企业性单位□　非企业性单位□　个体工商户□　其他□</td></tr>
<tr><td colspan="6">纳税人主业：工业□　商业□　其他□</td></tr>
<tr><td colspan="3">认定前累计应税销售额
（连续不超过12个月的经营期内）</td><td colspan="3">年　月至　年　月共　元。</td></tr>
<tr><td>纳税人声明</td><td colspan="5">上述各项内容真实、可靠、完整。如有虚假，本纳税人愿意承担相关法律责任。
（签章）：
年　月　日</td></tr>
<tr><td colspan="6">税务机关</td></tr>
<tr><td>受理意见</td><td colspan="5">受理人签名：
年　月　日</td></tr>
<tr><td>查验意见</td><td colspan="5">查验人签名：
年　月　日</td></tr>
<tr><td>主管税务机关意见</td><td colspan="5">（签章）
年　月　日</td></tr>
<tr><td>认定机关意见</td><td colspan="5">（签章）
年　月　日</td></tr>
</table>

注：本表1式2份，主管税务机关和纳税人各留存1份。

附件 2：

不认定增值税一般纳税人申请表

纳税人名称		纳税人识别号	
纳税人意见	（签章）： 年 月 日		
主管税务机关意见	（签章）： 年 月 日		
认定机关意见	（签章）： 年 月 日		

附件 3：

“增值税一般纳税人”（印模式样）

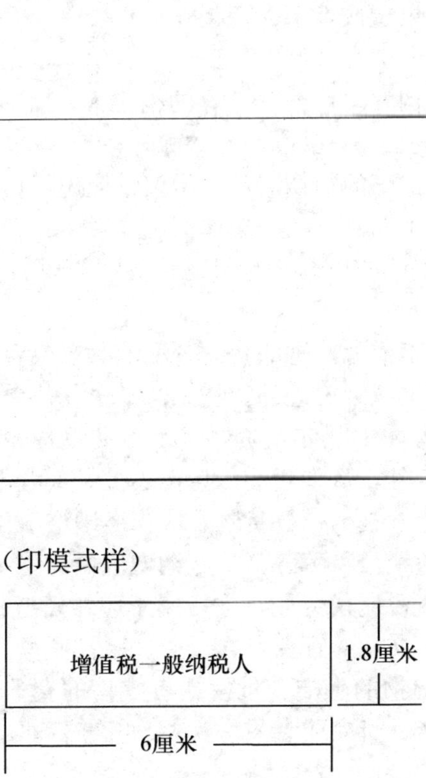

说明：

①“增值税一般纳税人”（印模）规格为 6 厘米（长）×1.8 厘米（宽）；

②采用 2 号标准宋体字刻写。

中华人民共和国增值税暂行条例实施细则

（2008年12月18日财政部 国家税务总局令第50号公布根据2011年10月28日《关于修改〈中华人民共和国增值税暂行条例实施细则〉和〈中华人民共和国营业税暂行条例实施细则〉的决定》修订）

第一条 根据《中华人民共和国增值税暂行条例》(以下简称条例)，制定本细则。

第二条 条例第一条所称货物，是指有形动产，包括电力、热力、气体在内。

条例第一条所称加工，是指受托加工货物，即委托方提供原料及主要材料，受托方按照委托方的要求，制造货物并收取加工费的业务。

条例第一条所称修理修配，是指受托对损伤和丧失功能的货物进行修复，使其恢复原状和功能的业务。

第三条 条例第一条所称销售货物，是指有偿转让货物的所有权。

条例第一条所称提供加工、修理修配劳务（以下称应税劳务），是指有偿提供加工、修理修配劳务。单位或者个体工商户聘用的员工为本单位或者雇主提供加工、修理修配劳务，不包括在内。

本细则所称有偿，是指从购买方取得货币、货物或者其他经济利益。

第四条 单位或者个体工商户的下列行为，视同销售货物：

（一）将货物交付其他单位或者个人代销；

（二）销售代销货物；

（三）设有两个以上机构并实行统一核算的纳税人，将货物从一个机构移送其他机构用于销售，但相关机构设在同一县（市）的除外；

（四）将自产或者委托加工的货物用于非增值税应税项目；

（五）将自产、委托加工的货物用于集体福利或者个人消费；

（六）将自产、委托加工或者购进的货物作为投资，提供给其他单位或者个体工商户；

（七）将自产、委托加工或者购进的货物分配给股东或者投资者；

（八）将自产、委托加工或者购进的货物无偿赠送其他单位或者个人。

第五条 一项销售行为如果既涉及货物又涉及非增值税应税劳务，为混合销售行为。除本细则第六条的规定外，从事货物的生产、批发或者零售的企业、企业性单位和个体工商户的混合销售行为，视为销售货物，应当缴纳增值税；其他单位和个人的混合销售行为，视为销售非增值税应税劳务，不缴纳增值税。

本条第一款所称非增值税应税劳务，是指属于应缴营业税的交通运输业、建筑业、金融保险业、邮电通信业、文化体育业、娱乐业、服务业税目征收范围的劳务。

本条第一款所称从事货物的生产、批发或者零售的企业、企业性单位和个体工商户，包括以从事货物的生产、批发或者零售为主，并兼营非增值税应税劳务的单位和个体工商户在内。

第六条 纳税人的下列混合销售行为，应当分别核算货物的销售额和非增值税应税劳务的营业额，并根据其销售货物的销售额计算缴纳增值税，非增值税应税劳务的营业额不缴纳增值税；未分别核算的，由主管税务机关核定其货物的销售额：

（一）销售自产货物并同时提供建筑业劳务的行为；

（二）财政部、国家税务总局规定的其他情形。

第七条 纳税人兼营非增值税应税项目的，应分别核算货物或者应税劳务的销售额和非增值税应税项目的营业额；未分别核算的，由主管税务机关核定货物或者应税劳务的销售额。

第八条 条例第一条所称在中华人民共和国境内（以下简称境内）销售货物或者提供加工、修理修配劳务，是指：

（一）销售货物的起运地或者所在地在境内；

（二）提供的应税劳务发生在境内。

第九条 条例第一条所称单位，是指企业、行政单位、事业单位、军事单位、社会团体及其他单位。

条例第一条所称个人，是指个体工商户和其他个人。

第十条 单位租赁或者承包给其他单位或者个人经营的，以承租人或者承包人为纳税人。

第十一条 小规模纳税人以外的纳税人（以下称一般纳税人）因销售货物退回或者折让而退还给购买方的增值税额，应从发生销售货物退回或者折让当期的销项税额中扣减；因购进货物退出或者折让而收回的增值税额，应从发生购进货物退出或者折让当期的进项税额中扣减。

一般纳税人销售货物或者应税劳务，开具增值税专用发票后，发生销售货物退回或者折让、开票有误等情形，应按国家税务总局的规定开具红字增值税专用发票。未按规定开具红字增值税专用发票的，增值税额不得从销项税额中扣减。

第十二条 条例第六条第一款所称价外费用，包括价外向购买方收取的手续费、补贴、基金、集资费、返还利润、奖励费、违约金、滞纳金、延期付款利息、赔偿金、代收款项、代垫款项、包装费、包装物租金、储备费、优质费、运输装卸费以及其他各种性质的价外收费。但下列项目不包括在内：

（一）受托加工应征消费税的消费品所代收代缴的消费税；

（二）同时符合以下条件的代垫运输费用：

1. 承运部门的运输费用发票开具给购买方的；

2. 纳税人将该项发票转交给购买方的。

（三）同时符合以下条件代为收取的政府性基金或者行政事业性收费：

1. 由国务院或者财政部批准设立的政府性基金，由国务院或者省级人民政府及其财政、价格主管部门批准设立的行政事业性收费；

2. 收取时开具省级以上财政部门印制的财政票据；

3. 所收款项全额上缴财政。

（四）销售货物的同时代办保险等而向购买方收取的保险费，以及向购买方收取的代购买方缴纳的车辆购置税、车辆牌照费。

第十三条 混合销售行为依照本细则第五条规定应当缴纳增值税的，其销售额为货物的销售额与非增值税应税劳务营业额的合计。

第十四条 一般纳税人销售货物或者应税劳务，采用销售额和销项税额合并定价方法的，按下列公式计算销售额：

销售额＝含税销售额÷(1＋税率)

第十五条 纳税人按人民币以外的货币结算销售额的，其销售额的人民币折合率可以选择销售额发生的当天或者当月1日的人民币汇率中间价。纳税人应在事先确定采用何种折合率，确定后1年内不得变更。

第十六条 纳税人有条例第七条所称价格明显偏低并无正当理由或者有本细则第四条所列视同销售货物行为而无销售额者，按下列顺序确定销售额：

（一）按纳税人最近时期同类货物的平均销售价格确定；

（二）按其他纳税人最近时期同类货物的平均销售价格确定；

（三）按组成计税价格确定。组成计税价格的公式为：

组成计税价格＝成本×(1＋成本利润率)

属于应征消费税的货物，其组成计税价格中应加计消费税额。

公式中的成本是指：销售自产货物的为实际生产成本，销售外购货物的为实际采购成本。公式中的成本利润率由国家税务总局确定。

第十七条 条例第八条第二款第（三）项所称买价，包括纳税人购进农产品在农产品收购发票或者销售发票上注明的价款和按规定缴纳的烟叶税。

第十八条 条例第八条第二款第（四）项所称运输费用金额，是指运输费用结算单据上注明的运输费用（包括铁路临管线及铁路专线运输费用）、建设基金，不包括装卸费、保险费等其他杂费。

第十九条 条例第九条所称增值税扣税凭证，是指增值税专用发票、海关进口增值税专用缴款书、农产品收购发票和农产品销售发票以及运输费用结算单据。

第二十条 混合销售行为依照本细则第五条规定应当缴纳增值税的，该混合销售行为所涉及的非增值税应税劳务所用购进货物的进项税额，符合条例第八条规定的，准予从销项税额中抵扣。

第二十一条 条例第十条第（一）项所称购进货物，不包括既用于增值税应税项目（不含免征增值税项目）也用于非增值税应税项目、免征增值税（以下简称免税）项目、集体福利或者个人消费的固定资产。

前款所称固定资产，是指使用期限超过12个月的机器、机械、运输工具以及其他与生产经营有关的设备、工具、器具等。

第二十二条 条例第十条第（一）项所称个人消费包括纳税人的交际应酬消费。

第二十三条 条例第十条第（一）项和本细则所称非增值税应税项目，是指提供非增值税应税劳务、转让无形资产、销售不动产和不动产在建工程。

前款所称不动产是指不能移动或者移动后会引起性质、形状改变的财产，包括建筑物、构筑物和其他土地附着物。

纳税人新建、改建、扩建、修缮、装饰不动产，均属于不动产在建工程。

第二十四条 条例第十条第（二）项所称非正常损失，是指因管理不善造成被盗、丢失、霉烂变质的损失。

第二十五条 纳税人自用的应征消费税的摩托车、汽车、游艇，其进项税额不得从销项税额中抵扣。

第二十六条 一般纳税人兼营免税项目或者非增值税应税劳务而无法划分不得抵扣的进项税额的，按下列公式计算不得抵扣的进项税额：

$$不得抵扣的进项税额=\frac{当月无法划分的全部进项税额\times 当月免税项目销售额、非增值税应税劳务营业额合计}{当月全部销售额、营业额合计}$$

第二十七条 已抵扣进项税额的购进货物或者应税劳务，发生条例第十条规定的情形的（免税项目、非增值税应税劳务除外），应当将该项购进货物或者应税劳务的进项税额从当期的进项税额中扣减；无法确定该项进项税额的，按当期实际成本计算应扣减的进项税额。

第二十八条 条例第十一条所称小规模纳税人的标准为：

（一）从事货物生产或者提供应税劳务的纳税人，以及以从事货物生产或者提供应税劳务为主，并兼营货物批发或者零售的纳税人，年应征增值税销售额（以下简称应税销售额）在50万元以下（含本数，下同）的；

（二）除本条第一款第（一）项规定以外的纳税人，年应税销售额在80万元以下的。

本条第一款所称以从事货物生产或者提供应税劳务为主，是指纳税人的年货物生产或者提供应税劳务的销售额占年应税销售额的比重在50%以上。

第二十九条 年应税销售额超过小规模纳税人标准的其他个人按小规模纳税人纳税；非企业性单位、不经常发生应税行为的企业可选择按小规模纳税人纳税。

第三十条 小规模纳税人的销售额不包括其应纳税额。

小规模纳税人销售货物或者应税劳务采用销售额和应纳税额合并定价方法的，按下列公式计算销售额：

$$销售额=含税销售额\div(1+征收率)$$

第三十一条 小规模纳税人因销售货物退回或者折让退还给购买方的销售额，应从发生销售货物退回或者折让当期的销售额中扣减。

第三十二条 条例第十三条和本细则所称会计核算健全，是指能够按照国家统一的会计制度规定设置账簿，根据合法、有效凭证核算。

第三十三条 除国家税务总局另有规定外，纳税人一经认定为一般纳税人后，不得转为小规模纳税人。

第三十四条 有下列情形之一者，应按销售额依照增值税税率计算应纳税额，不得抵扣进项税额，也不得使用增值税专用发票：

（一）一般纳税人会计核算不健全，或者不能够提供准确税务资料的；

（二）除本细则第二十九条规定外，纳税人销售额超过小规模纳税人标准，未申请办理一般纳税人认定手续的。

第三十五条 条例第十五条规定的部分免税项目的范围，限定如下：

（一）第一款第（一）项所称农业，是指种植业、养殖业、林业、牧业、水产业。

农业生产者，包括从事农业生产的单位和个人。

农产品，是指初级农产品，具体范围由财政部、国家税务总局确定。

（二）第一款第（三）项所称古旧图书，是指向社会收购的古书和旧书。

（三）第一款第（七）项所称自己使用过的物品，是指其他个人自己使用过的物品。

第三十六条 纳税人销售货物或者应税劳务适用免税规定的，可以放弃免税，依照条例的规定缴纳增值税。放弃免税后，36个月内不得再申请免税。

第三十七条 增值税起征点的适用范围限于个人。

增值税起征点的幅度规定如下：

（一）销售货物的，为月销售额5 000～20 000元；

（二）销售应税劳务的，为月销售额5 000～20 000元；

（三）按次纳税的，为每次（日）销售额300～500元。

前款所称销售额，是指本细则第三十条第一款所称小规模纳税人的销售额。

省、自治区、直辖市财政厅（局）和国家税务局应在规定的幅度内，根据实际情况确定本地区适用的起征点，并报财政部、国家税务总局备案。

第三十八条 条例第十九条第一款第（一）项规定的收讫销售款项或者取得索取销售款项凭据的当天，按销售结算方式的不同，具体为：

（一）采取直接收款方式销售货物，不论货物是否发出，均为收到销售款或者取得索取销售款凭据的当天；

（二）采取托收承付和委托银行收款方式销售货物，为发出货物并办妥托收手续的当天；

（三）采取赊销和分期收款方式销售货物，为书面合同约定的收款日期的当天，无书面合同的或者书面合同没有约定收款日期的，为货物发出的当天；

（四）采取预收货款方式销售货物，为货物发出的当天，但生产销售生产工期超过12个月的大型机械设备、船舶、飞机等货物，为收到预收款或者书面合同约定的收款日期的当天；

（五）委托其他纳税人代销货物，为收到代销单位的代销清单或者收到全部或者部分货款的当天。未收到代销清单及货款的，为发出代销货物满180天的当天；

（六）销售应税劳务，为提供劳务同时收讫销售款或者取得索取销售款的凭据的当天；

（七）纳税人发生本细则第四条第（三）项至第（八）项所列视同销售货物行为，为货物移送的当天。

第三十九条 条例第二十三条以1个季度为纳税期限的规定仅适用于小规模纳税人。小规模纳税人的具体纳税期限，由主管税务机关根据其应纳税额的大小分别核定。

第四十条 本细则自2009年1月1日起施行。

中华人民共和国增值税暂行条例

（国务院令第538号 20008年11月10日）

第一条 在中华人民共和国境内销售货物或者提供加工、修理修配劳务以及进口货物的单位和个人，为增值税的纳税人，应当依照本条例缴纳增值税。

第二条 增值税税率：

（一）纳税人销售或者进口货物，除本条第（二）项、第（三）项规定外，税率为17%。

（二）纳税人销售或者进口下列货物，税率为13%：

1. 粮食、食用植物油；

2. 自来水、暖气、冷气、热水、煤气、石油液化气、天然气、沼气、居民用煤炭制品；

3. 图书、报纸、杂志；

4. 饲料、化肥、农药、农机、农膜；

5. 国务院规定的其他货物。

（三）纳税人出口货物，税率为零；但是，国务院另有规定的除外。

（四）纳税人提供加工、修理修配劳务（以下称应税劳务），税率为17%。

税率的调整，由国务院决定。

第三条 纳税人兼营不同税率的货物或者应税劳务，应当分别核算不同税率货物或者应税劳务的销售额；未分别核算销售额的，从高适用税率。

第四条 除本条例第十一条规定外，纳税人销售货物或者提供应税劳务（以下简称销售货物或者应税劳务），应纳税额为当期销项税额抵扣当期进项税额后的余额。应纳税额计算公式：

应纳税额＝当期销项税额－当期进项税额

当期销项税额小于当期进项税额不足抵扣时，其不足部分可以结转下期继续抵扣。

第五条 纳税人销售货物或者应税劳务，按照销售额和本条例第二条规定的税率计算并向购买方收取的增值税额，为销项税额。销项税额计算公式：

销项税额＝销售额×税率

第六条 销售额为纳税人销售货物或者应税劳务向购买方收取的全部价款和价外费用，但是不包括收取的销项税额。

销售额以人民币计算。纳税人以人民币以外的货币结算销售额的，应当折合成人民币计算。

第七条 纳税人销售货物或者应税劳务的价格明显偏低并无正当理由的，由主管税务机关核定其销售额。

第八条 纳税人购进货物或者接受应税劳务（以下简称购进货物或者应税劳务）支付或者负担的增值税额，为进项税额。

下列进项税额准予从销项税额中抵扣：

（一）从销售方取得的增值税专用发票上注明的增值税额。

（二）从海关取得的海关进口增值税专用缴款书上注明的增值税额。

（三）购进农产品，除取得增值税专用发票或者海关进口增值税专用缴款书外，按照农产品收购发票或者销售发票上注明的农产品买价和13%的扣除率计算的进项税额。进项税额计算公式：

进项税额＝买价×扣除率

（四）购进或者销售货物以及在生产经营过程中支付运输费用的，按照运输费用结算单据上注明的运输费用金额和7%的扣除率计算的进项税额。进项税额计算公式：

进项税额＝运输费用金额×扣除率

准予抵扣的项目和扣除率的调整，由国务院决定。

第九条 纳税人购进货物或者应税劳务，取得的增值税扣税凭证不符合法律、行政法规或者国务院税务主管部门有关规定的，其进项税额不得从销项税额中抵扣。

第十条 下列项目的进项税额不得从销项税额中抵扣：

（一）用于非增值税应税项目、免征增值税项目、集体福利或者个人消费的购进货物或者应税劳务；

（二）非正常损失的购进货物及相关的应税劳务；

（三）非正常损失的在产品、产成品所耗用的购进货物或者应税劳务；

（四）国务院财政、税务主管部门规定的纳税人自用消费品；

（五）本条第（一）项至第（四）项规定的货物的运输费用和销售免税货物的运输费用。

第十一条 小规模纳税人销售货物或者应税劳务，实行按照销售额和征收率计算应纳税额的简易办法，并不得抵扣进项税额。应纳税额计算公式：

应纳税额＝销售额×征收率

小规模纳税人的标准由国务院财政、税务主管部门规定。

第十二条 小规模纳税人增值税征收率为3%。

征收率的调整，由国务院决定。

第十三条 小规模纳税人以外的纳税人应当向主管税务机关申请资格认定。具体认定办法由国务院税务主管部门制定。

小规模纳税人会计核算健全，能够提供准确税务资料的，可以向主管税务机关申请资格认定，不作为小规模纳税人，依照本条例有关规定计算应纳税额。

第十四条 纳税人进口货物，按照组成计税价格和本条例第二条规定的税率计算应纳税额。组成计税价格和应纳税额计算公式：

组成计税价格＝关税完税价格＋关税＋消费税

应纳税额＝组成计税价格×税率

第十五条 下列项目免征增值税：

（一）农业生产者销售的自产农产品；

（二）避孕药品和用具；

（三）古旧图书；

（四）直接用于科学研究、科学试验和教学的进口仪器、设备；

（五）外国政府、国际组织无偿援助的进口物资和设备；

（六）由残疾人的组织直接进口供残疾人专用的物品；

（七）销售的自己使用过的物品。

除前款规定外，增值税的免税、减税项目由国务院规定。任何地区、部门均不得规定免税、减税项目。

第十六条 纳税人兼营免税、减税项目的，应当分别核算免税、减税项目的销售额；未分别核算销售额的，不得免税、减税。

第十七条 纳税人销售额未达到国务院财政、税务主管部门规定的增值税起征点的，免征增值税；达到起征点的，依照本条例规定全额计算缴纳增值税。

第十八条 中华人民共和国境外的单位或者个人在境内提供应税劳务，在境内未设有经营机构的，以其境内代理人为扣缴义务人；在境内没有代理人的，以购买方为扣缴义务人。

第十九条 增值税纳税义务发生时间：

（一）销售货物或者应税劳务，为收讫销售款项或者取得索取销售款项凭据的当天；先开具发票的，为开具发票的当天。

（二）进口货物，为报关进口的当天。

增值税扣缴义务发生时间为纳税人增值税纳税义务发生的当天。

第二十条 增值税由税务机关征收，进口货物的增值税由海关代征。

个人携带或者邮寄进境自用物品的增值税，连同关税一并计征。具体办法由国务院关税税则委员会会同有关部门制定。

第二十一条 纳税人销售货物或者应税劳务，应当向索取增值税专用发票的购买方开具增值税专用发票，并在增值税专用发票上分别注明销售额和销项税额。

属于下列情形之一的，不得开具增值税专用发票：

（一）向消费者个人销售货物或者应税劳务的；

（二）销售货物或者应税劳务适用免税规定的；

（三）小规模纳税人销售货物或者应税劳务的。

第二十二条 增值税纳税地点：

（一）固定业户应当向其机构所在地的主管税务机关申报纳税。总机构和分支机构不在同一县（市）的，应当分别向各自所在地的主管税务机关申报纳税；经国务院财政、税务主管部门或者其授权的财政、税务机关批准，可以由总机构汇总向总机构所在地的主管税务机关申报纳税。

（二）固定业户到外县（市）销售货物或者应税劳务，应当向其机构所在地的主管税务机关申请开具外出经营活动税收管理证明，并向其机构所在地的主管税务机关申报纳税；未开具证明的，应当向销售地或者劳务发生地的主管税务机关申报纳税；未向销售地或者劳务发生地的主管税务机关申报纳税的，由其机构所在地的主管税务机关补征税款。

（三）非固定业户销售货物或者应税劳务，应当向销售地或者劳务发生地的主管税务机关申报纳税；未向销售地或者劳务发生地的主管税务机关申报纳税的，由其机构所在地或者居住地的主管税务机关补征税款。

（四）进口货物，应当向报关地海关申报纳税。

扣缴义务人应当向其机构所在地或者居住地的主管税务机关申报缴纳其扣缴的税款。

第二十三条 增值税的纳税期限分别为1日、3日、5日、10日、15日、1个月或者1个季度。纳税人的具体纳税期限，由主管税务机关根据纳税人应纳税额的大小分别核定；不能按照固定期限纳税的，可以按次纳税。

纳税人以1个月或者1个季度为1个纳税期的，自期满之日起15日内申报纳税；以1日、3日、5日、10日或者15日为1个纳税期的，自期满之日起5日内预缴税款，于次月1日起15日内申报纳税并结清上月应纳税款。

扣缴义务人解缴税款的期限，依照前两款规定执行。

第二十四条 纳税人进口货物，应当自海关填发海关进口增值税专用缴款书之日起15日内缴纳税款。

第二十五条 纳税人出口货物适用退（免）税规定的，应当向海关办理出口手续，凭出口报关单等有关凭证，在规定的出口退（免）税申报期内按月向主管税务机关申报办理该项出口货物的退（免）税。具体办法由国务院财政、税务主管部门制定。

出口货物办理退税后发生退货或者退关的，纳税人应当依法补缴已退的税款。

第二十六条 增值税的征收管理，依照《中华人民共和国税收征收管理法》及本条例有关规定执行。

第二十七条 本条例自2009年1月1日起施行。

中华人民共和国营业税暂行条例实施细则

（2008年12月18日财政部　国家税务总局令第52号公布　根据2011年10月28日《关于修改〈中华人民共和国增值税暂行条例实施细则〉和〈中华人民共和国营业税暂行条例实施细则〉的决定》修订）

第一条　根据《中华人民共和国营业税暂行条例》（以下简称条例），制定本细则。

第二条　条例第一条所称条例规定的劳务是指属于交通运输业、建筑业、金融保险业、邮电通信业、文化体育业、娱乐业、服务业税目征收范围的劳务（以下称应税劳务）。

加工和修理、修配，不属于条例规定的劳务（以下称非应税劳务）。

第三条　条例第一条所称提供条例规定的劳务、转让无形资产或者销售不动产，是指有偿提供条例规定的劳务、有偿转让无形资产或者有偿转让不动产所有权的行为（以下称应税行为）。但单位或者个体工商户聘用的员工为本单位或者雇主提供条例规定的劳务，不包括在内。

前款所称有偿，是指取得货币、货物或者其他经济利益。

第四条　条例第一条所称在中华人民共和国境内（以下简称境内）提供条例规定的劳务、转让无形资产或者销售不动产，是指：

（一）提供或者接受条例规定劳务的单位或者个人在境内；

（二）所转让的无形资产（不含土地使用权）的接受单位或者个人在境内；

（三）所转让或者出租土地使用权的土地在境内；

（四）所销售或者出租的不动产在境内。

第五条　纳税人有下列情形之一的，视同发生应税行为：

（一）单位或者个人将不动产或者土地使用权无偿赠送其他单位或者个人；

（二）单位或者个人自己新建（以下简称自建）建筑物后销售，其所发生的自建行为；

（三）财政部、国家税务总局规定的其他情形。

第六条　一项销售行为如果既涉及应税劳务又涉及货物，为混合销售行为。除本细则第七条的规定外，从事货物的生产、批发或者零售的企业、企业性单位和个体工商户的混合销售行为，视为销售货物，不缴纳营业税；其他单位和个人的混合销售行为，视为提供应税劳务，缴纳营业税。

第一款所称货物，是指有形动产，包括电力、热力、气体在内。

第一款所称从事货物的生产、批发或者零售的企业、企业性单位和个体工商户，包括以从事货物的生产、批发或者零售为主，并兼营应税劳务的企业、企业性单位和个体工商户在内。

第七条　纳税人的下列混合销售行为，应当分别核算应税劳务的营业额和货物的销售额，其应税劳务的营业额缴纳营业税，货物销售额不缴纳营业税；未分别核算的，由主管税务机关核定其应税劳务的营业额：

（一）提供建筑业劳务的同时销售自产货物的行为；

（二）财政部、国家税务总局规定的其他情形。

第八条 纳税人兼营应税行为和货物或者非应税劳务的，应当分别核算应税行为的营业额和货物或者非应税劳务的销售额，其应税行为营业额缴纳营业税，货物或者非应税劳务销售额不缴纳营业税；未分别核算的，由主管税务机关核定其应税行为营业额。

第九条 条例第一条所称单位，是指企业、行政单位、事业单位、军事单位、社会团体及其他单位。

条例第一条所称个人，是指个体工商户和其他个人。

第十条 除本细则第十一条和第十二条的规定外，负有营业税纳税义务的单位为发生应税行为并收取货币、货物或者其他经济利益的单位，但不包括单位依法不需要办理税务登记的内设机构。

第十一条 单位以承包、承租、挂靠方式经营的，承包人、承租人、挂靠人（以下统称承包人）发生应税行为，承包人以发包人、出租人、被挂靠人（以下统称发包人）名义对外经营并由发包人承担相关法律责任的，以发包人为纳税人；否则以承包人为纳税人。

第十二条 中央铁路运营业务的纳税人为铁道部，合资铁路运营业务的纳税人为合资铁路公司，地方铁路运营业务的纳税人为地方铁路管理机构，基建临管线运营业务的纳税人为基建临管线管理机构。

第十三条 条例第五条所称价外费用，包括收取的手续费、补贴、基金、集资费、返还利润、奖励费、违约金、滞纳金、延期付款利息、赔偿金、代收款项、代垫款项、罚息及其他各种性质的价外收费，但不包括同时符合以下条件代为收取的政府性基金或者行政事业性收费：

（一）由国务院或者财政部批准设立的政府性基金，由国务院或者省级人民政府及其财政、价格主管部门批准设立的行政事业性收费；

（二）收取时开具省级以上财政部门印制的财政票据；

（三）所收款项全额上缴财政。

第十四条 纳税人的营业额计算缴纳营业税后因发生退款减除营业额的，应当退还已缴纳营业税税款或者从纳税人以后的应缴纳营业税税额中减除。

第十五条 纳税人发生应税行为，如果将价款与折扣额在同一张发票上注明的，以折扣后的价款为营业额；如果将折扣额另开发票的，不论其在财务上如何处理，均不得从营业额中扣除。

第十六条 除本细则第七条规定外，纳税人提供建筑业劳务（不含装饰劳务）的，其营业额应当包括工程所用原材料、设备及其他物资和动力价款在内，但不包括建设方提供的设备的价款。

第十七条 娱乐业的营业额为经营娱乐业收取的全部价款和价外费用，包括门票收费、台位费、点歌费、烟酒、饮料、茶水、鲜花、小吃等收费及经营娱乐业的其他各项收费。

第十八条 条例第五条第（四）项所称外汇、有价证券、期货等金融商品买卖业务，是指纳税人从事的外汇、有价证券、非货物期货和其他金融商品买卖业务。

货物期货不缴纳营业税。

第十九条 条例第六条所称符合国务院税务主管部门有关规定的凭证（以下统称合法有效凭证），是指：

（一）支付给境内单位或者个人的款项，且该单位或者个人发生的行为属于营业税或者增值税征收范围的，以该单位或者个人开具的发票为合法有效凭证；

（二）支付的行政事业性收费或者政府性基金，以开具的财政票据为合法有效凭证；

（三）支付给境外单位或者个人的款项，以该单位或者个人的签收单据为合法有效凭证，税务机关对签收单据有疑义的，可以要求其提供境外公证机构的确认证明；

（四）国家税务总局规定的其他合法有效凭证。

第二十条 纳税人有条例第七条所称价格明显偏低并无正当理由或者本细则第五条所列视同发生应税行为而无营业额的，按下列顺序确定其营业额：

（一）按纳税人最近时期发生同类应税行为的平均价格核定；

（二）按其他纳税人最近时期发生同类应税行为的平均价格核定；

（三）按下列公式核定：

营业额＝营业成本或者工程成本×(1＋成本利润率)÷(1－营业税税率)

公式中的成本利润率，由省、自治区、直辖市税务局确定。

第二十一条 纳税人以人民币以外的货币结算营业额的，其营业额的人民币折合率可以选择营业额发生的当天或者当月1日的人民币汇率中间价。纳税人应当在事先确定采用何种折合率，确定后1年内不得变更。

第二十二条 条例第八条规定的部分免税项目的范围，限定如下：

（一）第一款第（二）项所称残疾人员个人提供的劳务，是指残疾人员本人为社会提供的劳务。

（二）第一款第（四）项所称学校和其他教育机构，是指普通学校以及经地、市级以上人民政府或者同级政府的教育行政部门批准成立、国家承认其学员学历的各类学校。

（三）第一款第（五）项所称农业机耕，是指在农业、林业、牧业中使用农业机械进行耕作（包括耕耘、种植、收割、脱粒、植物保护等）的业务；排灌，是指对农田进行灌溉或排涝的业务；病虫害防治，是指从事农业、林业、牧业、渔业的病虫害测报和防治的业务；农牧保险，是指为种植业、养殖业、牧业种植和饲养的动植物提供保险的业务；相关技术培训，是指与农业机耕、排灌、病虫害防治、植物保护业务相关以及为使农民获得农牧保险知识的技术培训业务；家禽、牲畜、水生动物的配种和疾病防治业务的免税范围，包括与该项劳务有关的提供药品和医疗用具的业务。

（四）第一款第（六）项所称纪念馆、博物馆、文化馆、文物保护单位管理机构、美术馆、展览馆、书画院、图书馆举办文化活动，是指这些单位在自己的场所举办的属于文化体育业税目征税范围的文化活动。其门票收入，是指销售第一道门票的收入。宗教场所举办文化、宗教活动的门票收入，是指寺院、宫观、清真寺和教堂举办文化、宗教活动销售门票的收入。

（五）第一款第（七）项所称为出口货物提供的保险产品，包括出口货物保险和出口信用保险。

第二十三条 条例第十条所称营业税起征点，是指纳税人营业额合计达到起征点。

营业税起征点的适用范围限于个人。

营业税起征点的幅度规定如下：

（一）按期纳税的，为月营业额 5 000～20 000 元；

（二）按次纳税的，为每次（日）营业额 300～500 元。

省、自治区、直辖市财政厅（局）、税务局应当在规定的幅度内，根据实际情况确定本地区适用的起征点，并报财政部、国家税务总局备案。

第二十四条 条例第十二条所称收讫营业收入款项，是指纳税人应税行为发生过程中或者完成后收取的款项。

条例第十二条所称取得索取营业收入款项凭据的当天，为书面合同确定的付款日期的当天；未签订书面合同或者书面合同未确定付款日期的，为应税行为完成的当天。

第二十五条 纳税人转让土地使用权或者销售不动产，采取预收款方式的，其纳税义务发生时间为收到预收款的当天。

纳税人提供建筑业或者租赁业劳务，采取预收款方式的，其纳税义务发生时间为收到预收款的当天。

纳税人发生本细则第五条所称将不动产或者土地使用权无偿赠送其他单位或者个人的，其纳税义务发生时间为不动产所有权、土地使用权转移的当天。

纳税人发生本细则第五条所称自建行为的，其纳税义务发生时间为销售自建建筑物的纳税义务发生时间。

第二十六条 按照条例第十四条规定，纳税人应当向应税劳务发生地、土地或者不动产所在地的主管税务机关申报纳税而自应当申报纳税之月起超过 6 个月没有申报纳税的，由其机构所在地或者居住地的主管税务机关补征税款。

第二十七条 银行、财务公司、信托投资公司、信用社、外国企业常驻代表机构的纳税期限为 1 个季度。

第二十八条 本细则自 2009 年 1 月 1 日起施行。

中华人民共和国营业税暂行条例

（国务院令第540号　2008年11月10日）

第一条　在中华人民共和国境内提供本条例规定的劳务、转让无形资产或者销售不动产的单位和个人，为营业税的纳税人，应当依照本条例缴纳营业税。

第二条　营业税的税目、税率，依照本条例所附的《营业税税目税率表》执行。

税目、税率的调整，由国务院决定。

纳税人经营娱乐业具体适用的税率，由省、自治区、直辖市人民政府在本条例规定的幅度内决定。

第三条　纳税人兼有不同税目的应当缴纳营业税的劳务（以下简称应税劳务）、转让无形资产或者销售不动产，应当分别核算不同税目的营业额、转让额、销售额（以下统称营业额）；未分别核算营业额的，从高适用税率。

第四条　纳税人提供应税劳务、转让无形资产或者销售不动产，按照营业额和规定的税率计算应纳税额。应纳税额计算公式：

应纳税额＝营业额×税率

营业额以人民币计算。纳税人以人民币以外的货币结算营业额的，应当折合成人民币计算。

第五条　纳税人的营业额为纳税人提供应税劳务、转让无形资产或者销售不动产收取的全部价款和价外费用。但是，下列情形除外：

（一）纳税人将承揽的运输业务分给其他单位或者个人的，以其取得的全部价款和价外费用扣除其支付给其他单位或者个人的运输费用后的余额为营业额；

（二）纳税人从事旅游业务的，以其取得的全部价款和价外费用扣除替旅游者支付给其他单位或者个人的住宿费、餐费、交通费、旅游景点门票和支付给其他接团旅游企业的旅游费后的余额为营业额；

（三）纳税人将建筑工程分包给其他单位的，以其取得的全部价款和价外费用扣除其支付给其他单位的分包款后的余额为营业额；

（四）外汇、有价证券、期货等金融商品买卖业务，以卖出价减去买入价后的余额为营业额；

（五）国务院财政、税务主管部门规定的其他情形。

第六条　纳税人按照本条例第五条规定扣除有关项目，取得的凭证不符合法律、行政法规或者国务院税务主管部门有关规定的，该项目金额不得扣除。

第七条　纳税人提供应税劳务、转让无形资产或者销售不动产的价格明显偏低并无正当理由的，由主管税务机关核定其营业额。

第八条　下列项目免征营业税：

（一）托儿所、幼儿园、养老院、残疾人福利机构提供的育养服务，婚姻介绍，殡葬服务；

（二）残疾人员个人提供的劳务；

（三）医院、诊所和其他医疗机构提供的医疗服务；

（四）学校和其他教育机构提供的教育劳务，学生勤工俭学提供的劳务；

（五）农业机耕、排灌、病虫害防治、植物保护、农牧保险以及相关技术培训业务，家禽、牲畜、水生动物的配种和疾病防治；

（六）纪念馆、博物馆、文化馆、文物保护单位管理机构、美术馆、展览馆、书画院、图书馆举办文化活动的门票收入，宗教场所举办文化、宗教活动的门票收入；

（七）境内保险机构为出口货物提供的保险产品。

除前款规定外，营业税的免税、减税项目由国务院规定。任何地区、部门均不得规定免税、减税项目。

第九条 纳税人兼营免税、减税项目的，应当分别核算免税、减税项目的营业额；未分别核算营业额的，不得免税、减税。

第十条 纳税人营业额未达到国务院财政、税务主管部门规定的营业税起征点的，免征营业税；达到起征点的，依照本条例规定全额计算缴纳营业税。

第十一条 营业税扣缴义务人：

（一）中华人民共和国境外的单位或者个人在境内提供应税劳务、转让无形资产或者销售不动产，在境内未设有经营机构的，以其境内代理人为扣缴义务人；在境内没有代理人的，以受让方或者购买方为扣缴义务人。

（二）国务院财政、税务主管部门规定的其他扣缴义务人。

第十二条 营业税纳税义务发生时间为纳税人提供应税劳务、转让无形资产或者销售不动产并收讫营业收入款项或者取得索取营业收入款项凭据的当天。国务院财政、税务主管部门另有规定的，从其规定。

营业税扣缴义务发生时间为纳税人营业税纳税义务发生的当天。

第十三条 营业税由税务机关征收。

第十四条 营业税纳税地点：

（一）纳税人提供应税劳务应当向其机构所在地或者居住地的主管税务机关申报纳税。但是，纳税人提供的建筑业劳务以及国务院财政、税务主管部门规定的其他应税劳务，应当向应税劳务发生地的主管税务机关申报纳税。

（二）纳税人转让无形资产应当向其机构所在地或者居住地的主管税务机关申报纳税。但是，纳税人转让、出租土地使用权，应当向土地所在地的主管税务机关申报纳税。

（三）纳税人销售、出租不动产应当向不动产所在地的主管税务机关申报纳税。

扣缴义务人应当向其机构所在地或者居住地的主管税务机关申报缴纳其扣缴的税款。

第十五条 营业税的纳税期限分别为 5 日、10 日、15 日、1 个月或者 1 个季度。纳税人的具体纳税期限，由主管税务机关根据纳税人应纳税额的大小分别核定；不能按照固定期限纳税的，可以按次纳税。

纳税人以 1 个月或者 1 个季度为一个纳税期的，自期满之日起 15 日内申报纳税；以 5 日、10 日或者 15 日为一个纳税期的，自期满之日起 5 日内预缴税款，于次月 1 日起15日内申报纳税并结清上月应纳税款。

扣缴义务人解缴税款的期限，依照前两款的规定执行。

第十六条 营业税的征收管理，依照《中华人民共和国税收征收管理法》及本条例有关规定执行。

第十七条 本条例自2009年1月1日起施行。

附：营业税税目税率表

税　目	税　率
一、交通运输业	3%
二、建筑业	3%
三、金融保险业	5%
四、邮电通信业	3%
五、文化体育业	3%
六、娱乐业	5%～20%
七、服务业	5%
八、转让无形资产	5%
九、销售不动产	5%

中华人民共和国发票管理办法实施细则

（国家税务总局令第25号　2011年2月14日）

第一章　总　则

第一条　根据《中华人民共和国发票管理办法》（以下简称《办法》）规定，制定本实施细则。

第二条　在全国范围内统一式样的发票，由国家税务总局确定。

在省、自治区、直辖市范围内统一式样的发票，由省、自治区、直辖市国家税务局、地方税务局（以下简称省税务机关）确定。

第三条　发票的基本联次包括存根联、发票联、记账联。存根联由收款方或开票方留存备查；发票联由付款方或受票方作为付款原始凭证；记账联由收款方或开票方作为记账原始凭证。

省以上税务机关可根据发票管理情况以及纳税人经营业务需要，增减除发票联以外的其他联次，并确定其用途。

第四条　发票的基本内容包括：发票的名称、发票代码和号码、联次及用途、客户名称、开户银行及账号、商品名称或经营项目、计量单位、数量、单价、大小写金额、开票人、开票日期、开票单位（个人）名称（章）等。

省以上税务机关可根据经济活动以及发票管理需要，确定发票的具体内容。

第五条　有固定生产经营场所、财务和发票管理制度健全的纳税人，发票使用量较大或统一发票式样不能满足经营活动需要的，可以向省以上税务机关申请印有本单位名称的发票。

第二章　发票的印制

第六条　发票准印证由国家税务总局统一监制，省税务机关核发。

税务机关应当对印制发票企业实施监督管理，对不符合条件的，应当取消其印制发票的资格。

第七条　全国统一的发票防伪措施由国家税务总局确定，省税务机关可以根据需要增加本地区的发票防伪措施，并向国家税务总局备案。

发票防伪专用品应当按照规定专库保管，不得丢失。次品、废品应当在税务机关监督下集中销毁。

第八条　全国统一发票监制章是税务机关管理发票的法定标志，其形状、规格、内容、印色由国家税务总局规定。

第九条　全国范围内发票换版由国家税务总局确定；省、自治区、直辖市范围内发票换版由省税务机关确定。

发票换版时，应当进行公告。

第十条 监制发票的税务机关根据需要下达发票印制通知书，被指定的印制企业必须按照要求印制。

发票印制通知书应当载明印制发票企业名称、用票单位名称、发票名称、发票代码、种类、联次、规格、印色、印制数量、起止号码、交货时间、地点等内容。

第十一条 印制发票企业印制完毕的成品应当按照规定验收后专库保管，不得丢失。废品应当及时销毁。

第三章 发票的领购

第十二条 《办法》第十五条所称经办人身份证明是指经办人的居民身份证、护照或者其他能证明经办人身份的证件。

第十三条 《办法》第十五条所称发票专用章是指用票单位和个人在其开具发票时加盖的有其名称、税务登记号、发票专用章字样的印章。

发票专用章式样由国家税务总局确定。

第十四条 税务机关对领购发票单位和个人提供的发票专用章的印模应当留存备查。

第十五条 《办法》第十五条所称领购方式是指批量供应、交旧购新或者验旧购新等方式。

第十六条 《办法》第十五条所称发票领购簿的内容应当包括用票单位和个人的名称、所属行业、购票方式、核准购票种类、开票限额、发票名称、领购日期、准购数量、起止号码、违章记录、领购人签字（盖章）、核发税务机关（章）等内容。

第十七条 《办法》第十五条所称发票使用情况是指发票领用存情况及相关开票数据。

第十八条 税务机关在发售发票时，应当按照核准的收费标准收取工本管理费，并向购票单位和个人开具收据。发票工本费征缴办法按照国家有关规定执行。

第十九条 《办法》第十六条所称书面证明是指有关业务合同、协议或者税务机关认可的其他资料。

第二十条 税务机关应当与受托代开发票的单位签订协议，明确代开发票的种类、对象、内容和相关责任等内容。

第二十一条 《办法》第十八条所称保证人，是指在中国境内具有担保能力的公民、法人或者其他经济组织。

保证人同意为领购发票的单位和个人提供担保的，应当填写担保书。担保书内容包括：担保对象、范围、期限和责任以及其他有关事项。

担保书须经购票人、保证人和税务机关签字盖章后方为有效。

第二十二条 《办法》第十八条第二款所称由保证人或者以保证金承担法律责任，是指由保证人缴纳罚款或者以保证金缴纳罚款。

第二十三条 提供保证人或者交纳保证金的具体范围由省税务机关规定。

第四章　发票的开具和保管

第二十四条　《办法》第十九条所称特殊情况下，由付款方向收款方开具发票，是指下列情况：

（一）收购单位和扣缴义务人支付个人款项时；

（二）国家税务总局认为其他需要由付款方向收款方开具发票的。

第二十五条　向消费者个人零售小额商品或者提供零星服务的，是否可免予逐笔开具发票，由省税务机关确定。

第二十六条　填开发票的单位和个人必须在发生经营业务确认营业收入时开具发票。未发生经营业务一律不准开具发票。

第二十七条　开具发票后，如发生销货退回需开红字发票的，必须收回原发票并注明“作废”字样或取得对方有效证明。

开具发票后，如发生销售折让的，必须在收回原发票并注明“作废”字样后重新开具销售发票或取得对方有效证明后开具红字发票。

第二十八条　单位和个人在开具发票时，必须做到按照号码顺序填开，填写项目齐全，内容真实，字迹清楚，全部联次一次打印，内容完全一致，并在发票联和抵扣联加盖发票专用章。

第二十九条　开具发票应当使用中文。民族自治地方可以同时使用当地通用的一种民族文字。

第三十条　《办法》第二十六条所称规定的使用区域是指国家税务总局和省税务机关规定的区域。

第三十一条　使用发票的单位和个人应当妥善保管发票。发生发票丢失情形时，应当于发现丢失当日书面报告税务机关，并登报声明作废。

第五章　发票的检查

第三十二条　《办法》第三十二条所称发票换票证仅限于在本县（市）范围内使用。需要调出外县（市）的发票查验时，应当提请该县（市）税务机关调取发票。

第三十三条　用票单位和个人有权申请税务机关对发票的真伪进行鉴别。收到申请的税务机关应当受理并负责鉴别发票的真伪；鉴别有困难的，可以提请发票监制税务机关协助鉴别。

在伪造、变造现场以及买卖地、存放地查获的发票，由当地税务机关鉴别。

第六章　罚　则

第三十四条　税务机关对违反发票管理法规的行为进行处罚，应当将行政处罚决定书面通知当事人；对违反发票管理法规的案件，应当立案查处。

对违反发票管理法规的行政处罚，由县以上税务机关决定；罚款额在2000元以下的，可由税务所决定。

第三十五条 《办法》第四十条所称的公告是指，税务机关应当在办税场所或者广播、电视、报纸、期刊、网络等新闻媒体上公告纳税人发票违法的情况。公告内容包括：纳税人名称、纳税人识别号、经营地点、违反发票管理法规的具体情况。

第三十六条 对违反发票管理法规情节严重构成犯罪的，税务机关应当依法移送司法机关处理。

第七章 附 则

第三十七条 《办法》和本实施细则所称“以上”、“以下”均含本数。

第三十八条 本实施细则自 2011 年 2 月 1 日起施行。

国家税务总局关于发票专用章式样有关问题的公告

（国家税务总局公告2011年第7号　2011年1月21日）

根据《中华人民共和国发票管理办法》（根据2010年12月20日《国务院关于修改〈中华人民共和国发票管理办法〉的决定》修订）的规定，现就发票专用章的式样公告如下：

一、发票专用章式样

发票专用章的形状为椭圆形，长轴为40mm、短轴为30mm、边宽1mm，印色为红色。

发票专用章中央刊纳税人识别号；外刊纳税人名称，自左而右环行，如名称字数过多，可使用规范化简称；下刊“发票专用章”字样。使用多枚发票专用章的纳税人，应在每枚发票专用章正下方刊顺序编码，如“（1）、（2）……”字样。

发票专用章所刊汉字，应当使用简化字，字体为仿宋体；“发票专用章”字样字高4.6mm、字宽3mm；纳税人名称字高4.2mm、字宽根据名称字数确定；纳税人识别号数字为Arial体，数字字高为3.7mm，字宽1.3mm。

二、发票专用章启用时间

发票专用章自2011年2月1日起启用。旧式发票专用章可以使用至2011年12月31日。

本公告发布之前印制的套印旧式发票专用章的发票，可继续使用。

附件：

发票专用章

发票专用章尺寸规定：

一、形状为椭圆形，尺寸为40×30（mm）；

二、边宽 1mm；

三、中间为税号，18 位阿拉伯数字字高 3.7mm，字宽 1.3mm，18 位阿拉伯数字总宽度 26mm（字体为 Arial）；

四、税号上方环排中文文字高为 4.2mm，环排角度（夹角）210～260 度，字与边线内侧的距离 0.5mm（字体为仿宋体）；

五、税号下横排“发票专用章”文字字高 4.6mm，字宽 3mm，延章中心线到下横排字顶端距离 4.2mm（字体为仿宋体）；

六、发票专用章下横排号码字高 2.2mm，字宽 1.7mm，延章中心线到下横排号码顶端距离 10mm（字体为 Arial），不需编号时可省去此横排号码。

国务院关于修改《中华人民共和国发票管理办法》的决定

（国务院令第 587 号　2010 年 12 月 20 日）

《国务院关于修改〈中华人民共和国发票管理办法〉的决定》已经 2010 年 12 月 8 日国务院第 136 次常务会议通过，现予公布，自 2011 年 2 月 1 日起施行。

国务院决定对《中华人民共和国发票管理办法》作如下修改：

一、将第二条修改为："在中华人民共和国境内印制、领购、开具、取得、保管、缴销发票的单位和个人（以下称印制、使用发票的单位和个人），必须遵守本办法。"

二、将第四条第一款修改为："国务院税务主管部门统一负责全国的发票管理工作。省、自治区、直辖市国家税务局和地方税务局（以下统称省、自治区、直辖市税务机关）依据各自的职责，共同做好本行政区域内的发票管理工作。"

三、将第七条修改为："增值税专用发票由国务院税务主管部门确定的企业印制；其他发票，按照国务院税务主管部门的规定，由省、自治区、直辖市税务机关确定的企业印制。禁止私自印制、伪造、变造发票。"

四、将第八条改为第九条，修改为："印制发票应当使用国务院税务主管部门确定的全国统一的发票防伪专用品。禁止非法制造发票防伪专用品。"

五、将第九条改为第八条，修改为："印制发票的企业应当具备下列条件：

（一）取得印刷经营许可证和营业执照；

（二）设备、技术水平能够满足印制发票的需要；

（三）有健全的财务制度和严格的质量监督、安全管理、保密制度。

税务机关应当以招标方式确定印制发票的企业，并发给发票准印证。"

六、将第十五条、第十六条改为第十五条，修改为："需要领购发票的单位和个人，应当持税务登记证件、经办人身份证明、按照国务院税务主管部门规定式样制作的发票专用章的印模，向主管税务机关办理发票领购手续。主管税务机关根据领购单位和个人的经营范围和规模，确认领购发票的种类、数量以及领购方式，在 5 个工作日内发给发票领购簿。

单位和个人领购发票时，应当按照税务机关的规定报告发票使用情况，税务机关应当按照规定进行查验。"

七、将第十七条改为第十六条，修改为："需要临时使用发票的单位和个人，可以凭购销商品、提供或者接受服务以及从事其他经营活动的书面证明、经办人身份证明，直接向经营地税务机关申请代开发票。依照税收法律、行政法规规定应当缴纳税款的，税务机关应当先征收税款，再开具发票。税务机关根据发票管理的需要，可以按照国务院税务主管部门的规定委托其他单位代开发票。

禁止非法代开发票。"

八、将第十九条改为第十八条，第三款修改为："税务机关收取保证金应当开具资金往来结算票据。"

九、将第二十三条改为第二十二条，修改为："开具发票应当按照规定的时限、顺序、栏目，全部联次一次性如实开具，并加盖发票专用章。

任何单位和个人不得有下列虚开发票行为：

（一）为他人、为自己开具与实际经营业务情况不符的发票；

（二）让他人为自己开具与实际经营业务情况不符的发票；

（三）介绍他人开具与实际经营业务情况不符的发票。”

十、将第二十四条、第四十三条改为第二十三条，修改为：“安装税控装置的单位和个人，应当按照规定使用税控装置开具发票，并按期向主管税务机关报送开具发票的数据。

使用非税控电子器具开具发票的，应当将非税控电子器具使用的软件程序说明资料报主管税务机关备案，并按照规定保存、报送开具发票的数据。

国家推广使用网络发票管理系统开具发票，具体管理办法由国务院税务主管部门制定。”

十一、将第二十五条改为第二十四条，修改为：“任何单位和个人应当按照发票管理规定使用发票，不得有下列行为：

（一）转借、转让、介绍他人转让发票、发票监制章和发票防伪专用品；

（二）知道或者应当知道是私自印制、伪造、变造、非法取得或者废止的发票而受让、开具、存放、携带、邮寄、运输；

（三）拆本使用发票；

（四）扩大发票使用范围；

（五）以其他凭证代替发票使用。

税务机关应当提供查询发票真伪的便捷渠道。”

十二、将第二十六条改为第二十五条，第一款修改为：“除国务院税务主管部门规定的特殊情形外，发票限于领购单位和个人在本省、自治区、直辖市内开具。”

十三、将第二十七条改为第二十六条，第一款修改为：“除国务院税务主管部门规定的特殊情形外，任何单位和个人不得跨规定的使用区域携带、邮寄、运输空白发票。”

十四、将第三十一条改为第三十条，第一项修改为：“（一）检查印制、领购、开具、取得、保管和缴销发票的情况；”

十五、将第三十六条改为第三十五条，修改为：“违反本办法的规定，有下列情形之一的，由税务机关责令改正，可以处1万元以下的罚款；有违法所得的予以没收：

（一）应当开具而未开具发票，或者未按照规定的时限、顺序、栏目，全部联次一次性开具发票，或者未加盖发票专用章的；

（二）使用税控装置开具发票，未按期向主管税务机关报送开具发票的数据的；

（三）使用非税控电子器具开具发票，未将非税控电子器具使用的软件程序说明资料报主管税务机关备案，或者未按照规定保存、报送开具发票的数据的；

（四）拆本使用发票的；

（五）扩大发票使用范围的；

（六）以其他凭证代替发票使用的；

（七）跨规定区域开具发票的；

（八）未按照规定缴销发票的；

（九）未按照规定存放和保管发票的。”

十六、将第三十七条改为第三十六条，修改为：“跨规定的使用区域携带、邮寄、运输空白发票，以及携带、邮寄或者运输空白发票出入境的，由税务机关责令改正，可以处1万元以下的罚款；情节严重的，处1万元以上3万元以下的罚款；有违法所得的予以没收。

丢失发票或者擅自损毁发票的，依照前款规定处罚。”

十七、增加一条，作为第三十七条：“违反本办法第二十二条第二款的规定虚开发票的，由税务机关没收违法所得；虚开金额在1万元以下的，可以并处5万元以下的罚款；虚开金额超过1万元的，并处5万元以上50万元以下的罚款；构成犯罪的，依法追究刑事责任。

非法代开发票的，依照前款规定处罚。”

十八、将第三十八条改为第三十八条、第三十九条。第三十八条：“私自印制、伪造、变造发票，非法制造发票防伪专用品，伪造发票监制章的，由税务机关没收违法所得，没收、销毁作案工具和非法物品，并处1万元以上5万元以下的罚款；情节严重的，并处5万元以上50万元以下的罚款；对印制发票的企业，可以并处吊销发票准印证；构成犯罪的，依法追究刑事责任。

前款规定的处罚，《中华人民共和国税收征收管理法》有规定的，依照其规定执行。”

第三十九条：“有下列情形之一的，由税务机关处1万元以上5万元以下的罚款；情节严重的，处5万元以上50万元以下的罚款；有违法所得的予以没收：

（一）转借、转让、介绍他人转让发票、发票监制章和发票防伪专用品的；

（二）知道或者应当知道是私自印制、伪造、变造、非法取得或者废止的发票而受让、开具、存放、携带、邮寄、运输的。”

十九、增加一条，作为第四十条：“对违反发票管理规定2次以上或者情节严重的单位和个人，税务机关可以向社会公告。”

二十、将第四十条改为第四十二条，修改为：“当事人对税务机关的处罚决定不服的，可以依法申请行政复议或者向人民法院提起行政诉讼。”

二十一、将第四十二条改为第四十四条，修改为：“国务院税务主管部门可以根据有关行业特殊的经营方式和业务需求，会同国务院有关主管部门制定该行业的发票管理办法。

国务院税务主管部门可以根据增值税专用发票管理的特殊需要，制定增值税专用发票的具体管理办法。”

二十二、删除第四十四条。

此外，对条文的顺序和个别文字作相应的调整和修改。

本决定自2011年2月1日起施行。

《中华人民共和国发票管理办法》根据本决定作相应的修改，重新公布。

中华人民共和国发票管理办法

（1993 年 12 月 12 日国务院批准、1993 年 12 月 23 日财政部令第 6 号发布　根据 2010 年 12 月 20 日《国务院关于修改〈中华人民共和国发票管理办法〉的决定》修订）

第一章　总　则

第一条　为了加强发票管理和财务监督，保障国家税收收入，维护经济秩序，根据《中华人民共和国税收征收管理法》，制定本办法。

第二条　在中华人民共和国境内印制、领购、开具、取得、保管、缴销发票的单位和个人（以下称印制、使用发票的单位和个人），必须遵守本办法。

第三条　本办法所称发票，是指在购销商品、提供或者接受服务以及从事其他经营活动中，开具、收取的收付款凭证。

第四条　国务院税务主管部门统一负责全国的发票管理工作。省、自治区、直辖市国家税务局和地方税务局（以下统称省、自治区、直辖市税务机关）依据各自的职责，共同做好本行政区域内的发票管理工作。

财政、审计、工商行政管理、公安等有关部门在各自的职责范围内，配合税务机关做好发票管理工作。

第五条　发票的种类、联次、内容以及使用范围由国务院税务主管部门规定。

第六条　对违反发票管理法规的行为，任何单位和个人可以举报。税务机关应当为检举人保密，并酌情给予奖励。

第二章　发票的印制

第七条　增值税专用发票由国务院税务主管部门确定的企业印制；其他发票，按照国务院税务主管部门的规定，由省、自治区、直辖市税务机关确定的企业印制。禁止私自印制、伪造、变造发票。

第八条　印制发票的企业应当具备下列条件：

（一）取得印刷经营许可证和营业执照；

（二）设备、技术水平能够满足印制发票的需要；

（三）有健全的财务制度和严格的质量监督、安全管理、保密制度。

税务机关应当以招标方式确定印制发票的企业，并发给发票准印证。

第九条　印制发票应当使用国务院税务主管部门确定的全国统一的发票防伪专用品。禁止非法制造发票防伪专用品。

第十条　发票应当套印全国统一发票监制章。全国统一发票监制章的式样和发票版面印刷的要求，由国务院税务主管部门规定。发票监制章由省、自治区、直辖市税务机关制作。禁止伪造发票监制章。

发票实行不定期换版制度。

第十一条　印制发票的企业按照税务机关的统一规定，建立发票印制管理制度和保管措施。

发票监制章和发票防伪专用品的使用和管理实行专人负责制度。

第十二条 印制发票的企业必须按照税务机关批准的式样和数量印制发票。

第十三条 发票应当使用中文印制。民族自治地方的发票，可以加印当地一种通用的民族文字。有实际需要的，也可以同时使用中外两种文字印制。

第十四条 各省、自治区、直辖市内的单位和个人使用的发票，除增值税专用发票外，应当在本省、自治区、直辖市内印制；确有必要到外省、自治区、直辖市印制的，应当由省、自治区、直辖市税务机关商印制地省、自治区、直辖市税务机关同意，由印制地省、自治区、直辖市税务机关确定的企业印制。

禁止在境外印制发票。

第三章 发票的领购

第十五条 需要领购发票的单位和个人，应当持税务登记证件、经办人身份证明、按照国务院税务主管部门规定式样制作的发票专用章的印模，向主管税务机关办理发票领购手续。主管税务机关根据领购单位和个人的经营范围和规模，确认领购发票的种类、数量以及领购方式，在5个工作日内发给发票领购簿。

单位和个人领购发票时，应当按照税务机关的规定报告发票使用情况，税务机关应当按照规定进行查验。

第十六条 需要临时使用发票的单位和个人，可以凭购销商品、提供或者接受服务以及从事其他经营活动的书面证明、经办人身份证明，直接向经营地税务机关申请代开发票。依照税收法律、行政法规规定应当缴纳税款的，税务机关应当先征收税款，再开具发票。税务机关根据发票管理的需要，可以按照国务院税务主管部门的规定委托其他单位代开发票。

禁止非法代开发票。

第十七条 临时到本省、自治区、直辖市以外从事经营活动的单位或者个人，应当凭所在地税务机关的证明，向经营地税务机关领购经营地的发票。

临时在本省、自治区、直辖市以内跨市、县从事经营活动领购发票的办法，由省、自治区、直辖市税务机关规定。

第十八条 税务机关对外省、自治区、直辖市来本辖区从事临时经营活动的单位和个人领购发票的，可以要求其提供保证人或者根据所领购发票的票面限额以及数量交纳不超过1万元的保证金，并限期缴销发票。

按期缴销发票的，解除保证人的担保义务或者退还保证金；未按期缴销发票的，由保证人或者以保证金承担法律责任。

税务机关收取保证金应当开具资金往来结算票据。

第四章 发票的开具和保管

第十九条 销售商品、提供服务以及从事其他经营活动的单位和个人，对外发生经营业务收取款项，收款方应当向付款方开具发票；特殊情况下，由付款方向收款方开具发票。

第二十条 所有单位和从事生产、经营活动的个人在购买商品、接受服务以及从事其他经营活动支付款项，应当向收款方取得发票。取得发票时，不得要求变更品名和金额。

第二十一条 不符合规定的发票，不得作为财务报销凭证，任何单位和个人有权拒收。

第二十二条 开具发票应当按照规定的时限、顺序、栏目，全部联次一次性如实开具，并加盖发票专用章。

任何单位和个人不得有下列虚开发票行为：

（一）为他人、为自己开具与实际经营业务情况不符的发票；

（二）让他人为自己开具与实际经营业务情况不符的发票；

（三）介绍他人开具与实际经营业务情况不符的发票。

第二十三条 安装税控装置的单位和个人，应当按照规定使用税控装置开具发票，并按期向主管税务机关报送开具发票的数据。

使用非税控电子器具开具发票的，应当将非税控电子器具使用的软件程序说明资料报主管税务机关备案，并按照规定保存、报送开具发票的数据。

国家推广使用网络发票管理系统开具发票，具体管理办法由国务院税务主管部门制定。

第二十四条 任何单位和个人应当按照发票管理规定使用发票，不得有下列行为：

（一）转借、转让、介绍他人转让发票、发票监制章和发票防伪专用品；

（二）知道或者应当知道是私自印制、伪造、变造、非法取得或者废止的发票而受让、开具、存放、携带、邮寄、运输；

（三）拆本使用发票；

（四）扩大发票使用范围；

（五）以其他凭证代替发票使用。

税务机关应当提供查询发票真伪的便捷渠道。

第二十五条 除国务院税务主管部门规定的特殊情形外，发票限于领购单位和个人在本省、自治区、直辖市内开具。

省、自治区、直辖市税务机关可以规定跨市、县开具发票的办法。

第二十六条 除国务院税务主管部门规定的特殊情形外，任何单位和个人不得跨规定的使用区域携带、邮寄、运输空白发票。

禁止携带、邮寄或者运输空白发票出入境。

第二十七条 开具发票的单位和个人应当建立发票使用登记制度，设置发票登记簿，并定期向主管税务机关报告发票使用情况。

第二十八条 开具发票的单位和个人应当在办理变更或者注销税务登记的同时，办理发票和发票领购簿的变更、缴销手续。

第二十九条 开具发票的单位和个人应当按照税务机关的规定存放和保管发票，不得擅自损毁。已经开具的发票存根联和发票登记簿，应当保存5年。保存期满，报经税务机关查验后销毁。

第五章　发票的检查

第三十条　税务机关在发票管理中有权进行下列检查：

（一）检查印制、领购、开具、取得、保管和缴销发票的情况；

（二）调出发票查验；

（三）查阅、复制与发票有关的凭证、资料；

（四）向当事各方询问与发票有关的问题和情况；

（五）在查处发票案件时，对与案件有关的情况和资料，可以记录、录音、录像、照像和复制。

第三十一条　印制、使用发票的单位和个人，必须接受税务机关依法检查，如实反映情况，提供有关资料，不得拒绝、隐瞒。

税务人员进行检查时，应当出示税务检查证。

第三十二条　税务机关需要将已开具的发票调出查验时，应当向被查验的单位和个人开具发票换票证。发票换票证与所调出查验的发票有同等的效力。被调出查验发票的单位和个人不得拒绝接受。

税务机关需要将空白发票调出查验时，应当开具收据；经查无问题的，应当及时返还。

第三十三条　单位和个人从中国境外取得的与纳税有关的发票或者凭证，税务机关在纳税审查时有疑义的，可以要求其提供境外公证机构或者注册会计师的确认证明，经税务机关审核认可后，方可作为记账核算的凭证。

第三十四条　税务机关在发票检查中需要核对发票存根联与发票联填写情况时，可以向持有发票或者发票存根联的单位发出发票填写情况核对卡，有关单位应当如实填写，按期报回。

第六章　罚　则

第三十五条　违反本办法的规定，有下列情形之一的，由税务机关责令改正，可以处1万元以下的罚款；有违法所得的予以没收：

（一）应当开具而未开具发票，或者未按照规定的时限、顺序、栏目，全部联次一次性开具发票，或者未加盖发票专用章的；

（二）使用税控装置开具发票，未按期向主管税务机关报送开具发票的数据的；

（三）使用非税控电子器具开具发票，未将非税控电子器具使用的软件程序说明资料报主管税务机关备案，或者未按照规定保存、报送开具发票的数据的；

（四）拆本使用发票的；

（五）扩大发票使用范围的；

（六）以其他凭证代替发票使用的；

（七）跨规定区域开具发票的；

（八）未按照规定缴销发票的；

（九）未按照规定存放和保管发票的。

第三十六条 跨规定的使用区域携带、邮寄、运输空白发票，以及携带、邮寄或者运输空白发票出入境的，由税务机关责令改正，可以处1万元以下的罚款；情节严重的，处1万元以上3万元以下的罚款；有违法所得的予以没收。

丢失发票或者擅自损毁发票的，依照前款规定处罚。

第三十七条 违反本办法第二十二条第二款的规定虚开发票的，由税务机关没收违法所得；虚开金额在1万元以下的，可以并处5万元以下的罚款；虚开金额超过1万元的，并处5万元以上50万元以下的罚款；构成犯罪的，依法追究刑事责任。

非法代开发票的，依照前款规定处罚。

第三十八条 私自印制、伪造、变造发票，非法制造发票防伪专用品，伪造发票监制章的，由税务机关没收违法所得，没收、销毁作案工具和非法物品，并处1万元以上5万元以下的罚款；情节严重的，并处5万元以上50万元以下的罚款；对印制发票的企业，可以并处吊销发票准印证；构成犯罪的，依法追究刑事责任。

前款规定的处罚，《中华人民共和国税收征收管理法》有规定的，依照其规定执行。

第三十九条 有下列情形之一的，由税务机关处1万元以上5万元以下的罚款；情节严重的，处5万元以上50万元以下的罚款；有违法所得的予以没收：

（一）转借、转让、介绍他人转让发票、发票监制章和发票防伪专用品的；

（二）知道或者应当知道是私自印制、伪造、变造、非法取得或者废止的发票而受让、开具、存放、携带、邮寄、运输的。

第四十条 对违反发票管理规定2次以上或者情节严重的单位和个人，税务机关可以向社会公告。

第四十一条 违反发票管理法规，导致其他单位或者个人未缴、少缴或者骗取税款的，由税务机关没收违法所得，可以并处未缴、少缴或者骗取的税款1倍以下的罚款。

第四十二条 当事人对税务机关的处罚决定不服的，可以依法申请行政复议或者向人民法院提起行政诉讼。

第四十三条 税务人员利用职权之便，故意刁难印制、使用发票的单位和个人，或者有违反发票管理法规行为的，依照国家有关规定给予处分；构成犯罪的，依法追究刑事责任。

第七章 附 则

第四十四条 国务院税务主管部门可以根据有关行业特殊的经营方式和业务需求，会同国务院有关主管部门制定该行业的发票管理办法。

国务院税务主管部门可以根据增值税专用发票管理的特殊需要，制定增值税专用发票的具体管理办法。

第四十五条 本办法自发布之日起施行。财政部1986年发布的《全国发票管理暂行办法》和原国家税务局1991年发布的《关于对外商投资企业和外国企业发票管理的暂行规定》同时废止。

国家税务总局
关于进一步完善税务登记管理有关问题的公告

（国家税务总局公告2011年第21号　2011年3月21日）

为进一步完善税务登记管理制度，规范税务登记管理，强化税源监控，现就有关问题公告如下：

一、无照户纳税人的管理

从事生产、经营的纳税人，应办而未办工商营业执照，或不需办理工商营业执照而需经有关部门批准设立但未经有关部门批准的（简称无照户纳税人），应当自纳税义务发生之日起30日内申报办理税务登记。税务机关对无照户纳税人核发临时税务登记证及副本，并限量供应发票。

无照户纳税人已领取营业执照或已经有关部门批准的，应当自领取营业执照或自有关部门批准设立之日起30日内，向税务机关申报办理税务登记，税务机关核发税务登记证及副本；已领取临时税务登记证及副本的，税务机关应当同时收回并做作废处理。

二、非正常户管理

严格非正常户认定管理。对经税务机关派员实地核查，查无下落的纳税人，如有欠税且有可以强制执行的财物的，税务机关应按照《税收征收管理法》第四十条的规定采取强制执行措施；纳税人无可以强制执行的财物或虽有可以强制执行的财物但经采取强制执行措施仍无法使其履行纳税义务的，方可认定为非正常户。

开展非正常户公告。税务机关应在非正常户认定的次月，在办税场所或者广播、电视、报纸、期刊、网络等媒体上公告非正常户。纳税人为企业或单位的，公告企业或单位的名称、纳税人识别号、法定代表人或负责人姓名、居民身份证或其他有效身份证件号码、经营地点；纳税人为个体工商户的，公告业户名称、业主姓名、纳税人识别号、居民身份证或其他有效身份证件号码、经营地点。

实施非正常户追踪管理。税务机关发现非正常户纳税人恢复正常生产经营的，应及时处理，并督促其到税务机关办理相关手续。对没有欠税且没有未缴销发票的纳税人，认定为非正常户超过两年的，税务机关可以注销其税务登记证件。

加强非正常户异地协作管理。税务机关要加强非正常户信息交换，形成对非正常户管理的工作合力。对非正常户纳税人的法定代表人或经营者申报办理新的税务登记的，税务机关核发临时税务登记证及副本，限量供应发票。税务机关发现纳税人的法定代表人或经营者在异地为非正常户的法定代表人或经营者的，应通知其回原税务机关办理相关涉税事宜。纳税人的法定代表人或经营者在原税务机关办结相关涉税事宜后，方可申报转办正式的税务登记。

三、《外出经营活动税收管理证明》的管理

纳税人到外县（市）临时从事生产经营活动的，应当在外出生产经营以前，按照外出经营活动所应缴纳的货物与劳务税税种向相应的县级以上（含本级）主管税务机关申请开具《外出经营活动税收管理证明》。外出经营活动应缴纳增值税的，向国税机关申请开具；外出经营活动应缴纳营业税的，向地税机关申请开具；外出经营活动为兼营行为的，可向国税或地税机关申请开具，税务机关不得拒绝。

税务机关应当按照《国家税务总局关于印发全国统一税收执法文书式样的通知》（国税发〔2005〕179号）规定的式样为纳税人开具《外出经营活动税收管理证明》，并加盖县以上（含本级）税务局（分局）印章。

纳税人应当于外出经营地开始前，持《外出经营活动税收管理证明》向外出经营地税务机关报验登记；自《外出经营活动税收管理证明》签发之日起30日内未办理报验登记的，所持证明作废，纳税人需要向税务机关重新申请开具。

纳税人税务登记地税务机关应当加强对外出经营纳税人的税收管理，定期通报《外出经营活动税收管理证明》开具情况。

四、本公告自公布之日起30日后施行。《国家税务总局关于完善税务登记管理若干问题的通知》（国税发〔2006〕37号）中的第六条第三款“对应领取而未领取工商营业执照临时经营的，不得办理临时税务登记，但必须照章征税，也不得向其出售发票；确需开具发票的，可以向税务机关申请，先缴税再由税务机关为其代开发票。”同时作废。

个体工商户建账管理暂行办法

（国家税务总局令第 17 号　2006 年 12 月 15 日）

第一条　为了规范和加强个体工商户税收征收管理，促进个体工商户加强经济核算，根据《中华人民共和国税收征收管理法》（以下简称税收征管法）及其实施细则和《国务院关于批转国家税务总局加强个体私营经济税收征管强化查账征收工作意见的通知》，制定本办法。

第二条　凡从事生产、经营并有固定生产、经营场所的个体工商户，都应当按照法律、行政法规和本办法的规定设置、使用和保管账簿及凭证，并根据合法、有效凭证记账核算。

税务机关应同时采取有效措施，巩固已有建账成果，积极引导个体工商户建立健全账簿，正确进行核算，如实申报纳税。

第三条　符合下列情形之一的个体工商户，应当设置复式账：

（一）注册资金在 20 万元以上的。

（二）销售增值税应税劳务的纳税人或营业税纳税人月销售（营业）额在 40 000 元以上；从事货物生产的增值税纳税人月销售额在 60 000 元以上；从事货物批发或零售的增值税纳税人月销售额在 80 000 元以上的。

（三）省级税务机关确定应设置复式账的其他情形。

第四条　符合下列情形之一的个体工商户，应当设置简易账，并积极创造条件设置复式账：

（一）注册资金在 10 万元以上 20 万元以下的。

（二）销售增值税应税劳务的纳税人或营业税纳税人月销售（营业）额在 15 000 元至 40 000 元；从事货物生产的增值税纳税人月销售额在 30 000 元至 60 000 元；从事货物批发或零售的增值税纳税人月销售额在 40 000 元至 80 000 元的。

（三）省级税务机关确定应当设置简易账的其他情形。

第五条　上述所称纳税人月销售额或月营业额，是指个体工商户上一个纳税年度月平均销售额或营业额；新办的个体工商户为业户预估的当年度经营期月平均销售额或营业额。

第六条　达不到上述建账标准的个体工商户，经县以上税务机关批准，可按照税收征管法的规定，建立收支凭证粘贴簿、进货销货登记簿或者使用税控装置。

第七条　达到建账标准的个体工商户，应当根据自身生产、经营情况和本办法规定的设置账簿条件，对照选择设置复式账或简易账，并报主管税务机关备案。账簿方式一经确定，在一个纳税年度内不得进行变更。

第八条　达到建账标准的个体工商户，应当自领取营业执照或者发生纳税义务之日起 15 日内，按照法律、行政法规和本办法的有关规定设置账簿并办理账务，不得伪造、变造或者擅自损毁账簿、记账凭证、完税凭证和其他有关资料。

第九条　设置复式账的个体工商户应按《个体工商户会计制度（试行）》的规定设

置总分类账、明细分类账、日记账等，进行财务会计核算，如实记载财务收支情况。成本、费用列支和其他财务核算规定按照《个体工商户个人所得税计税办法（试行）》执行。

设置简易账的个体工商户应当设置经营收入账、经营费用账、商品（材料）购进账、库存商品（材料）盘点表和利润表，以收支方式记录、反映生产、经营情况并进行简易会计核算。

第十条 复式账簿中现金日记账，银行存款日记账和总分类账必须使用订本式，其他账簿可以根据业务的实际发生情况选用活页账簿。简易账簿均应采用订本式。

账簿和凭证应当按照发生的时间顺序填写，装订或者粘贴。

建账户对各种账簿、记账凭证、报表、完税凭证和其他有关涉税资料应当保存10年。

第十一条 设置复式账的个体工商户在办理纳税申报时，应当按照规定向当地主管税务机关报送财务会计报表和有关纳税资料。月度会计报表应当于月份终了后10日内报出，年度会计报表应当在年度终了后30日内报出。

第十二条 个体工商户可以聘请经批准从事会计代理记账业务的专业机构或者具备资质的财会人员代为建账和办理账务。

第十三条 按照税务机关规定的要求使用税控收款机的个体工商户，其税控收款机输出的完整的书面记录，可以视同经营收入账。

第十四条 税务机关对建账户采用查账征收方式征收税款。建账初期，也可以采用查账征收与定期定额征收相结合的方式征收税款。

第十五条 按照建账户流转税征收权的归属划分建账管辖权，即以缴纳增值税、消费税为主的个体工商户，由国家税务局负责督促建账和管理；以缴纳营业税为主的个体工商户，由地方税务局负责督促建账和管理。

第十六条 依照本办法规定应当设置账簿的个体工商户，具有税收征管法第三十五条第一款第二项至第六项情形之一的，税务机关有权根据税收征管法实施细则第四十七条规定的方法核定其应纳税额。

第十七条 依照本办法规定应当设置账簿的个体工商户违反有关法律、行政法规和本办法关于账簿设置、使用和保管规定的，由国家税务局、地方税务局按照税收征管法的有关规定进行处理。但对于个体工商户的同一违法行为，国家税务局与地方税务局不得重复处罚。

第十八条 个体工商户建账工作中所涉及的有关账簿、凭证、表格，按照有关规定办理。

第十九条 本办法所称“以上”均含本数。

第二十条 各省、自治区、直辖市和计划单列市国家税务局、地方税务局可根据本办法制定具体实施办法，并报国家税务总局备案。

第二十一条 本办法自2007年1月1日起施行。1997年6月19日国家税务总局发布的《个体工商户建账管理暂行办法》同时废止。

个体工商户税收定期定额征收管理办法

（国家税务总局令第16号　2006年8月30日）

第一条　为规范和加强个体工商户税收定期定额征收（以下简称定期定额征收）管理，公平税负，保护个体工商户合法权益，促进个体经济的健康发展，根据《中华人民共和国税收征收管理法》及其实施细则，制定本办法。

第二条　本办法所称个体工商户税收定期定额征收，是指税务机关依照法律、行政法规及本办法的规定，对个体工商户在一定经营地点、一定经营时期、一定经营范围内的应纳税经营额（包括经营数量）或所得额（以下简称定额）进行核定，并以此为计税依据，确定其应纳税额的一种征收方式。

第三条　本办法适用于经主管税务机关认定和县以上税务机关（含县级，下同）批准的生产、经营规模小，达不到《个体工商户建账管理暂行办法》规定设置账簿标准的个体工商户（以下简称定期定额户）的税收征收管理。

第四条　税务机关负责组织定额的核定工作。

国家税务局、地方税务局按照国务院规定的征管范围，分别核定其所管辖税种的定额。

国家税务局和地方税务局应当加强协调、配合，共同制定联系制度，保证信息渠道畅通。

第五条　主管税务机关应当将定期定额户进行分类，在年度内按行业、区域选择一定数量并具有代表性的定期定额户，对其经营、所得情况进行典型调查，做出调查分析，填制有关表格。

典型调查户数应当占该行业、区域总户数的5%以上。具体比例由省级税务机关确定。

第六条　定额执行期的具体期限由省级税务机关确定，但最长不得超过一年。

定额执行期是指税务机关核定后执行的第一个纳税期至最后一个纳税期。

第七条　税务机关应当根据定期定额户的经营规模、经营区域、经营内容、行业特点、管理水平等因素核定定额，可以采用下列一种或两种以上的方法核定：

（一）按照耗用的原材料、燃料、动力等推算或者测算核定；

（二）按照成本加合理的费用和利润的方法核定；

（三）按照盘点库存情况推算或者测算核定；

（四）按照发票和相关凭据核定；

（五）按照银行经营账户资金往来情况测算核定；

（六）参照同类行业或类似行业中同规模、同区域纳税人的生产、经营情况核定；

（七）按照其他合理方法核定。

税务机关应当运用现代信息技术手段核定定额，增强核定工作的规范性和合理性。

第八条 税务机关核定定额程序：

（一）自行申报。定期定额户要按照税务机关规定的申报期限、申报内容向主管税务机关申报，填写有关申报文书。申报内容应包括经营行业、营业面积、雇佣人数和每月经营额、所得额以及税务机关需要的其他申报项目。

本项所称经营额、所得额为预估数。.

（二）核定定额。主管税务机关根据定期定额户自行申报情况，参考典型调查结果，采取本办法第七条规定的核定方法核定定额，并计算应纳税额。

（三）定额公示。主管税务机关应当将核定定额的初步结果进行公示，公示期限为五个工作日。

公示地点、范围、形式应当按照便于定期定额户及社会各界了解、监督的原则，由主管税务机关确定。

（四）上级核准。主管税务机关根据公示意见结果修改定额，并将核定情况报经县以上税务机关审核批准后，填制《核定定额通知书》。

（五）下达定额。将《核定定额通知书》送达定期定额户执行。

（六）公布定额。主管税务机关将最终确定的定额和应纳税额情况在原公示范围内进行公布。

第九条 定期定额户应当建立收支凭证粘贴簿、进销货登记簿，完整保存有关纳税资料，并接受税务机关的检查。

第十条 依照法律、行政法规的规定，定期定额户负有纳税申报义务。

实行简易申报的定期定额户，应当在税务机关规定的期限内按照法律、行政法规规定缴清应纳税款，当期（指纳税期，下同）可以不办理申报手续。

第十一条 采用数据电文申报、邮寄申报、简易申报等方式的，经税务机关认可后方可执行。经确定的纳税申报方式在定额执行期内不予更改。

第十二条 定期定额户可以委托经税务机关认定的银行或其他金融机构办理税款划缴。

凡委托银行或其他金融机构办理税款划缴的定期定额户，应当向税务机关书面报告开户银行及账号。其账户内存款应当足以按期缴纳当期税款。其存款余额低于当期应纳税款，致使当期税款不能按期入库的，税务机关按逾期缴纳税款处理；对实行简易申报的，按逾期办理纳税申报和逾期缴纳税款处理。

第十三条 定期定额户发生下列情形，应当向税务机关办理相关纳税事宜：

（一）定额与发票开具金额或税控收款机记录数据比对后，超过定额的经营额、所得额所应缴纳的税款；

（二）在税务机关核定定额的经营地点以外从事经营活动所应缴纳的税款。

第十四条 税务机关可以根据保证国家税款及时足额入库、方便纳税人、降低税收成本的原则，采用简化的税款征收方式，具体方式由省级税务机关确定。

第十五条 县以上税务机关可以根据当地实际情况，依法委托有关单位代征税款。税务机关与代征单位必须签订委托代征协议，明确双方的权利、义务和应当承担的责任，并向代征单位颁发委托代征证书。

第十六条 定期定额户经营地点偏远、缴纳税款数额较小，或者税务机关征收税款有困难的，税务机关可以按照法律、行政法规的规定简并征期。但简并征期最长不得超过一个定额执行期。

简并征期的税款征收时间为最后一个纳税期。

第十七条 通过银行或其他金融机构划缴税款的，其完税凭证可以到税务机关领取，或到税务机关委托的银行或其他金融机构领取；税务机关也可以根据当地实际情况采取邮寄送达，或委托有关单位送达。

第十八条 定期定额户在定额执行期结束后，应当以该期每月实际发生的经营额、所得额向税务机关申报，申报额超过定额的，按申报额缴纳税款；申报额低于定额的，按定额缴纳税款。具体申报期限由省级税务机关确定。

定期定额户当期发生的经营额、所得额超过定额一定幅度的，应当在法律、行政法规规定的申报期限内向税务机关进行申报并缴清税款。具体幅度由省级税务机关确定。

第十九条 定期定额户的经营额、所得额连续纳税期超过或低于税务机关核定的定额，应当提请税务机关重新核定定额，税务机关应当根据本办法规定的核定方法和程序重新核定定额。具体期限由省级税务机关确定。

第二十条 经税务机关检查发现定期定额户在以前定额执行期发生的经营额、所得额超过定额，或者当期发生的经营额、所得额超过定额一定幅度而未向税务机关进行纳税申报及结清应纳税款的，税务机关应当追缴税款、加收滞纳金，并按照法律、行政法规规定予以处理。其经营额、所得额连续纳税期超过定额，税务机关应当按照本办法第十九条的规定重新核定其定额。

第二十一条 定期定额户发生停业的，应当在停业前向税务机关书面提出停业报告；提前恢复经营的，应当在恢复经营前向税务机关书面提出复业报告；需延长停业时间的，应当在停业期满前向税务机关提出书面的延长停业报告。

第二十二条 税务机关停止定期定额户实行定期定额征收方式，应当书面通知定期定额户。

第二十三条 定期定额户对税务机关核定的定额有争议的，可以在接到《核定定额通知书》之日起 30 日内向主管税务机关提出重新核定定额申请，并提供足以说明其生产、经营真实情况的证据，主管税务机关应当自接到申请之日起 30 日内书面答复。

定期定额户也可以按照法律、行政法规的规定直接向上一级税务机关申请行政复议；对行政复议决定不服的，可以依法向人民法院提起行政诉讼。

定期定额户在未接到重新核定定额通知、行政复议决定书或人民法院判决书前，仍按原定额缴纳税款。

第二十四条 税务机关应当严格执行核定定额程序，遵守回避制度。税务人员个人不得擅自确定或更改定额。

税务人员徇私舞弊或者玩忽职守，致使国家税收遭受重大损失，构成犯罪的，依法追究刑事责任；尚不构成犯罪的，依法给予行政处分。

第二十五条 对违反本办法规定的行为，按照《中华人民共和国税收征收管理法》及其实施细则有关规定处理。

第二十六条 个人独资企业的税款征收管理比照本办法执行。

第二十七条 各省、自治区、直辖市国家税务局、地方税务局根据本办法制定具体实施办法，并报国家税务总局备案。

第二十八条 本办法自2007年1月1日起施行。1997年6月19日国家税务总局发布的《个体工商户定期定额管理暂行办法》同时废止。

4

第四部分
小企业财务政策及其他相关法规

【政策导读】

近年来，我国在财政资金支持小企业发展上出台了一系列的政策法规。如在中欧中小企业节能减排科研合作、物联网发展、关闭小企业、地方特色产业中小企业发展、中小企业国际市场开拓、中小企业发展、科技型中小企业创业投资等方面国家出台了财政资金扶持政策，希望通过国家财政资金支持，推动小企业特别是其中的科技创新、特色产业、高科技、外向型等方面企业的发展。2011 年 10 月 12 日，国务院总理温家宝主持召开国务院常务会议，研究确定支持小型和微型企业发展的金融、财税政策措施，确定了扩大中小企业专项资金规模，更多运用间接方式扶持小型微型企业，进一步清理取消和减免部分涉企收费。

作为小企业财会及其他相关人员，需要了解国家财政支持小企业的资金投向，充分利用好国家扶持资金，不断增强小企业抗风险能力，实现小企业又好又快地发展。

【财务法规】

财政部 国家发展改革委关于免征小型微型企业部分行政事业性收费的通知

（财综〔2011〕104号 2011年11月14日）

工业和信息化部、国家工商行政管理总局、国家税务总局、海关总署、商务部、国家质量监督检验检疫总局、中国贸促会、国土资源部、国家新闻出版总署、农业部、国家林业局、国家旅游局、国家宗教事务局，各省、自治区、直辖市财政厅（局）、发展改革委、物价局，新疆生产建设兵团财务局、发展改革委：

为切实减轻小型微型企业负担，促进小型微型企业健康发展，现决定对小型微型企业暂免征收部分行政事业性收费。现将有关事项通知如下：

一、对依照工业和信息化部、国家统计局、国家发展改革委、财政部《关于印发中小企业划型标准规定的通知》（工信部联企业〔2011〕300号）认定的小型和微型企业，免征管理类、登记类和证照类等有关行政事业性收费。

二、上述免征的行政事业性收费项目包括：

（一）工商行政管理部门收取的企业注册登记费。

（二）税务部门收取的税务发票工本费。

（三）海关部门收取的海关监管手续费。

（四）商务部门收取的装船证费、手工制品证书费、纺织品原产地证明书费。

（五）质检部门收取的签发一般原产地证书费、一般原产地证工本费和组织机构代码证书工本费。

（六）贸促会收取的货物原产地证明书费、ATA单证册收费。

（七）国土资源部门收取的土地登记费。

（八）新闻出版部门收取的计算机软件著作权登记费。

（九）农业部门收取的农机监理费（含牌证工本费、安全技术检验费、驾驶许可考试费等）、新兽药审批费、《进口兽药许可证》审批费和已生产兽药品种注册登记费。

（十）林业部门收取的林权证工本费。

（十一）旅游部门收取的星级标牌（含星级证书）工本费、A级旅游景区标牌（含证书）工本费、工农业旅游示范点标牌（含证书）工本费。

（十二）中国伊斯兰教协会收取的清真食品认证费。

（十三）各省、自治区、直辖市人民政府及其财政、价格主管部门按照管理权限批准设立的管理类、登记类和证照类行政事业性收费。

三、免征上述行政事业性收费后，同级财政部门应统筹安排相关部门的经费预算，保证其正常履行职责。

四、国务院有关部门要督促本系统内相关收费单位认真落实本通知的规定，加强对小型微型企业享受收费优惠政策的登记备案管理，确保符合条件的小型微型企业享受收费优惠政策。

五、各省、自治区、直辖市财政、价格主管部门要通过多种新闻媒体，向社会公布对小型微型企业免征的各项行政事业性收费，使小型微型企业充分了解和享受收费优惠政策。同时，要加强监督检查，对不按规定落实本通知免征行政事业性收费政策的部门和单位，要按规定给予处罚，并追究责任人员的行政责任。

六、本通知自 2012 年 1 月 1 日起执行，有效期至 2014 年 12 月 31 日。

中欧中小企业节能减排科研合作资金管理暂行办法

（财企〔2011〕226 号　2011 年 8 月 8 日）

第一章　总　则

第一条　为规范和加强中欧中小企业节能减排科研合作资金管理，提高资金使用效率，根据《中华人民共和国预算法》等法律、法规的有关规定，制定本办法。

第二条　中欧中小企业节能减排科研合作资金（以下简称中欧节能资金）是指由中央财政预算安排的，专门用于支持国内中小企业与欧盟企业、研究单位等（以下简称欧方合作机构）在节能减排相关领域开展联合研发、技术引进消化吸收再创新、成果转化等科研合作，推动我国节能减排技术加快发展的资金。

第三条　中小企业的划分标准，按照国家现行有关规定执行。

第四条　中欧节能资金的管理应当遵循公开透明、定向使用、科学管理、加强监督的原则，确保资金使用规范、安全和高效。

第五条　财政部负责中欧节能资金的预算管理、项目资金分配和资金拨付，并对资金的使用情况进行监督检查。

科技部负责编制中欧节能减排技术合作发展规划，与欧盟委员会所属相关机构的合作谈判，确定中欧节能资金的年度支持方向和支持重点，会同财政部拟定工作指南，下发申报通知，对申报的项目进行评审，并对项目实施情况进行监督检查。

第二章　支持内容和方式

第六条　中欧节能资金支持内容主要包括：

（一）支持国内中小企业与欧方合作机构联合研究开发国际尖端节能减排技术。重点支持有利于国内中小企业追踪国际技术发展方向，掌握关键核心技术，填补国内技术空白的研发项目。

（二）引导国内中小企业转化中欧节能减排先进技术合作成果。重点支持国内中小企业应用中欧联合研发成果，开展技术延伸研究及小试、中试等活动，推动技术成果产业化的研发项目。

（三）鼓励国内中小企业从欧方合作机构引进消化吸收国际先进节能减排技术。重点支持国内中小企业引进适合我国国情的先进技术，进行消化吸收再创新或本土化改造，提升我国技术研发水平与推广应用能力的研发项目。

（四）促进国内中小企业与欧方合作机构加强节能减排技术交流与合作。重点支持国内中小企业参加欧方合作机构组织的与节能减排技术相关的国际会议、考察、访问等交流项目。

第七条 中欧节能资金采取无偿资助方式。同一年度，每个项目单位只能选择本办法第六条规定的一项内容申请支持。

研发项目按不超过项目投资额 40％的比例给予资助，每个项目最高资助额不超过 300 万元。

交流项目按照不超过实际发生的国际差旅费（仅包括国际交通费、会议费）50％的比例给予资助，每个中小企业最高资助额不超过 30 万元。

第三章 项目资金的申请

第八条 申请中欧节能资金的中小企业应当具备下列条件：

（一）在境内依法登记注册，具有企业法人资格；

（二）财务管理制度健全，会计信息准确完整，纳税信用和银行信用良好；

（三）经省级以上人民政府科技主管部门认定的高新技术企业，或具有大专以上学历的科研人员占企业职工总数的比例不低于 30％的企业；

（四）主要从事节能减排相关高新技术产品的研制、开发、生产和服务，其业务收入占企业年营业收入的比例不低于 50％；

（五）已与欧方合作机构在节能减排技术方面建立正式合作关系，申报项目符合本办法的支持内容及年度支持方向和重点，且同期未获得其他财政资金支持；

（六）经营业绩良好，管理团队具有较强的创新意识、较高的市场开拓能力和经营管理水平。

第九条 中小企业申请中欧节能资金应当提供如下材料：

（一）资金申请文件；

（二）项目可行性报告；

（三）研发项目资金筹措方案及投资完成情况或交流项目国际差旅费支出情况；

（四）生产经营情况或业务开展情况；

（五）经注册会计师审计的上一年度会计报表和审计报告（复印件并加盖单位公章）；

（六）承担项目的企业法人执照副本及章程（复印件并加盖单位公章）；

（七）与欧方合作机构签署的合作协议书（复印件并加盖单位公章）；

（八）其他需提供的资料。

第四章 项目的审批与执行

第十条 科技部聘请有关领域专家组成专家咨询委员会，研究提出中欧节能减排技术合作发展规划建议。

第十一条 科技部会同财政部根据专家咨询委员会的建议，结合中欧合作谈判结果，确定中欧节能资金年度支持方向和支持重点，下发年度申报工作文件。

第十二条 省级科技主管部门会同省级财政部门在本地区范围内公开组织项目资金的申请工作，并根据本办法的规定及年度申报工作文件的要求，对申请企业的资格条件及相关资料进行初审。

第十三条 省级财政部门会同科技主管部门在规定时间内，将初审合格的项目及相关资料上报财政部和科技部。

第十四条 科技部会同财政部建立专家评审制度，组织专家对申请项目进行评审，并根据专家评审意见和当年预算安排情况提出项目计划和资金支持建议，经两部批准后在科技部和财政部网站向社会公示两周。

第十五条 对项目公示期内提出异议的项目，科技部应会同财政部及时组织调查核实。

项目公示期结束后，科技部将公示期内没有异议的项目和经调查核实没有问题的项目列为立项项目，向财政部提出资金使用计划。

第十六条 财政部对资金使用计划进行审定，将项目支出预算指标下达到省级财政部门，并根据预算管理规定及时拨付中欧节能资金。

第十七条 企业收到中欧节能资金后，按照《企业财务通则》（财政部令第 41 号）第二十条等相关规定进行财务处理。

第十八条 中欧节能资金研发项目承担单位在项目执行期内每年 1 月底前，及项目完成后 1 个月内向省级科技主管部门和财政部门报送项目进展情况及专项资金的使用情况，不能按期完成的项目，需及时书面说明不能按期完成的理由和预计完成日期。

第五章 监督检查

第十九条 各级财政部门定期或不定期对中欧节能资金的使用情况进行监督检查，必要时可委托社会中介机构进行审计或评估。各级科技主管部门定期或不定期对项目实施情况进行管理和监督。

第二十条 省级科技主管部门应会同财政部门每年对本地区项目进展情况和中小企业使用中欧节能资金的总体情况进行总结，并于年度终了 2 个月内上报科技部、财政部。

第二十一条 中欧节能资金必须专款专用，对于违反规定使用、骗取资金的行为，财政部将按照《财政违法行为处罚处分条例》进行处理。

第六章 附 则

第二十二条 本办法由财政部会同科技部负责解释。

第二十三条 本办法自公布之日起施行。

物联网发展专项资金管理暂行办法

（财企〔2011〕64号 2011年4月6日）

第一章 总 则

第一条 为了促进我国物联网健康发展，充分发挥财政资金的引导和扶持作用，规范物联网发展专项资金（以下简称专项资金）的管理，根据财政预算管理规定，特制定本办法。

第二条 专项资金是由中央财政预算安排，用于支持物联网研发、应用和服务等方面的专项资金。

第三条 专项资金的使用应当突出支持企业自主创新，体现以企业为主体、市场为导向、产学研用相结合的技术创新战略，符合国家宏观经济政策、产业政策和区域发展政策，坚持公开、公正、公平的原则，确保专项资金的规范、安全和高效使用。专项资金鼓励和支持企业以产业联盟组织形式开展物联网研发及应用活动。

第四条 专项资金由财政部、工业和信息化部各司其职，各负其责，共同管理。

财政部负责专项资金的预算管理、项目资金分配和资金拨付，并对专项资金的使用情况进行监督检查。

工业和信息化部负责确定专项资金的年度支持方向和支持重点，会同财政部组织项目评审，确定项目支持计划，并对项目实施情况进行监督检查。

第二章 支持范围与方式

第五条 专项资金的支持范围包括物联网的技术研发与产业化、标准研究与制订、应用示范与推广、公共服务平台等方面的项目。

第六条 项目申报单位应当具备以下资格条件：

（一）在中华人民共和国境内注册的独立法人；

（二）财务管理制度健全，会计信用和纳税信用良好；

（三）财务状况良好，具备承担项目的财务投资能力；

（四）专业技术人员不少于15人，其中高级职称不少于5人；

（五）拥有相应的专利、软件著作权或省部级以上认定的科技成果等研发成果，以及具有相应的市场应用基础。

第七条 项目申报单位应同时提供下列资料：

（一）法人执照副本及章程（复印件并加盖单位公章）；

（二）项目可行性研究报告；

（三）经会计师事务所审计的上一年度会计报表和审计报告（复印件并加盖单位公章）；

（四）相应的专利、软件著作权或省部级以上认定的科技成果等证明材料，以及已开展的市场应用方面的证明材料（复印件并加盖单位公章）；

（五）其他需提供的资料。

第八条 专项资金的支持采用无偿资助或贷款贴息方式。申请专项资金的项目原则上只采用一种支持方式。

无偿资助方式主要支持以自有资金为主投入的项目，贷款贴息方式主要支持以银行贷款为主投入的项目。原则上，技术研发、标准研究与制订、公共服务平台类项目，以无偿资助方式为主；产业化、应用示范与推广类项目以贷款贴息方式为主。

第九条 无偿资助额度或贷款贴息比例，由财政部根据专项资金年度预算安排及年度项目指南确定。

第十条 已通过其他渠道获取财政资金支持的项目，专项资金不再予以支持。

第三章 专项资金的申请与审核

第十一条 专项资金采取项目管理方式。工业和信息化部会同财政部根据国家宏观经济政策、产业政策以及行业发展规划，组织研究编制年度项目指南，明确专项资金年度支持方向和支持重点。

第十二条 省级工业和信息化主管部门应会同同级财政部门根据年度项目指南，组织做好本地区项目的初审工作。

第十三条 省级财政部门应会同同级工业和信息化主管部门依据项目初审意见，将审核汇总后的项目推荐名单和申请材料上报财政部与工业和信息化部。

第十四条 中央管理企业直接向财政部与工业和信息化部申报，中央部门（单位）所属企业通过归口管理部门申报。

第十五条 工业和信息化部会同财政部建立专家评审机制，组织技术、财务、市场等方面的专家对申报项目进行评审或委托专业咨询机构进行评估。

第十六条 工业和信息化部会同财政部依据专家评审意见或专业咨询机构评估意见，研究提出年度项目支持意见。

第十七条 财政部根据年度项目支持意见，确定项目资金及支持方式，下达专项资金预算指标，并根据规定及时拨付资金。

第十八条 项目承担单位收到专项资金后，按国家统一的财务会计制度规定处理。

第四章 监督检查

第十九条 各级财政部门与同级工业和信息化主管部门应加强对专项资金使用情况和项目实施情况的监督检查，对专项资金使用情况和项目实施进展情况采取定期或不定期检查。

第二十条 中央级项目承担单位应在项目完成后3个月内向财政部、工业和信息化部报送项目完成情况及专项资金的使用情况；地方级项目承担单位应在项目完成后3个月内向省级财政部门与工业和信息化主管部门报送项目完成情况及专项资金的使用情况；省级财政部门会同同级工业和信息化主管部门于项目完成后6个月内向财政部、工业和信息化部报送项目完成情况及专项资金使用情况的总结报告。

第二十一条 对弄虚作假骗取专项资金、不按规定用途使用专项资金的单位，财政部依据《财政违法行为处罚处分条例》（国务院令〔2005〕第427号）的有关规定进行处罚，并取消三年内的申报资格。项目因故中止（不可抗力因素除外），财政部将收回全部或部分专项资金。

第五章 附 则

第二十二条 省级财政部门与工业和信息化主管部门可根据本地实际情况，比照本办法制定具体的实施办法。

第二十三条 本办法由财政部会同工业和信息化部负责解释。

第二十四条 本办法自发布之日起施行。

中央财政关闭小企业补助资金管理办法

（财企〔2010〕231号　2010年9月17日）

第一章　总　则

第一条　为了充分发挥中央财政关闭小企业补助资金作用，促进产业结构调整和优化升级，节约资源和能源，提高财政资金使用效益，根据国家有关法律法规和产业政策，特制定本办法。

第二条　本办法所称关闭小企业是指地方政府根据国家有关法律法规和产业政策，对存在产能过剩、资源能源浪费、环境污染、安全隐患突出、布局不合理等问题的各类小企业实施的行政性关闭。

第三条　关闭小企业补助资金的补助范围和重点每年由工业和信息化部会同财政部根据国家宏观经济调控目标及产业政策确定并适时予以调整。

第四条　省级（含计划单列市）工业和信息化主管部门会同同级财政部门每年向工业和信息化部、财政部上报本地区关闭小企业年度计划。中央财政对计划内当年实施关闭的小企业，采取以奖代补的形式给予适当的补助（奖励）资金。

第二章　资金使用和分配

第五条　关闭小企业补助资金主要用于关闭企业职工安置等支出。根据关闭小企业工作的实际进度，补助资金结余可以转结下年使用。

第六条　关闭小企业补助资金按照“突出重点、公开透明、确保实效”的原则，综合考虑实际关闭的小企业安置职工人数、地域差异等因素进行分配。

补助标准：符合条件的关闭小企业补助金额＝本企业在岗职工人数（人）×所在地级市上一年度企业在岗职工平均工资总额（元/年）×补助系数。补助系数根据中央财政年度预算安排、关闭小企业涉及的职工人数等因素综合确定。对于国家级贫困县（市），补助系数适当提高。

第七条　关闭小企业补助资金由中央财政拨付给省级财政部门。省级财政部门会同工业和信息化主管部门制订具体的资金使用方案并组织实施，及时下达资金到有关企业。

第三章　关闭计划及审核

第八条　工业和信息化部根据国家推进节能减排，淘汰落后，抑制部分行业产能过剩，促进产业结构调整和优化升级的要求，每年年初确定下一年度的关闭小企业工作任务。

第九条　各省工业和信息化主管部门按照工业和信息化部确定的年度工作任务和重

点，会同同级财政部门，结合当地实际，确定本地区关闭小企业工作目标，并落实到具体企业，编制本地关闭小企业年度计划。

第十条 各省工业和信息化主管部门会同财政部门于每年4月30日前，联合向工业和信息化部、财政部报送下一个年度关闭小企业计划报告，并附以下材料：

（一）地方小企业关闭计划申报表（附表1）；

（二）小企业项目合法的审批（核准、备案）、注册手续；

（三）企业的工商营业执照、税务登记复印件；

（四）其他证明材料。

第十一条 工业和信息化部、财政部对各地上报的年度关闭小企业计划组织审核。经审核符合中央财政补助条件的关闭小企业名单，由两部委于6月底前联合批复下达省级工业和信息化主管部门、财政部门。

第十二条 各省工业和信息化主管部门会同财政部门认真组织实施审核通过的年度关闭小企业计划。

第四章 资金申请和审核

第十三条 各省级财政部门会同工业和信息化主管部门应于每年9月30日前分批向财政部、工业和信息化部报送本年度关闭小企业补助资金申请文件。资金申请文件应详细说明关闭工作实施过程、成效、存在的问题、工作建议等。财政部、工业和信息化部对各地上报的资金申请文件分批进行审核，工业和信息化部负责审核关闭小企业的实施情况及提出资金补助建议，财政部对符合条件的小企业按补助标准下达关闭小企业补助资金。

第十四条 各省申请年度关闭小企业补助资金的申请报告，需附报以下材料：

（一）关闭小企业基本情况表和汇总表（附表2、3）；

（二）关闭小企业已签订劳动合同职工的花名册（附表4）；

（三）地方工业和信息化部门等出具的小企业实施关闭文件及其他证明材料；

（四）企业原生产经营有关证照（工商营业执照、税务登记证、生产许可证等）已被注销的证明材料；

（五）企业关闭上一年度财务会计报告；

（六）企业所在地级市上一年度企业在岗职工平均工资证明材料；

（七）国家级贫困县（市）文件；

（八）其他需要说明的材料。

第四章 监督管理

第十五条 各地工业和信息化主管部门对上报的关闭小企业年度计划和实施效果的真实性负责；各地财政部门要加强资金的管理，确保财政资金使用的规范、安全和有效。

第十六条 工业和信息化部、财政部及财政部驻各地财政监察专员办事处应根据确定的关闭小企业工作目标对各地关闭小企业计划完成情况及补助资金使用情况进行检查。发现弄虚作假、未按要求完成关闭任务、虚报冒领、截留挪用财政资金或其他违规行为的，要追回资金，并依法依规处理。

第五章 附 则

第十七条 本办法自发布之日起执行，原《财政部关于印发〈中央财政关闭小企业专项补助资金管理办法〉的通知》(财企〔2006〕339 号) 同时废止。

第十八条 本办法由财政部、工业和信息化部负责解释。

(附表略)

地方特色产业中小企业发展资金管理暂行办法

（财企〔2010〕103号 2010年6月10日）

第一章 总 则

第一条 为规范和加强地方特色产业中小企业发展资金管理，提高资金使用效率，根据《中华人民共和国预算法》等法律、法规的有关规定，制定本办法。

第二条 地方特色产业中小企业发展资金（以下简称特色产业资金）是根据《国务院关于进一步促进中小企业发展的若干意见》（国发〔2009〕36号），由中央财政预算安排，专门用于支持地方特色产业集群和特色产业聚集区内中小企业技术进步、节能减排、协作配套，促进产业结构调整和优化的资金。

第三条 本办法所称地方特色产业是指以地域和资源优势条件为基础，围绕特色产品的生产、销售、服务等而形成的市场化、规模化、集约化和链条化的生产经营群体。

第四条 中小企业的划分标准，按照国家现行有关规定执行。

第五条 特色产业资金的管理应当遵循公开透明、定向使用、科学管理、加强监督的原则，确保资金使用规范、安全和高效。

第二章 支持内容及方式

第六条 特色产业资金主要用于以下几个方面：

（一）促进中小企业技术创新和成果转化。重点支持地方特色产业集群和特色产业聚集区内中小企业开展的符合国家产业技术政策、创新水平较高、市场竞争力较强、预期经济和社会效益较好、知识产权清晰的技术创新和科技成果转化项目。

（二）鼓励中小企业节能减排。重点支持地方特色产业集群和特色产业聚集区内中小企业生产或应用节能减排产品的技术改造项目，集群和聚集区内废水、废气、废渣等废弃物综合治理利用项目的建设、改扩建和技术改造等。

（三）加强中小企业与骨干企业专业化协作。重点支持地方特色产业集群和特色产业聚集区内有较强协作配套关系的中小龙头骨干企业重点产品技术改造和改扩建项目，中小企业为建立和加强与龙头骨干企业协作配套关系、提高专业化生产水平而进行的技术改造和改扩建项目。

（四）支持中小企业产业升级和延伸。重点支持地方特色产业集群和特色产业聚集区内中小企业产业升级改造，新能源、新材料、节能环保、生物医药、信息网络及高端制造等战略性新兴产业中小企业项目建设和技术改造，集群和聚集区内主导性产业中小企业向附加值高的产业前端和后端延伸而进行的技术改造项目。

（五）改善中小企业服务环境。重点支持为地方特色产业集群和特色产业聚集区内中小企业提供研究开发、设计、知识产权保护、工程技术管理、商务信息交流等公共服务项目。

同一年度，每个项目单位只能选择以上一项内容申请支持。

第七条 特色产业资金的支持方式采用无偿资助、贷款贴息方式。同一年度，每个项目只能申请一种支持方式。

第八条 特色产业资金无偿资助的额度，每个项目一般不超过300万元。

特色产业资金贷款贴息的额度，根据项目贷款额及人民银行公布的同期贷款基准利率确定。每个项目的贴息期限一般不超过2年，年贴息率不超过同期贷款基准利率，贴息额度一般不超过300万元。

第三章 项目资金的申请

第九条 申请特色产业资金的企业或单位须同时具备下列条件：

（一）位于地方特色产业集群或特色产业聚集区内；

（二）具有独立的法人资格；

（三）财务管理制度健全；

（四）会计信息准确完整，纳税信用和银行信用良好；

（五）申报项目符合本办法规定的支持内容。

第十条 特色产业资金的申报材料一般应包括：

（一）资金申请文件；

（二）项目可行性报告；

（三）生产经营情况或业务开展情况；

（四）经注册会计师审计的会计报表；

（五）承担项日单位法人执照副本及章程（复印件）；

（六）其他需提供的资料。

第四章 项目审核及资金拨付

第十一条 各省、自治区、直辖市、计划单列市及新疆生产建设兵团财政部门（以下简称省级财政部门）负责组织本地区特色产业资金的项目申报、评审工作，并建立项目库。

项目评审费用在特色产业资金中列支，按照不超过下达各地特色产业资金额度的0.5%从严控制。

第十二条 省级财政部门根据本地区国民经济发展总体规划和特色产业发展规划等，研究提出下年度特色产业资金需求、扶持重点、扶持计划和组织实施方案，连同本年度特色产业资金预算执行情况，在每年12月底前上报财政部。

第十三条 财政部按照因素法，根据当年预算和各地有关经济发展指标等分配特色产业资金。

第十四条 省级财政部门根据财政部下达的预算指标和项目申报评审情况，公示结束后，提出本地区特色产业资金年度使用计划，并于当年4月底前上报财政部备案。具体包括：计划支持单位和项目名称、支持内容、归属产业、地区、产业集群（或聚集区）名称、计划支持方式及金额等。

第十五条 省级财政部门将本地区特色产业资金年度使用计划报财政部备案后，按照预算管理的有关规定，及时将特色产业资金拨付给项目单位。

第五章 监督管理

第十六条 财政部根据省级财政部门上报备案的本地区特色产业资金年度使用计划，对支持内容、支持方式及金额等进行审查。如发现问题，及时通知有关省级财政部门予以调整。

第十七条 财政部对特色产业资金管理和使用情况进行不定期抽查。地方财政部门应当加强对本地特色产业资金管理和使用情况的监督检查。

第十八条 省级财政部门应建立特色产业资金使用跟踪问效和绩效评估机制，并将特色产业资金实施效果、存在问题及政策建议等，于每年3月底前上报财政部。

第十九条 特色产业资金必须专款专用，对违反规定使用、骗取资金的行为，一经查实，财政部将收回已安排的特色产业资金，并按照《财政违法行为处罚处分条例》（国务院令第427号）的相关规定进行处理。

第六章 附 则

第二十条 省级财政部门根据本办法的有关要求，研究制定符合本地区实际的具体操作办法，并在本办法下发后2个月内报财政部备案。

第二十一条 本办法自印发之日起施行。

第二十二条 本办法由财政部负责解释。

中小企业国际市场开拓资金管理办法

（财企〔2010〕87号　2010年5月24日）

第一章　总　则

第一条　为加强对中小企业国际市场开拓资金（以下简称“市场开拓资金”）的管理，支持中小企业开拓国际市场，制定本办法。

第二条　本办法所称市场开拓资金是指中央财政设立的用于支持中小企业开拓国际市场各项业务的专项资金。

第三条　市场开拓资金的管理遵循公开透明、突出重点、专款专用、注重实效的原则。

第四条　市场开拓资金由财政部门和商务部门共同管理。

商务部门负责市场开拓资金的业务管理，提出市场开拓资金的支持重点、年度预算及资金安排建议，会同财政部门组织项目的申报和评审。

财政部门负责市场开拓资金的预算管理，审核资金的支持重点和年度预算建议，确定资金安排方案，办理资金拨付，会同商务部门对市场开拓资金的使用情况进行监督检查。

第二章　支持对象

第五条　中小企业独立开拓国际市场的项目为企业项目；企、事业单位和社会团体（以下简称“项目组织单位”）组织中小企业开拓国际市场的项目为团体项目。

第六条　申请企业项目的中小企业应符合下列条件：

1. 在中华人民共和国关境内注册，依法取得进出口经营资格的或依法办理对外贸易经营者备案登记的企业法人，上年度海关统计进出口额在4 500万美元以下；

2. 近三年在外经贸业务管理、财务管理、税收管理、外汇管理、海关管理等方面无违法、违规行为；

3. 具有从事国际市场开拓的专业人员，对开拓国际市场有明确的工作安排和市场开拓计划；

4. 未拖欠应缴还的财政性资金。

第七条　申请团体项目的项目组织单位应符合下列条件：

1. 具有组织全国、行业或地方企业赴境外参加或举办经济贸易展览会资格；

2. 通过管理部门审核具有组织中小企业培训资格；

3. 申请的团体项目应以支持中小企业开拓国际市场和提高中小企业国际竞争力为目的；

4. 未拖欠应缴还的财政性资金。

第八条　已批准支持的团体项目，参加该项目的中小企业不得以企业项目名义重复申请同一项目或内容的市场开拓资金支持。

第三章　支持内容

第九条　市场开拓资金主要支持内容包括：境外展览会；企业管理体系认证；各类产品认证；境外专利申请；国际市场宣传推介；电子商务；境外广告和商标注册；国际市场考察；境外投（议）标；企业培训；境外收购技术和品牌等。

第十条　市场开拓资金优先支持下列活动：

1. 面向拉美、非洲、中东、东欧、东南亚、中亚等新兴国际市场的拓展；
2. 取得质量管理体系认证、环境管理体系认证和产品认证等国际认证。

第四章　资金管理

第十一条　市场开拓资金由财政部会同商务部采取因素法等方式进行分配。地方财政、商务部门结合本地区实际情况，研究确定支持重点和支持额度。

第十二条　市场开拓资金对符合本办法第九条规定且支出大于1万元的项目予以支持，支持金额原则上不超过项目支持内容所需金额的50%。对中、西部地区和东北老工业基地的中小企业，以及符合本办法第十条第一项的支持比例可提高到70%。

第十三条　财政部将市场开拓资金拨付至省级财政部门。

第十四条　中央项目组织单位组织中小企业（3省市及以上）参加境外经济贸易展览会或进行培训，可按规定向商务部和财政部提出项目申请。商务部、财政部按规定审核后，由财政部按照国库管理要求拨付资金。

第十五条　企业项目及地方项目组织单位组织本地区中小企业参加境外经济贸易展览会或进行培训，按规定向地方商务和财政部门提出项目申请。地方商务、财政部门按规定审核后，由地方财政部门按照国库管理要求拨付资金。

第十六条　中小企业获得的项目资金，应按国家相关规定进行财务处理。

第十七条　根据市场开拓资金管理工作需要，可在市场开拓资金中列支相关管理性支出，用于聘请承办单位、项目的评审、论证、审计等，支出比例不超过资金总额的3%，并予严格控制，厉行节约。

第十八条　任何单位和个人不得以任何形式骗取、挪用和截留市场开拓资金，对违反规定的，按照《财政违法行为处罚处分条例》予以处理。

第五章　附　则

第十九条　中小企业或项目组织单位组织中小企业开拓香港、澳门、台湾地区市场参照本办法执行。

第二十条　省级财政部门和商务部门可根据本办法，结合工作实际制定本地区市场开拓资金的具体实施办法，报财政部和商务部备案。各地每年应对中小企业国际市场开拓资金的执行情况进行总结和效益评价分析，并于次年的3月底将总结报告联合上报财政部、商务部。各管理部门对中小企业和项目组织单位申报的书面材料，保存期限不少于3年。

第二十一条 本办法由财政部会同商务部解释。

第二十二条 本办法自发布之日起实施。财政部、原外经贸部《关于印发〈中小企业国际市场开拓资金管理（试行）办法〉的通知》（财企〔2000〕467号），原外经贸部、财政部《关于印发〈中小企业国际市场开拓资金管理办法实施细则（暂行）〉的通知》（外经贸计财发〔2001〕270号）同时废止。

中小企业发展专项资金管理办法

（财企〔2008〕179号　2008年9月3日）

第一章　总　则

第一条　为了促进中小企业健康发展，规范中小企业发展专项资金的管理，提高资金使用效率，根据《中华人民共和国预算法》和财政预算管理的有关规定，制定本办法。

第二条　中小企业发展专项资金（以下简称专项资金）是根据《中华人民共和国中小企业促进法》，由中央财政预算安排主要用于支持中小企业结构调整、产业升级、专业化发展、与大企业协作配套、技术进步、综合利用、品牌建设，以及中小企业信用担保体系、市场开拓等中小企业发展环境建设等方面的专项资金（不含科技型中小企业技术创新基金）。

第三条　中小企业的划分标准，按照原国家经贸委、原国家发展计划委员会、财政部、国家统计局联合下发的《中小企业标准暂行规定》（国经贸中小企〔2003〕143号）执行。

第四条　专项资金的管理和使用应当符合国家宏观经济政策、产业政策和区域发展政策，坚持公开、公正、公平的原则，确保专项资金的规范、安全和高效使用。

第五条　财政部负责专项资金的预算管理、项目资金分配和资金拨付，并对资金的使用情况进行监督检查。

工业和信息化部负责确定专项资金的年度支持方向和支持重点，会同财政部对申报的项目进行审核，并对项目实施情况进行监督检查。

第二章　支持方式及额度

第六条　专项资金的支持方式采用无偿资助、贷款贴息和资本金注入方式。项目单位可选择其中一种支持方式，不得同时以多种方式申请专项资金。

以自有资金为主投资的固定资产建设项目，一般采取无偿资助方式；以金融机构贷款为主投资的固定资产建设项目，一般采取贷款贴息方式。

中小企业信用担保体系建设项目，一般采取无偿资助方式，特殊情况可采取资本金注入方式。

市场开拓等项目，一般采取无偿资助方式。

第七条　专项资金无偿资助的额度，每个项目一般控制在300万元以内。

专项资金贷款贴息的额度，根据项目贷款额度及人民银行公布的同期贷款利率确定。每个项目的贴息期限一般不超过2年，贴息额度最多不超过300万元。

第八条　已通过其他渠道获取中央财政资金支持的项目，专项资金不再予以支持。

第三章　项目资金的申请

第九条　申请专项资金的企业或单位必须同时具备下列资格条件：

（一）具有独立的法人资格；

（二）财务管理制度健全；

（三）经济效益良好；

（四）会计信用、纳税信用和银行信用良好；

（五）申报项目符合专项资金年度支持方向和重点。

第十条　申请专项资金的企业或单位应同时提供下列资料：

（一）法人执照副本及章程（复印件）；

（二）生产经营情况或业务开展情况；

（三）经会计师事务所审计的上一年度会计报表和审计报告（复印件）；

（四）其他需提供的资料。

第四章　项目资金的申报、审核及审批

第十一条　各省、自治区、直辖市及计划单列市财政部门和同级中小企业管理部门（以下简称省级财政部门和省级中小企业管理部门）负责本地区项目资金的申请审核工作。

第十二条　省级中小企业管理部门应会同同级财政部门在本地区范围内公开组织项目资金的申请工作，并对申请企业的资格条件及相关资料进行审核。

第十三条　省级中小企业管理部门应会同同级财政部门建立专家评审制度，组织相关技术、财务、市场等方面的专家，依据本办法第三章的规定和当年专项资金的支持方向和支持重点，对申请项目进行评审。

第十四条　省级财政部门应会同同级中小企业管理部门依据专家评审意见确定申报的项目，并在规定的时间内，将《中小企业发展专项资金申请书》、专家评审意见底稿和项目资金申请报告报送财政部、工业和信息化部。

申报专项资金的项目应按照项目的重要性排列顺序。

第十五条　工业和信息化部会同财政部对各地上报的申请报告及项目情况进行审核，并提出项目计划。

第十六条　财政部根据审核后的项目计划，确定项目资金支持方式，审定资金使用计划，将项目支出预算指标下达到省级财政部门，并根据预算规定及时拨付专项资金。

第十七条　企业收到专项资金后，应按照《企业财务通则》（财政部令第 41 号）第二十条的相关规定进行财务处理。

第五章　监督检查

第十八条　省级财政部门负责对专项资金的使用情况进行管理和监督；省级中小企

业管理部门负责对项目实施情况进行管理和监督。财政部驻各地财政监察专员办事处，对专项资金的拨付使用情况及项目实施情况进行不定期的监督检查。

第十九条 承担固定资产投资项目的企业，应在项目建成后 1 个月内向省级财政部门和同级中小企业管理部门报送项目建设情况及专项资金的使用情况，不能按期完成的项目，需在原定项目建成期前书面说明不能按期完成的理由和预计完成日期。

承担中小企业信用担保体系和市场开拓等改善中小企业发展环境建设项目的企业或单位，应于年底前向省级财政部门和同级中小企业管理部门报送专项资金的使用情况。

第二十条 省级财政部门应会同同级中小企业管理部门每年对本地区中小企业使用专项资金的总体情况和项目建设情况进行总结，并于年度终了 1 个月内上报财政部、工业和信息化部。

第二十一条 财政部和地方财政部门对专项资金的管理和使用进行监督检查，也可委托审计部门或社会审计机构进行审计。

对于违反本办法规定截留、挤占、挪用专项资金的单位或个人，按照《财政违法行为处罚处分条例》（国务院令第 427 号）进行处罚，并追究有关责任人员的责任。

第六章 附 则

第二十二条 省级财政部门和中小企业管理部门可根据本地实际情况，比照本办法制定具体的实施办法。

第二十三条 本办法由财政部会同工业和信息化部负责解释。

第二十四条 本办法自发布之日起施行。《财政部、国家发展改革委关于印发〈中小企业发展专项资金管理暂行办法〉的通知》（财企〔2006〕226 号）同时停止执行。

附：

中小企业发展专项资金申请书

（封面）

单位名称：

项目名称：

所在地点：省（自治区、直辖市）市 县

申请时间：

专项资金项目申请及审核意见表

（固定资产投资项目）

企业名称：　　　　　　　　　　　　　　　　　　　　　　　　　　单位：人、万元

<table>
<tr><td rowspan="4">企业基本情况</td><td>组织形式</td><td></td><td>注册地点</td><td></td><td>注册时间</td><td></td><td>注册资本</td><td></td></tr>
<tr><td>经营范围</td><td colspan="3"></td><td>主要产品</td><td colspan="3"></td></tr>
<tr><td>职工人数</td><td></td><td>净利润</td><td colspan="2"></td><td>上缴税金</td><td colspan="2"></td></tr>
<tr><td>资产总额</td><td></td><td>负债总额</td><td colspan="2"></td><td>所有者权益</td><td colspan="2"></td></tr>
<tr><td rowspan="8">项目基本情况</td><td colspan="2">项目名称</td><td colspan="6"></td></tr>
<tr><td colspan="2">项目类别</td><td colspan="2"></td><td colspan="2">项目工艺技术水平</td><td colspan="2"></td></tr>
<tr><td colspan="2">批准或备案文号</td><td colspan="2"></td><td colspan="2">项目建设起止年限</td><td colspan="2"></td></tr>
<tr><td rowspan="4">投资构成</td><td colspan="2">投资总额</td><td colspan="5"></td></tr>
<tr><td colspan="2">自有资金</td><td colspan="5"></td></tr>
<tr><td colspan="2">银行贷款</td><td colspan="5"></td></tr>
<tr><td colspan="2">其他资金</td><td colspan="5"></td></tr>
<tr><td>主要建设内容</td><td colspan="7"></td></tr>
<tr><td rowspan="4">申请支持方式及金额</td><td rowspan="2">贷款贴息</td><td colspan="4">已贷款额或已签贷款合同额</td><td colspan="3"></td></tr>
<tr><td colspan="4">申请贴息金额</td><td colspan="3"></td></tr>
<tr><td rowspan="2">无偿资助</td><td colspan="4">已投入自有资金数额</td><td colspan="3"></td></tr>
<tr><td colspan="4">申请无偿资助金额</td><td colspan="3"></td></tr>
<tr><td>专家评审意见</td><td colspan="8">签章　　　年 月 日</td></tr>
<tr><td>省级中小企业管理部门审核意见</td><td colspan="8">签章　　　年 月 日</td></tr>
<tr><td>省级财政部门审核意见</td><td colspan="8">签章　　　年 月 日</td></tr>
</table>

专项资金项目申请及审核意见表

（中小企业信用担保体系建设项目无偿资助方式）

单位名称：　　　　　　　　　　　　　　　　　　　　　　　　单位：人、万元

<table>
<tr><td rowspan="4">单位基本情况</td><td>组织形式</td><td></td><td>注册地点</td><td></td><td>注册时间</td><td></td><td>注册资本</td><td></td></tr>
<tr><td>经营范围</td><td colspan="2"></td><td>主要产品</td><td colspan="4"></td></tr>
<tr><td>职工人数</td><td></td><td>净利润</td><td colspan="2"></td><td>上缴税金</td><td colspan="2"></td></tr>
<tr><td>资产总额</td><td colspan="3"></td><td>所有者权益</td><td colspan="3"></td></tr>
<tr><td rowspan="4">项目基本情况</td><td colspan="2">项目名称</td><td colspan="6"></td></tr>
<tr><td colspan="2">项目类别</td><td colspan="6"></td></tr>
<tr><td colspan="2">主要业绩</td><td colspan="6"></td></tr>
<tr><td colspan="2">申报理由</td><td colspan="6"></td></tr>
<tr><td colspan="3">申请资助额</td><td colspan="6"></td></tr>
<tr><td>专家评审意见</td><td colspan="8">签章　　　年　月　日</td></tr>
<tr><td>省级中小企业管理部门审核意见</td><td colspan="8">签章　　　年　月　日</td></tr>
<tr><td>省级财政部门审核意见</td><td colspan="8">签章　　　年　月　日</td></tr>
</table>

专项资金项目申请及审核意见表

（中小企业信用担保体系建设项目资本金注入方式）

单位名称： 单位：人、万元

<table>
<tr><td rowspan="8">单位基本情况</td><td>组织形式</td><td></td><td>注册地点</td><td></td><td>注册时间</td><td></td><td>注册资本</td><td></td></tr>
<tr><td>经营范围</td><td colspan="2"></td><td>主要产品</td><td colspan="4"></td></tr>
<tr><td>职工人数</td><td></td><td>净利润</td><td colspan="2"></td><td>上缴税金</td><td colspan="2"></td></tr>
<tr><td>资产总额</td><td colspan="3"></td><td>所有者权益</td><td colspan="3"></td></tr>
<tr><td colspan="3">股东名称</td><td>拟定出资额</td><td>占比</td><td colspan="2">目前实际出资额</td><td>占比</td></tr>
<tr><td colspan="3"></td><td></td><td></td><td colspan="2"></td><td></td></tr>
<tr><td colspan="3"></td><td></td><td></td><td colspan="2"></td><td></td></tr>
<tr><td colspan="3"></td><td></td><td></td><td colspan="2"></td><td></td></tr>
<tr><td rowspan="4">项目基本情况</td><td colspan="2">项目名称</td><td colspan="6"></td></tr>
<tr><td colspan="2">项目类别</td><td colspan="6"></td></tr>
<tr><td colspan="2">主要业绩</td><td colspan="6"></td></tr>
<tr><td colspan="2">申报理由</td><td colspan="6"></td></tr>
<tr><td colspan="3">申请资助额</td><td colspan="6"></td></tr>
<tr><td>专家评审意见</td><td colspan="8">签章 年 月 日</td></tr>
<tr><td>省级中小企业管理部门审核意见</td><td colspan="8">签章 年 月 日</td></tr>
<tr><td>省级财政部门审核意见</td><td colspan="8">签章 年 月 日</td></tr>
</table>

专项资金项目申请及审核意见表

（其它改善中小企业发展环境项目）

单位名称： 单位：人、万元

单位基本情况	组织形式		注册地点		注册时间		注册资本	
	经营范围			主要产品				
	职工人数		净利润			上缴税金		
	资产总额				所有者权益			
项目基本情况	项目名称							
	项目类别							
	主要业绩							
	申报理由							
申请资助额								
专家评审意见	签章 年 月 日							
省级中小企业管理部门审核意见	签章 年 月 日							
省级财政部门审核意见	签章 年 月 日							

科技型中小企业创业投资引导基金管理暂行办法

（财企〔2007〕128号 2007年7月6日）

各省、自治区、直辖市、计划单列市财政厅（局）、科技厅（委、局）：

为贯彻《国务院关于实施〈国家中长期科学和技术发展规划纲要（2006—2020）〉若干配套政策的通知》（国发〔2006〕6号），支持科技型中小企业自主创新，我们制定了《科技型中小企业创业投资引导基金管理暂行办法》，现印发给你们，请遵照执行。执行中有何问题，请及时向我们反映。

第一章 总 则

第一条 为贯彻《国务院实施〈国家中长期科学和技术发展规划纲要（2006—2020年）〉若干配套政策》（国发〔2006〕6号），支持科技型中小企业自主创新，根据《国务院办公厅转发科学技术部财政部关于科技型中小企业技术创新基金的暂行规定的通知》（国办发〔1999〕47号），制定本办法。

第二条 科技型中小企业创业投资引导基金（以下简称引导基金）专项用于引导创业投资机构向初创期科技型中小企业投资。

第三条 引导基金的资金来源为，中央财政科技型中小企业技术创新基金；从所支持的创业投资机构回收的资金和社会捐赠的资金。

第四条 引导基金按照项目选择市场化、资金使用公共化、提供服务专业化的原则运作。

第五条 引导基金的引导方式为阶段参股、跟进投资、风险补助和投资保障。

第六条 财政部、科技部聘请专家组成引导基金评审委员会，对引导基金支持的项目进行评审；委托科技部科技型中小企业技术创新基金管理中心（以下简称创新基金管理中心）负责引导基金的日常管理。

第二章 支持对象

第七条 引导基金的支持对象为：在中华人民共和国境内从事创业投资的创业投资企业、创业投资管理企业、具有投资功能的中小企业服务机构（以下统称创业投资机构），及初创期科技型中小企业。

第八条 本办法所称的创业投资企业，是指具有融资和投资功能，主要从事创业投资活动的公司制企业或有限合伙制企业。申请引导基金支持的创业投资企业应当具备下列条件：

（一）经工商行政管理部门登记；

（二）实收资本（或出资额）在10 000万元人民币以上，或者出资人首期出资在3 000万元人民币以上，且承诺在注册后5年内总出资额达到10 000万元人民币以上，所有投资者以货币形式出资；

（三）有明确的投资领域，并对科技型中小企业投资累计5 000万元以上；

（四）有至少3名具备5年以上创业投资或相关业务经验的专职高级管理人员；

（五）有至少3个对科技型中小企业投资的成功案例，即投资所形成的股权年平均收益率不低于20%，或股权转让收入高于原始投资20%以上；

（六）管理和运作规范，具有严格合理的投资决策程序和风险控制机制；

（七）按照国家企业财务、会计制度规定，有健全的内部财务管理制度和会计核算办法；

（八）不投资于流动性证券、期货、房地产业以及国家政策限制类行业。

第九条 本办法所称的创业投资管理企业，是指由职业投资管理人组建的为投资者提供投资管理服务的公司制企业或有限合伙制企业。申请引导基金支持的创业投资管理企业应具备下列条件：

（一）符合本办法第八条第（一）、第（四）、第（五）、第（六）、第（七）项条件；

（二）实收资本（或出资额）在100万元人民币以上；

（三）管理的创业资本在5 000万元人民币以上；

第十条 本办法所称的具有投资功能的中小企业服务机构，是指主要从事为初创期科技型中小企业提供创业辅导、技术服务和融资服务，且具有投资能力的科技企业孵化器、创业服务中心等中小企业服务机构。申请引导基金支持的中小企业服务机构需具备以下条件：

（一）符合本办法第八条第（五）、第（六）、第（七）项条件；

（二）具有企业或事业法人资格；

（三）有至少2名具备3年以上创业投资或相关业务经验的专职管理人员；

（四）正在辅导的初创期科技型中小企业不低于50家（以签订《服务协议》为准）；

（五）能够向初创期科技型中小企业提供固定的经营场地；

（六）对初创期科技型中小企业的投资或委托管理的投资累计在500万元人民币以上。

第十一条 本办法所称的初创期科技型中小企业，是指主要从事高新技术产品研究、开发、生产和服务，成立期限在5年以内的非上市公司。享受引导基金支持的初创期科技型中小企业，应当具备下列条件：

（一）具有企业法人资格；

（二）职工人数在300人以下，具有大专以上学历的科技人员占职工总数的比例在30%以上，直接从事研究开发的科技人员占职工总数比例在10%以上；

（三）年销售额在3 000万元人民币以下，净资产在2 000万元人民币以下，每年用于高新技术研究开发的经费占销售额的5%以上。

第三章 阶段参股

第十二条 阶段参股是指引导基金向创业投资企业进行股权投资，并在约定的期限内退出。主要支持发起设立新的创业投资企业。

第十三条 符合本办法规定条件的创业投资机构作为发起人发起设立新的创业投资企业时，可以申请阶段参股。

第十四条 引导基金的参股比例最高不超过创业投资企业实收资本（或出资额）的25%，且不能成为第一大股东。

第十五条 引导基金投资形成的股权，其他股东或投资者可以随时购买。自引导基金投入后3年内购买的，转让价格为引导基金原始投资额；超过3年的，转让价格为引导基金原始投资额与按照转让时中国人民银行公布的1年期贷款基准利率计算的收益之和。

第十六条 申请引导基金参股的创业投资企业应当在《投资人协议》和《企业章程》中明确下列事项：

（一）在有受让方的情况下，引导基金可以随时退出；

（二）引导基金参股期限一般不超过5年；

（三）在引导基金参股期内，对初创期科技型中小企业的投资总额不低于引导基金出资额的2倍；

（四）引导基金不参与日常经营和管理，但对初创期科技型中小企业的投资情况拥有监督权。创新基金管理中心可以组织社会中介机构对创业投资企业进行年度专项审计。创业投资机构未按《投资人协议》和《企业章程》约定向初创期科技型中小企业投资的，引导基金有权退出；

（五）参股创业投资企业发生清算时，按照法律程序清偿债权人的债权后，剩余财产首先清偿引导基金。

第四章 跟进投资

第十七条 跟进投资是指对创业投资机构选定投资的初创期科技型中小企业，引导基金与创业投资机构共同投资。

第十八条 创业投资机构在选定投资项目后或实际完成投资1年内，可以申请跟进投资。

第十九条 引导基金按创业投资机构实际投资额50%以下的比例跟进投资，每个项目不超过300万元人民币。

第二十条 引导基金跟进投资形成的股权委托共同投资的创业投资机构管理。

创新基金管理中心应当与共同投资的创业投资机构签订《股权托管协议》，明确双方的权利、责任、义务、股权退出的条件或时间等。

第二十一条 引导基金按照投资收益的50%向共同投资的创业投资机构支付管理费和效益奖励，剩余的投资收益由引导基金收回。

第二十二条 引导基金投资形成的股权一般在5年内退出。股权退出由共同投资的创业投资机构负责实施。

第二十三条 共同投资的创业投资机构不得先于引导基金退出其在被投资企业的股权。

第五章 风险补助

第二十四条 风险补助是指引导基金对已投资于初创期科技型中小企业的创业投资机构予以一定的补助。

第二十五条 创业投资机构在完成投资后，可以申请风险补助。

第二十六条 引导基金按照最高不超过创业投资机构实际投资额的5%给予风险补助，补助金额最高不超过500万元人民币。

第二十七条 风险补助资金用于弥补创业投资损失。

第六章 投资保障

第二十八条 投资保障是指创业投资机构将正在进行高新技术研发、有投资潜力的初创期科技型中小企业确定为“辅导企业”后，引导基金对“辅导企业”给予资助。

投资保障分两个阶段进行。在创业投资机构与“辅导企业”签订《投资意向书》后，引导基金对“辅导企业”给予投资前资助；在创业投资机构完成投资后，引导基金对“辅导企业”给予投资后资助。

第二十九条 创业投资机构可以与“辅导企业”共同提出投资前资助申请。

第三十条 申请投资前资助的，创业投资机构应当与“辅导企业”签订《投资意向书》，并出具《辅导承诺书》，明确以下事项：

（一）获得引导基金资助后，由创业投资机构向“辅导企业”提供无偿创业辅导的主要内容。辅导期一般为1年，最长不超过2年；

（二）辅导期内“辅导企业”应达到的符合创业投资机构投资的条件；

（三）创业投资机构与“辅导企业”双方违约责任的追究。

第三十一条 符合本办法第三十条规定的，引导基金可以给予“辅导企业”投资前资助，资助金额最高不超过100万元人民币。资助资金主要用于补助“辅导企业”高新技术研发的费用支出。

第三十二条 经过创业辅导，创业投资机构实施投资后，创业投资机构与“辅导企业”可以共同申请投资后资助。引导基金可以根据情况，给予“辅导企业”最高不超过200万元人民币的投资后资助。资助资金主要用于补助“辅导企业”高新技术产品产业化的费用支出。

第三十三条 对辅导期结束未实施投资的，创业投资机构和“辅导企业”应分别提交专项报告，说明原因。对不属于不可抗力而未按《投资意向书》和《辅导承诺书》履约的，由创新基金管理中心依法收回投资前资助资金，并在有关媒体上公布违约的创业投资机构和“辅导企业”名单。

第七章 管理与监督

第三十四条 财政部、科技部履行下列职责：

（一）制订引导基金项目评审规程；

（二）聘请有关专家组成引导基金评审委员会；

（三）根据引导基金评审委员会评审结果，审定所要支持的项目；

（四）指导、监督创新基金管理中心对引导基金的日常管理工作；

（五）委托第三方机构，对引导基金的运作情况进行评估，对获得引导基金支持的创业投资机构的经营业绩进行评价。

第三十五条 引导基金评审委员会履行下列职责：

依据评审标准和评审规程公开、公平、公正地对引导基金项目进行评审。

第三十六条 创新基金管理中心履行下列职责：

（一）对申请引导基金的项目进行受理和初审，向引导基金评审委员会提出初审意见；

（二）受财政部、科技部委托，作为引导基金出资人代表，管理引导基金投资形成的股权，负责实施引导基金投资形成的股权退出工作；

（三）监督检查引导基金所支持项目的实施情况，定期向财政部、科技部报告监督检查情况，并对监督检查结果提出处理建议。

第三十七条 经引导基金评审委员会评审的支持项目，在有关媒体上公示，公示期为2周。对公示中发现问题的项目，引导基金不予支持。

第八章 附 则

第三十八条 引导基金项目管理办法由科技部会同财政部另行制定。

第三十九条 本办法由财政部会同科技部负责解释。

企业财务通则

（财政部令第 41 号　2006 年 12 月 4 日）

第一章　总　则

第一条　为了加强企业财务管理，规范企业财务行为，保护企业及其相关方的合法权益，推进现代企业制度建设，根据有关法律、行政法规的规定，制定本通则。

第二条　在中华人民共和国境内依法设立的具备法人资格的国有及国有控股企业适用本通则。金融企业除外。

其他企业参照执行。

第三条　国有及国有控股企业（以下简称企业）应当确定内部财务管理体制，建立健全财务管理制度，控制财务风险。

企业财务管理应当按照制定的财务战略，合理筹集资金，有效营运资产，控制成本费用，规范收益分配及重组清算财务行为，加强财务监督和财务信息管理。

第四条　财政部负责制定企业财务规章制度。

各级财政部门（以下通称主管财政机关）应当加强对企业财务的指导、管理、监督，其主要职责包括：

（一）监督执行企业财务规章制度，按照财务关系指导企业建立健全内部财务制度。

（二）制定促进企业改革发展的财政财务政策，建立健全支持企业发展的财政资金管理制度。

（三）建立健全企业年度财务会计报告审计制度，检查企业财务会计报告质量。

（四）实施企业财务评价，监测企业财务运行状况。

（五）研究、拟订企业国有资本收益分配和国有资本经营预算的制度。

（六）参与审核属于本级人民政府及其有关部门、机构出资的企业重要改革、改制方案。

（七）根据企业财务管理的需要提供必要的帮助、服务。

第五条　各级人民政府及其部门、机构，企业法人、其他组织或者自然人等企业投资者（以下通称投资者），企业经理、厂长或者实际负责经营管理的其他领导成员（以下通称经营者），依照法律、法规、本通则和企业章程的规定，履行企业内部财务管理职责。

第六条　企业应当依法纳税。企业财务处理与税收法律、行政法规规定不一致的，纳税时应当依法进行调整。

第七条　各级人民政府及其部门、机构出资的企业，其财务关系隶属同级财政机关。

第二章　企业财务管理体制

第八条　企业实行资本权属清晰、财务关系明确、符合法人治理结构要求的财务管理体制。

企业应当按照国家有关规定建立有效的内部财务管理级次。企业集团公司自行决定集团内部财务管理体制。

第九条 企业应当建立财务决策制度，明确决策规则、程序、权限和责任等。法律、行政法规规定应当通过职工（代表）大会审议或者听取职工、相关组织意见的财务事项，依照其规定执行。

企业应当建立财务决策回避制度。对投资者、经营者个人与企业利益有冲突的财务决策事项，相关投资者、经营者应当回避。

第十条 企业应当建立财务风险管理制度，明确经营者、投资者及其他相关人员的管理权限和责任，按照风险与收益均衡、不相容职务分离等原则，控制财务风险。

第十一条 企业应当建立财务预算管理制度，以现金流为核心，按照实现企业价值最大化等财务目标的要求，对资金筹集、资产营运、成本控制、收益分配、重组清算等财务活动，实施全面预算管理。

第十二条 投资者的财务管理职责主要包括：

（一）审议批准企业内部财务管理制度、企业财务战略、财务规划和财务预算。

（二）决定企业的筹资、投资、担保、捐赠、重组、经营者报酬、利润分配等重大财务事项。

（三）决定企业聘请或者解聘会计师事务所、资产评估机构等中介机构事项。

（四）对经营者实施财务监督和财务考核。

（五）按照规定向全资或者控股企业委派或者推荐财务总监。

投资者应当通过股东（大）会、董事会或者其他形式的内部机构履行财务管理职责，可以通过企业章程、内部制度、合同约定等方式将部分财务管理职责授予经营者。

第十三条 经营者的财务管理职责主要包括：

（一）拟订企业内部财务管理制度、财务战略、财务规划，编制财务预算。

（二）组织实施企业筹资、投资、担保、捐赠、重组和利润分配等财务方案，诚信履行企业偿债义务。

（三）执行国家有关职工劳动报酬和劳动保护的规定，依法缴纳社会保险费、住房公积金等，保障职工合法权益。

（四）组织财务预测和财务分析，实施财务控制。

（五）编制并提供企业财务会计报告，如实反映财务信息和有关情况。

（六）配合有关机构依法进行审计、评估、财务监督等工作。

第三章 资金筹集

第十四条 企业可以接受投资者以货币资金、实物、无形资产、股权、特定债权等形式的出资。其中，特定债权是指企业依法发行的可转换债券、符合有关规定转作股权的债权等。

企业接受投资者非货币资产出资时，法律、行政法规对出资形式、程序和评估作价等有规定的，依照其规定执行。

企业接受投资者商标权、著作权、专利权及其他专有技术等无形资产出资的，应当符合法律、行政法规规定的比例。

第十五条 企业依法以吸收直接投资、发行股份等方式筹集权益资金的，应当拟订筹资方案，确定筹资规模，履行内部决策程序和必要的报批手续，控制筹资成本。

企业筹集的实收资本，应当依法委托法定验资机构验资并出具验资报告。

第十六条 企业应当执行国家有关资本管理制度，在获准工商登记后30日内，依据验资报告等向投资者出具出资证明书，确定投资者的合法权益。

企业筹集的实收资本，在持续经营期间可以由投资者依照法律、行政法规以及企业章程的规定转让或者减少，投资者不得抽逃或者变相抽回出资。

除《公司法》等有关法律、行政法规另有规定外，企业不得回购本企业发行的股份。企业依法回购股份，应当符合有关条件和财务处理办法，并经投资者决议。

第十七条 对投资者实际缴付的出资超出注册资本的差额（包括股票溢价），企业应当作为资本公积管理。

经投资者审议决定后，资本公积用于转增资本。国家另有规定的，从其规定。

第十八条 企业从税后利润中提取的盈余公积包括法定公积金和任意公积金，可以用于弥补企业亏损或者转增资本。法定公积金转增资本后留存企业的部分，以不少于转增前注册资本的25％为限。

第十九条 企业增加实收资本或者以资本公积、盈余公积转增实收资本，由投资者履行财务决策程序后，办理相关财务事项和工商变更登记。

第二十条 企业取得的各类财政资金，区分以下情况处理：

（一）属于国家直接投资、资本注入的，按照国家有关规定增加国家资本或者国有资本公积。

（二）属于投资补助的，增加资本公积或者实收资本。国家拨款时对权属有规定的，按规定执行；没有规定的，由全体投资者共同享有。

（三）属于贷款贴息、专项经费补助的，作为企业收益处理。

（四）属于政府转贷、偿还性资助的，作为企业负债管理。

（五）属于弥补亏损、救助损失或者其他用途的，作为企业收益处理。

第二十一条 企业依法以借款、发行债券、融资租赁等方式筹集债务资金的，应当明确筹资目的，根据资金成本、债务风险和合理的资金需求，进行必要的资本结构决策，并签订书面合同。

企业筹集资金用于固定资产投资项目的，应当遵守国家产业政策、行业规划、自有资本比例及其他规定。

企业筹集资金，应当按规定核算和使用，并诚信履行合同，依法接受监督。

第四章　资产营运

第二十二条 企业应当根据风险与收益均衡等原则和经营需要，确定合理的资产结构，并实施资产结构动态管理。

第二十三条 企业应当建立内部资金调度控制制度，明确资金调度的条件、权限和程序，统一筹集、使用和管理资金。企业支付、调度资金，应当按照内部财务管理制度的规定，依据有效合同、合法凭证，办理相关手续。

企业向境外支付、调度资金应当符合国家有关外汇管理的规定。

企业集团可以实行内部资金集中统一管理，但应当符合国家有关金融管理等法律、行政法规规定，并不得损害成员企业的利益。

第二十四条 企业应当建立合同的财务审核制度，明确业务流程和审批权限，实行财务监控。

企业应当加强应收款项的管理，评估客户信用风险，跟踪客户履约情况，落实收账责任，减少坏账损失。

第二十五条 企业应当建立健全存货管理制度，规范存货采购审批、执行程序，根据合同的约定以及内部审批制度支付货款。

企业选择供货商以及实施大宗采购，可以采取招标等方式进行。

第二十六条 企业应当建立固定资产购建、使用、处置制度。

企业自行选择、确定固定资产折旧办法，可以征询中介机构、有关专家的意见，并由投资者审议批准。固定资产折旧办法一经选用，不得随意变更。确需变更的，应当说明理由，经投资者审议批准。

企业购建重要的固定资产、进行重大技术改造，应当经过可行性研究，按照内部审批制度履行财务决策程序，落实决策和执行责任。

企业在建工程项目交付使用后，应当在一个年度内办理竣工决算。

第二十七条 企业对外投资应当遵守法律、行政法规和国家有关政策的规定，符合企业发展战略的要求，进行可行性研究，按照内部审批制度履行批准程序，落实决策和执行的责任。

企业对外投资应当签订书面合同，明确企业投资权益，实施财务监管。依据合同支付投资款项，应当按照企业内部审批制度执行。

企业向境外投资的，还应当经投资者审议批准，并遵守国家境外投资项目核准和外汇管理等相关规定。

第二十八条 企业通过自创、购买、接受投资等方式取得的无形资产，应当依法明确权属，落实有关经营、管理的财务责任。

无形资产出现转让、租赁、质押、授权经营、连锁经营、对外投资等情形时，企业应当签订书面合同，明确双方的权利义务，合理确定交易价格。

第二十九条 企业对外担保应当符合法律、行政法规及有关规定，根据被担保单位的资信及偿债能力，按照内部审批制度采取相应的风险控制措施，并设立备查账簿登记，实行跟踪监督。

企业对外捐赠应当符合法律、行政法规及有关财务规定，制定实施方案，明确捐赠的范围和条件，落实执行责任，严格办理捐赠资产的交接手续。

第三十条 企业从事期货、期权、证券、外汇交易等业务或者委托其他机构理财，不得影响主营业务的正常开展，并应当签订书面合同，建立交易报告制度，定期对账，控制风险。

第三十一条 企业从事代理业务，应当严格履行合同，实行代理业务与自营业务分账管理，不得挪用客户资金、互相转嫁经营风险。

第三十二条 企业应当建立各项资产损失或者减值准备管理制度。各项资产损失或者减值准备的计提标准，一经选用，不得随意变更。企业在制订计提标准时可以征询中介机构、有关专家的意见。

对计提损失或者减值准备后的资产，企业应当落实监管责任。能够收回或者继续使用以及没有证据证明实际损失的资产，不得核销。

第三十三条 企业发生的资产损失，应当及时予以核实、查清责任，追偿损失，按照规定程序处理。

企业重组中清查出的资产损失，经批准后依次冲减未分配利润、盈余公积、资本公积和实收资本。

第三十四条 企业以出售、抵押、置换、报废等方式处理资产时，应当按照国家有关规定和企业内部财务管理制度规定的权限和程序进行。其中，处理主要固定资产涉及企业经营业务调整或者资产重组的，应当根据投资者审议通过的业务调整或者资产重组方案实施。

第三十五条 企业发生关联交易的，应当遵守国家有关规定，按照独立企业之间的交易计价结算。投资者或者经营者不得利用关联交易非法转移企业经济利益或者操纵关联企业的利润。

第五章 成本控制

第三十六条 企业应当建立成本控制系统，强化成本预算约束，推行质量成本控制办法，实行成本定额管理、全员管理和全过程控制。

第三十七条 企业实行费用归口、分级管理和预算控制，应当建立必要的费用开支范围、标准和报销审批制度。

第三十八条 企业技术研发和科技成果转化项目所需经费，可以通过建立研发准备金筹措，据实列入相关资产成本或者当期费用。

符合国家规定条件的企业集团，可以集中使用研发费用，用于企业主导产品和核心技术的自主研发。

第三十九条 企业依法实施安全生产、清洁生产、污染治理、地质灾害防治、生态恢复和环境保护等所需经费，按照国家有关标准列入相关资产成本或者当期费用。

第四十条 企业发生销售折扣、折让以及支付必要的佣金、回扣、手续费、劳务费、提成、返利、进场费、业务奖励等支出的，应当签订相关合同，履行内部审批手续。

企业开展进出口业务收取或者支付的佣金、保险费、运费，按照合同规定的价格条件处理。

企业向个人以及非经营单位支付费用的，应当严格履行内部审批及支付的手续。

第四十一条 企业可以根据法律、法规和国家有关规定，对经营者和核心技术人员实行与其他职工不同的薪酬办法，属于本级人民政府及其部门、机构出资的企业，应当将薪酬办法报主管财政机关备案。

第四十二条 企业应当按照劳动合同及国家有关规定支付职工报酬，并为从事高危作业的职工缴纳团体人身意外伤害保险费，所需费用直接作为成本（费用）列支。

经营者可以在工资计划中安排一定数额，对企业技术研发、降低能源消耗、治理“三废”、促进安全生产、开拓市场等作出突出贡献的职工给予奖励。

第四十三条 企业应当依法为职工支付基本医疗、基本养老、失业、工伤等社会保险费，所需费用直接作为成本（费用）列支。

已参加基本医疗、基本养老保险的企业，具有持续盈利能力和支付能力的，可以为职工建立补充医疗保险和补充养老保险，所需费用按照省级以上人民政府规定的比例从成本（费用）中提取。超出规定比例的部分，由职工个人负担。

第四十四条 企业为职工缴纳住房公积金以及职工住房货币化分配的财务处理，按照国家有关规定执行。

职工教育经费按照国家规定的比例提取，专项用于企业职工后续职业教育和职业培训。

工会经费按照国家规定比例提取并拨缴工会。

第四十五条 企业应当依法缴纳行政事业性收费、政府性基金以及使用或者占用国有资源的费用等。

企业对没有法律法规依据或者超过法律法规规定范围和标准的各种摊派、收费、集资，有权拒绝。

第四十六条 企业不得承担属于个人的下列支出：

（一）娱乐、健身、旅游、招待、购物、馈赠等支出。

（二）购买商业保险、证券、股权、收藏品等支出。

（三）个人行为导致的罚款、赔偿等支出。

（四）购买住房、支付物业管理费等支出。

（五）应由个人承担的其他支出。

第六章 收益分配

第四十七条 投资者、经营者及其他职工履行本企业职务或者以企业名义开展业务所得的收入，包括销售收入以及对方给予的销售折扣、折让、佣金、回扣、手续费、劳务费、提成、返利、进场费、业务奖励等收入，全部属于企业。

企业应当建立销售价格管理制度，明确产品或者劳务的定价和销售价格调整的权限、程序与方法，根据预期收益、资金周转、市场竞争、法律规范约束等要求，采取相应的价格策略，防范销售风险。

第四十八条 企业出售股权投资，应当按照规定的程序和方式进行。股权投资出售底价，参照资产评估结果确定，并按照合同约定收取所得价款。在履行交割时，对尚未收款部分的股权投资，应当按照合同的约定结算，取得受让方提供的有效担保。

上市公司国有股减持所得收益，按照国务院的规定处理。

第四十九条 企业发生的年度经营亏损，依照税法的规定弥补。税法规定年限内的税前利润不足弥补的，用以后年度的税后利润弥补，或者经投资者审议后用盈余公积弥补。

第五十条 企业年度净利润，除法律、行政法规另有规定外，按照以下顺序分配：

（一）弥补以前年度亏损。

（二）提取10%法定公积金。法定公积金累计额达到注册资本50%以后，可以不再提取。

（三）提取任意公积金。任意公积金提取比例由投资者决议。

（四）向投资者分配利润。企业以前年度未分配的利润，并入本年度利润，在充分考虑现金流量状况后，向投资者分配。属于各级人民政府及其部门、机构出资的企业，应当将应付国有利润上缴财政。

国有企业可以将任意公积金与法定公积金合并提取。股份有限公司依法回购后暂未转让或者注销的股份，不得参与利润分配；以回购股份对经营者及其他职工实施股权激励的，在拟订利润分配方案时，应当预留回购股份所需利润。

第五十一条 企业弥补以前年度亏损和提取盈余公积后，当年没有可供分配的利润时，不得向投资者分配利润，但法律、行政法规另有规定的除外。

第五十二条 企业经营者和其他职工以管理、技术等要素参与企业收益分配的，应当按照国家有关规定在企业章程或者有关合同中对分配办法作出规定，并区别以下情况处理：

（一）取得企业股权的，与其他投资者一同进行企业利润分配。

（二）没有取得企业股权的，在相关业务实现的利润限额和分配标准内，从当期费用中列支。

第七章 重组清算

第五十三条 企业通过改制、产权转让、合并、分立、托管等方式实施重组，对涉及资本权益的事项，应当由投资者或者授权机构进行可行性研究，履行内部财务决策程序，并组织开展以下工作：

（一）清查财产，核实债务，委托会计师事务所审计。

（二）制订职工安置方案，听取重组企业的职工、职工代表大会的意见或者提交职工代表大会审议。

（三）与债权人协商，制订债务处置或者承继方案。

（四）委托评估机构进行资产评估，并以评估价值作为净资产作价或者折股的参考依据。

（五）拟订股权设置方案和资本重组实施方案，经过审议后履行报批手续。

第五十四条 企业采取分立方式进行重组，应当明晰分立后的企业产权关系。企业划分各项资产、债务以及经营业务，应当按照业务相关性或者资产相关性原则制订分割方案。对不能分割的整体资产，在评估机构评估价值的基础上，经分立各方协商，由拥有整体资产的一方给予他方适当经济补偿。

第五十五条 企业可以采取新设或者吸收方式进行合并重组。企业合并前的各项资产、债务以及经营业务，由合并后的企业承继，并应当明确合并后企业的产权关系以及各投资者的出资比例。

企业合并的资产税收处理应当符合国家有关税法的规定，合并后净资产超出注册资本的部分，作为资本公积；少于注册资本的部分，应当变更注册资本或者由投资者补足出资。

对资不抵债的企业以承担债务方式合并的，合并方应当制定企业重整措施，按照合并方案履行偿还债务责任，整合财务资源。

第五十六条 企业实行托管经营，应当由投资者决定，并签订托管协议，明确托管经营的资产负债状况、托管经营目标、托管资产处置权限以及收益分配办法等，并落实财务监管措施。

受托企业应当根据托管协议制订相关方案，重组托管企业的资产与债务。未经托管企业投资者同意，不得改组、改制托管企业，不得转让托管企业及转移托管资产、经营业务，不得以托管企业名义或者以托管资产对外担保。

第五十七条 企业进行重组时，对已占用的国有划拨土地应当按照有关规定进行评估，履行相关手续，并区别以下情况处理：

（一）继续采取划拨方式的，可以不纳入企业资产管理，但企业应当明确划拨土地使用权权益，并按规定用途使用，设立备查账簿登记。国家另有规定的除外。

（二）采取作价入股方式的，将应缴纳的土地出让金转作国家资本，形成的国有股权由企业重组前的国有资本持有单位或者主管财政机关确认的单位持有。

（三）采取出让方式的，由企业购买土地使用权，支付出让费用。

（四）采取租赁方式的，由企业租赁使用，租金水平参照银行同期贷款利率确定，并在租赁合同中约定。

企业进行重组时，对已占用的水域、探矿权、采矿权、特许经营权等国有资源，依法可以转让的，比照前款处理。

第五十八条 企业重组过程中，对拖欠职工的工资和医疗、伤残补助、抚恤费用以及欠缴的基本社会保险费、住房公积金，应当以企业现有资产优先清偿。

第五十九条 企业被责令关闭、依法破产、经营期限届满而终止经营的，或者经投资者决议解散的，应当按照法律、法规和企业章程的规定实施清算。清算财产变卖底价，参照资产评估结果确定。国家另有规定的，从其规定。

企业清算结束，应当编制清算报告，委托会计师事务所审计，报投资者或者人民法院确认后，向相关部门、债权人以及其他的利益相关人通告。其中，属于各级人民政府及其部门、机构出资的企业，其清算报告应当报送主管财政机关。

第六十条 企业解除职工劳动关系，按照国家有关规定支付的经济补偿金或者安置费，除正常经营期间发生的列入当期费用以外，应当区别以下情况处理：

（一）企业重组中发生的，依次从未分配利润、盈余公积、资本公积、实收资本中支付。

（二）企业清算时发生的，以企业扣除清算费用后的清算财产优先清偿。

第八章 信息管理

第六十一条 企业可以结合经营特点，优化业务流程，建立财务和业务一体化的信息处理系统，逐步实现财务、业务相关信息一次性处理和实时共享。

第六十二条 企业应当逐步创造条件，实行统筹企业资源计划，全面整合和规范财务、业务流程，对企业物流、资金流、信息流进行一体化管理和集成运作。

第六十三条 企业应当建立财务预警机制，自行确定财务危机警戒标准，重点监测经营性净现金流量与到期债务、企业资产与负债的适配性，及时沟通企业有关财务危机预警的信息，提出解决财务危机的措施和方案。

第六十四条 企业应当按照有关法律、行政法规和国家统一的会计制度的规定，按时编制财务会计报告，经营者或者投资者不得拖延、阻挠。

第六十五条 企业应当按照规定向主管财政机关报送月份、季度、年度财务会计报告等材料，不得在报送的财务会计报告等材料上作虚假记载或者隐瞒重要事实。主管财政机关应当根据企业的需要提供必要的培训和技术支持。

企业对外提供的年度财务会计报告，应当依法经过会计师事务所审计。国家另有规定的，从其规定。

第六十六条 企业应当在年度内定期向职工公开以下信息：

（一）职工劳动报酬、养老、医疗、工伤、住房、培训、休假等信息。

（二）经营者报酬实施方案。

（三）年度财务会计报告审计情况。

（四）企业重组涉及的资产评估及处置情况。

（五）其他依法应当公开的信息。

第六十七条 主管财政机关应当建立健全企业财务评价体系，主要评估企业内部财务控制的有效性，评价企业的偿债能力、盈利能力、资产营运能力、发展能力和社会贡献。评估和评价的结果可以通过适当方式向社会发布。

第六十八条 主管财政机关及其工作人员应当恰当使用所掌握的企业财务信息，并依法履行保密义务，不得利用企业的财务信息谋取私利或者损害企业利益。

第九章 财务监督

第六十九条 企业应当依法接受主管财政机关的财务监督和国家审计机关的财务审计。

第七十条 经营者在经营过程中违反本通则有关规定的，投资者可以依法追究经营者的责任。

第七十一条 企业应当建立、健全内部财务监督制度。

企业设立监事会或者监事人员的，监事会或者监事人员依照法律、行政法规、本通则和企业章程的规定，履行企业内部财务监督职责。

经营者应当实施内部财务控制，配合投资者或者企业监事会以及中介机构的检查、审计工作。

第七十二条 企业和企业负有直接责任的主管人员和其他人员有以下行为之一的，县级以上主管财政机关可以责令限期改正、予以警告，有违法所得的，没收违法所得，并可以处以不超过违法所得 3 倍、但最高不超过 3 万元的罚款；没有违法所得的，可以处以1万元以下的罚款。

（一）违反本通则第三十九条、四十条、四十二条第一款、四十三条、四十六条规定列支成本费用的。

（二）违反本通则第四十七条第一款规定截留、隐瞒、侵占企业收入的。

（三）违反本通则第五十条、五十一条、五十二条规定进行利润分配的。但依照《公司法》设立的企业不按本通则第五十条第一款第二项规定提取法定公积金的，依照《公司法》的规定予以处罚。

（四）违反本通则第五十七条规定处理国有资源的。

（五）不按本通则第五十八条规定清偿职工债务的。

第七十三条 企业和企业负有直接责任的主管人员和其他人员有以下行为之一的，县级以上主管财政机关可以责令限期改正、予以警告。

（一）未按本通则规定建立健全各项内部财务管理制度的。

（二）内部财务管理制度明显与法律、行政法规和通用的企业财务规章制度相抵触，且不按主管财政机关要求修正的。

第七十四条 企业和企业负有直接责任的主管人员和其他人员不按本通则第六十四条、第六十五条规定编制、报送财务会计报告等材料的，县级以上主管财政机关可以依照《公司法》、《企业财务会计报告条例》的规定予以处罚。

第七十五条 企业在财务活动中违反财政、税收等法律、行政法规的，依照《财政违法行为处罚处分条例》（国务院令第427号）及有关税收法律、行政法规的规定予以处理、处罚。

第七十六条 主管财政机关以及政府其他部门、机构有关工作人员，在企业财务管理中滥用职权、玩忽职守、徇私舞弊或者泄露国家机密、企业商业秘密的，依法进行处理。

第十章 附 则

第七十七条 实行企业化管理的事业单位比照适用本通则。

第七十八条 本通则自2007年1月1日起施行。

中小企业划型标准规定

（工信部联企业〔2011〕300 号 2011 年 6 月 18 日）

一、根据《中华人民共和国中小企业促进法》和《国务院关于进一步促进中小企业发展的若干意见》（国发〔2009〕36 号），制定本规定。

二、中小企业划分为中型、小型、微型三种类型，具体标准根据企业从业人员、营业收入、资产总额等指标，结合行业特点制定。

三、本规定适用的行业包括：农、林、牧、渔业，工业（包括采矿业，制造业，电力、热力、燃气及水生产和供应业），建筑业，批发业，零售业，交通运输业（不含铁路运输业），仓储业，邮政业，住宿业，餐饮业，信息传输业（包括电信、互联网和相关服务），软件和信息技术服务业，房地产开发经营，物业管理，租赁和商务服务业，其他未列明行业（包括科学研究和技术服务业，水利、环境和公共设施管理业，居民服务、修理和其他服务业，社会工作，文化、体育和娱乐业等）。

四、各行业划型标准为：

（一）农、林、牧、渔业。营业收入 20 000 万元以下的为中小微型企业。其中，营业收入 500 万元及以上的为中型企业，营业收入 50 万元及以上的为小型企业，营业收入 50 万元以下的为微型企业。

（二）工业。从业人员 1 000 人以下或营业收入 40 000 万元以下的为中小微型企业。其中，从业人员 300 人及以上，且营业收入 2 000 万元及以上的为中型企业；从业人员 20 人及以上，且营业收入 300 万元及以上的为小型企业；从业人员 20 人以下或营业收入 300 万元以下的为微型企业。

（三）建筑业。营业收入 80 000 万元以下或资产总额 80 000 万元以下的为中小微型企业。其中，营业收入 6 000 万元及以上，且资产总额 5 000 万元及以上的为中型企业；营业收入 300 万元及以上，且资产总额 300 万元及以上的为小型企业；营业收入 300 万元以下或资产总额 300 万元以下的为微型企业。

（四）批发业。从业人员 200 人以下或营业收入 40 000 万元以下的为中小微型企业。其中，从业人员 20 人及以上，且营业收入 5 000 万元及以上的为中型企业；从业人员 5 人及以上，且营业收入 1 000 万元及以上的为小型企业；从业人员 5 人以下或营业收入 1 000 万元以下的为微型企业。

（五）零售业。从业人员 300 人以下或营业收入 20 000 万元以下的为中小微型企业。其中，从业人员 50 人及以上，且营业收入 500 万元及以上的为中型企业；从业人员 10 人及以上，且营业收入 100 万元及以上的为小型企业；从业人员 10 人以下或营业收入 100 万元以下的为微型企业。

（六）交通运输业。从业人员 1 000 人以下或营业收入 30 000 万元以下的为中小微型企业。其中，从业人员 300 人及以上，且营业收入 3 000 万元及以上的为中型企业；从业人员 20 人及以上，且营业收入 200 万元及以上的为小型企业；从业人员 20 人以下或营业收入 200 万元以下的为微型企业。

（七）仓储业。从业人员200人以下或营业收入30 000万元以下的为中小微型企业。其中，从业人员100人及以上，且营业收入1 000万元及以上的为中型企业；从业人员20人及以上，且营业收入100万元及以上的为小型企业；从业人员20人以下或营业收入100万元以下的为微型企业。

（八）邮政业。从业人员1 000人以下或营业收入30 000万元以下的为中小微型企业。其中，从业人员300人及以上，且营业收入2 000万元及以上的为中型企业；从业人员20人及以上，且营业收入100万元及以上的为小型企业；从业人员20人以下或营业收入100万元以下的为微型企业。

（九）住宿业。从业人员300人以下或营业收入10 000万元以下的为中小微型企业。其中，从业人员100人及以上，且营业收入2 000万元及以上的为中型企业；从业人员10人及以上，且营业收入100万元及以上的为小型企业；从业人员10人以下或营业收入100万元以下的为微型企业。

（十）餐饮业。从业人员300人以下或营业收入10 000万元以下的为中小微型企业。其中，从业人员100人及以上，且营业收入2 000万元及以上的为中型企业；从业人员10人及以上，且营业收入100万元及以上的为小型企业；从业人员10人以下或营业收入100万元以下的为微型企业。

（十一）信息传输业。从业人员2 000人以下或营业收入100 000万元以下的为中小微型企业。其中，从业人员100人及以上，且营业收入1 000万元及以上的为中型企业；从业人员10人及以上，且营业收入100万元及以上的为小型企业；从业人员10人以下或营业收入100万元以下的为微型企业。

（十二）软件和信息技术服务业。从业人员300人以下或营业收入10 000万元以下的为中小微型企业。其中，从业人员100人及以上，且营业收入1 000万元及以上的为中型企业；从业人员10人及以上，且营业收入50万元及以上的为小型企业；从业人员10人以下或营业收入50万元以下的为微型企业。

（十三）房地产开发经营。营业收入200 000万元以下或资产总额10 000万元以下的为中小微型企业。其中，营业收入1 000万元及以上，且资产总额5 000万元及以上的为中型企业；营业收入100万元及以上，且资产总额2 000万元及以上的为小型企业；营业收入100万元以下或资产总额2 000万元以下的为微型企业。

（十四）物业管理。从业人员1 000人以下或营业收入5 000万元以下的为中小微型企业。其中，从业人员300人及以上，且营业收入1 000万元及以上的为中型企业；从业人员100人及以上，且营业收入500万元及以上的为小型企业；从业人员100人以下或营业收入500万元以下的为微型企业。

（十五）租赁和商务服务业。从业人员300人以下或资产总额120 000万元以下的为中小微型企业。其中，从业人员100人及以上，且资产总额8 000万元及以上的为中型企业；从业人员10人及以上，且资产总额100万元及以上的为小型企业；从业人员10人以下或资产总额100万元以下的为微型企业。

（十六）其他未列明行业。从业人员300人以下的为中小微型企业。其中，从业人员100人及以上的为中型企业；从业人员10人及以上的为小型企业；从业人员10人以下的为微型企业。

五、企业类型的划分以统计部门的统计数据为依据。

六、本规定适用于在中华人民共和国境内依法设立的各类所有制和各种组织形式的企业。个体工商户和本规定以外的行业，参照本规定进行划型。

七、本规定的中型企业标准上限即为大型企业标准的下限，国家统计部门据此制定大中小微型企业的统计分类。国务院有关部门据此进行相关数据分析，不得制定与本规定不一致的企业划型标准。

八、本规定由工业和信息化部、国家统计局会同有关部门根据《国民经济行业分类》修订情况和企业发展变化情况适时修订。

九、本规定由工业和信息化部、国家统计局会同有关部门负责解释。

十、本规定自发布之日起执行，原国家经贸委、原国家计委、财政部和国家统计局2003 年颁布的《中小企业标准暂行规定》同时废止。

国务院关于进一步促进中小企业发展的若干意见

（国发〔2009〕36号　2009年9月19日）

各省、自治区、直辖市人民政府，国务院各部委、各直属机构：

中小企业是我国国民经济和社会发展的重要力量，促进中小企业发展，是保持国民经济平稳较快发展的重要基础，是关系民生和社会稳定的重大战略任务。受国际金融危机冲击，去年下半年以来，我国中小企业生产经营困难。中央及时出台相关政策措施，加大财税、信贷等扶持力度，改善中小企业经营环境，中小企业生产经营出现了积极变化，但发展形势依然严峻。主要表现在：融资难、担保难问题依然突出，部分扶持政策尚未落实到位，企业负担重，市场需求不足，产能过剩，经济效益大幅下降，亏损加大等。必须采取更加积极有效的政策措施，帮助中小企业克服困难，转变发展方式，实现又好又快发展。现就进一步促进中小企业发展提出以下意见：

一、进一步营造有利于中小企业发展的良好环境

（一）完善中小企业政策法律体系。落实扶持中小企业发展的政策措施，清理不利于中小企业发展的法律法规和规章制度。深化垄断行业改革，扩大市场准入范围，降低准入门槛，进一步营造公开、公平的市场环境。加快制定融资性担保管理办法，修订《贷款通则》，修订中小企业划型标准，明确对小型企业的扶持政策。

（二）完善政府采购支持中小企业的有关制度。制定政府采购扶持中小企业发展的具体办法，提高采购中小企业货物、工程和服务的比例。进一步提高政府采购信息发布透明度，完善政府公共服务外包制度，为中小企业创造更多的参与机会。

（三）加强对中小企业的权益保护。组织开展对中小企业相关法律和政策特别是金融、财税政策贯彻落实情况的监督检查，发挥新闻舆论和社会监督的作用，加强政策效果评价。坚持依法行政，保护中小企业及其职工的合法权益。

（四）构建和谐劳动关系。采取切实有效措施，加大对劳动密集型中小企业的支持，鼓励中小企业不裁员、少裁员，稳定和增加就业岗位。对中小企业吸纳困难人员就业、签订劳动合同并缴纳社会保险费的，在相应期限内给予基本养老保险补贴、基本医疗保险补贴、失业保险补贴。对受金融危机影响较大的困难中小企业，将阶段性缓缴社会保险费或降低费率政策执行期延长至2010年底，并按规定给予一定期限的社会保险补贴或岗位补贴、在岗培训补贴等。中小企业可与职工就工资、工时、劳动定额进行协商，符合条件的，可向当地人力资源社会保障部门申请实行综合计算工时和不定时工作制。

二、切实缓解中小企业融资困难

（五）全面落实支持小企业发展的金融政策。完善小企业信贷考核体系，提高小企业贷款呆账核销效率，建立完善信贷人员尽职免责机制。鼓励建立小企业贷款风险补偿

基金，对金融机构发放小企业贷款按增量给予适度补助，对小企业不良贷款损失给予适度风险补偿。

（六）加强和改善对中小企业的金融服务。国有商业银行和股份制银行都要建立小企业金融服务专营机构，完善中小企业授信业务制度，逐步提高中小企业中长期贷款的规模和比重。提高贷款审批效率，创新金融产品和服务方式。完善财产抵押制度和贷款抵押物认定办法，采取动产、应收账款、仓单、股权和知识产权质押等方式，缓解中小企业贷款抵质押不足的矛盾。对商业银行开展中小企业信贷业务实行差异化的监管政策。建立和完善中小企业金融服务体系。加快研究鼓励民间资本参与发起设立村镇银行、贷款公司等股份制金融机构的办法；积极支持民间资本以投资入股的方式，参与农村信用社改制为农村商业（合作）银行、城市信用社改制为城市商业银行以及城市商业银行的增资扩股。支持、规范发展小额贷款公司，鼓励有条件的小额贷款公司转为村镇银行。

（七）进一步拓宽中小企业融资渠道。加快创业板市场建设，完善中小企业上市育成机制，扩大中小企业上市规模，增加直接融资。完善创业投资和融资租赁政策，大力发展创业投资和融资租赁企业。鼓励有关部门和地方政府设立创业投资引导基金，引导社会资金设立主要支持中小企业的创业投资企业，积极发展股权投资基金。发挥融资租赁、典当、信托等融资方式在中小企业融资中的作用。稳步扩大中小企业集合债券和短期融资券的发行规模，积极培育和规范发展产权交易市场，为中小企业产权和股权交易提供服务。

（八）完善中小企业信用担保体系。设立包括中央、地方财政出资和企业联合组建的多层次中小企业融资担保基金和担保机构。各级财政要加大支持力度，综合运用资本注入、风险补偿和奖励补助等多种方式，提高担保机构对中小企业的融资担保能力。落实好对符合条件的中小企业信用担保机构免征营业税、准备金提取和代偿损失税前扣除的政策。国土资源、住房城乡建设、金融、工商等部门要为中小企业和担保机构开展抵押物和出质的登记、确权、转让等提供优质服务。加强对融资性担保机构的监管，引导其规范发展。鼓励保险机构积极开发为中小企业服务的保险产品。

（九）发挥信用信息服务在中小企业融资中的作用。推进中小企业信用制度建设，建立和完善中小企业信用信息征集机制和评价体系，提高中小企业的融资信用等级。完善个人和企业征信系统，为中小企业融资提供方便快速的查询服务。构建守信受益、失信惩戒的信用约束机制，增强中小企业信用意识。

三、加大对中小企业的财税扶持力度

（十）加大财政资金支持力度。逐步扩大中央财政预算扶持中小企业发展的专项资金规模，重点支持中小企业技术创新、结构调整、节能减排、开拓市场、扩大就业，以及改善对中小企业的公共服务。加快设立国家中小企业发展基金，发挥财政资金的引导作用，带动社会资金支持中小企业发展。地方财政也要加大对中小企业的支持力度。

（十一）落实和完善税收优惠政策。国家运用税收政策促进中小企业发展，具体政策由财政部、税务总局会同有关部门研究制定。为有效应对国际金融危机，扶持中小企

业发展，自2010年1月1日至2010年12月31日，对年应纳税所得额低于3万元（含3万元）的小型微利企业，其所得减按50%计入应纳税所得额，按20%的税率缴纳企业所得税。中小企业投资国家鼓励类项目，除《国内投资项目不予免税的进口商品目录》所列商品外，所需的进口自用设备以及按照合同随设备进口的技术及配套件、备件，免征进口关税。中小企业缴纳城镇土地使用税确有困难的，可按有关规定向省级财税部门或省级人民政府提出减免税申请。中小企业因有特殊困难不能按期纳税的，可依法申请在三个月内延期缴纳。

（十二）进一步减轻中小企业社会负担。凡未按规定权限和程序批准的行政事业性收费项目和政府性基金项目，均一律取消。全面清理整顿涉及中小企业的收费，重点是行政许可和强制准入的中介服务收费、具有垄断性的经营服务收费，能免则免，能减则减，能缓则缓。严格执行收费项目公示制度，公开前置性审批项目、程序和收费标准，严禁地方和部门越权设立行政事业性收费项目，不得擅自将行政事业性收费转为经营服务性收费。进一步规范执收行为，全面实行中小企业缴费登记卡制度，设立各级政府中小企业负担举报电话。健全各级政府中小企业负担监督制度，严肃查处乱收费、乱罚款及各种摊派行为。任何部门和单位不得通过强制中小企业购买产品、接受指定服务等手段牟利。严格执行税收征收管理法律法规，不得违规向中小企业提前征税或者摊派税款。

四、加快中小企业技术进步和结构调整

（十三）支持中小企业提高技术创新能力和产品质量。支持中小企业加大研发投入，开发先进适用的技术、工艺和设备，研制适销对路的新产品，提高产品质量。加强产学研联合和资源整合，加强知识产权保护，重点在轻工、纺织、电子等行业推进品牌建设，引导和支持中小企业创建自主品牌。支持中华老字号等传统优势中小企业申请商标注册，保护商标专用权，鼓励挖掘、保护、改造民间特色传统工艺，提升特色产业。

（十四）支持中小企业加快技术改造。按照重点产业调整和振兴规划要求，支持中小企业采用新技术、新工艺、新设备、新材料进行技术改造。中央预算内技术改造专项投资中，要安排中小企业技术改造资金，地方政府也要安排中小企业技术改造专项资金。中小企业的固定资产由于技术进步原因需加速折旧的，可按规定缩短折旧年限或者采取加速折旧的方法。

（十五）推进中小企业节能减排和清洁生产。促进重点节能减排技术和高效节能环保产品、设备在中小企业的推广应用。按照发展循环经济的要求，鼓励中小企业间资源循环利用。鼓励专业服务机构为中小企业提供合同能源管理、节能设备租赁等服务。充分发挥市场机制作用，综合运用金融、环保、土地、产业政策等手段，依法淘汰中小企业中的落后技术、工艺、设备和产品，防止落后产能异地转移。严格控制过剩产能和"两高一资"行业盲目发展。对纳入环境保护、节能节水企业所得税优惠目录的投资项目，按规定给予企业所得税优惠。

（十六）提高企业协作配套水平。鼓励中小企业与大型企业开展多种形式的经济技术合作，建立稳定的供应、生产、销售等协作关系。鼓励大型企业通过专业分工、服务外包、订单生产等方式，加强与中小企业的协作配套，积极向中小企业提供技术、人才、设备、资金支持，及时支付货款和服务费用。

（十七）引导中小企业集聚发展。按照布局合理、特色鲜明、用地集约、生态环保的原则，支持培育一批重点示范产业集群。加强产业集群环境建设，改善产业集聚条件，完善服务功能，壮大龙头骨干企业，延长产业链，提高专业化协作水平。鼓励东部地区先进的中小企业通过收购、兼并、重组、联营等多种形式，加强与中西部地区中小企业的合作，实现产业有序转移。

（十八）加快发展生产性服务业。鼓励支持中小企业在科技研发、工业设计、技术咨询、信息服务、现代物流等生产性服务业领域发展。积极促进中小企业在软件开发、服务外包、网络动漫、广告创意、电子商务等新兴领域拓展，扩大就业渠道，培育新的经济增长点。

五、支持中小企业开拓市场

（十九）支持引导中小企业积极开拓国内市场。支持符合条件的中小企业参与家电、农机、汽车摩托车下乡和家电、汽车“以旧换新”等业务。中小企业专项资金、技术改造资金等要重点支持销售渠道稳定、市场占有率高的中小企业。采取财政补助、降低展费标准等方式，支持中小企业参加各类展览展销活动。支持建立各类中小企业产品技术展示中心，办好中国国际中小企业博览会等展览展销活动。鼓励电信、网络运营企业以及新闻媒体积极发布市场信息，帮助中小企业宣传产品，开拓市场。

（二十）支持中小企业开拓国际市场。进一步落实出口退税等支持政策，研究完善稳定外需、促进外贸发展的相关政策措施，稳定和开拓国际市场。充分发挥中小企业国际市场开拓资金和出口信用保险的作用，加大优惠出口信贷对中小企业的支持力度。鼓励支持有条件的中小企业到境外开展并购等投资业务，收购技术和品牌，带动产品和服务出口。

（二十一）支持中小企业提高自身市场开拓能力。引导中小企业加强市场分析预测，把握市场机遇，增强质量、品牌和营销意识，改善售后服务，提高市场竞争力。提升和改造商贸流通业，推广连锁经营、特许经营等现代经营方式和新型业态，帮助和鼓励中小企业采用电子商务，降低市场开拓成本。支持餐饮、旅游、休闲、家政、物业、社区服务等行业拓展服务领域，创新服务方式，促进扩大消费。

六、努力改进对中小企业的服务

（二十二）加快推进中小企业服务体系建设。加强统筹规划，完善服务网络和服务设施，积极培育各级中小企业综合服务机构。通过资格认定、业务委托、奖励等方式，发挥工商联以及行业协会（商会）和综合服务机构的作用，引导和带动专业服务机构的发展。建立和完善财政补助机制，支持服务机构开展信息、培训、技术、创业、质量检验、企业管理等服务。

（二十三）加快中小企业公共服务基础设施建设。通过引导社会投资、财政资金支持等多种方式，重点支持在轻工、纺织、电子信息等领域建设一批产品研发、检验检测、技术推广等公共服务平台。支持小企业创业基地建设，改善创业和发展环境。鼓励高等院校、科研院所、企业技术中心开放科技资源，开展共性关键技术研究，提高服务中小企业的水平。完善中小企业信息服务网络，加快发展政策解读、技术推广、人才交流、业务培训和市场营销等重点信息服务。

（二十四）完善政府对中小企业的服务。深化行政审批制度改革，全面清理并进一步减少、合并行政审批事项，实现审批内容、标准和程序的公开化、规范化。投资、工商、税务、质检、环保等部门要简化程序、缩短时限、提高效率，为中小企业设立、生产经营等提供便捷服务。地方各级政府在制定和实施土地利用总体规划和年度计划时，要统筹考虑中小企业投资项目用地需求，合理安排用地指标。

七、提高中小企业经营管理水平

（二十五）引导和支持中小企业加强管理。支持培育中小企业管理咨询机构，开展管理咨询活动。引导中小企业加强基础管理，强化营销和风险管理，完善治理结构，推进管理创新，提高经营管理水平。督促中小企业苦练内功、降本增效，严格遵守安全、环保、质量、卫生、劳动保障等法律法规，诚实守信经营，履行社会责任。

（二十六）大力开展对中小企业各类人员的培训。实施中小企业银河培训工程，加大财政支持力度，充分发挥行业协会（商会）、中小企业培训机构的作用，广泛采用网络技术等手段，开展政策法规、企业管理、市场营销、专业技能、客户服务等各类培训。高度重视对企业经营管理者的培训，在3年内选择100万家成长型中小企业，对其经营管理者实施全面培训。

（二十七）加快推进中小企业信息化。继续实施中小企业信息化推进工程，加快推进重点区域中小企业信息化试点，引导中小企业利用信息技术提高研发、管理、制造和服务水平，提高市场营销和售后服务能力。鼓励信息技术企业开发和搭建行业应用平台，为中小企业信息化提供软硬件工具、项目外包、工业设计等社会化服务。

八、加强对中小企业工作的领导

（二十八）加强指导协调。成立国务院促进中小企业发展工作领导小组，加强对中小企业工作的统筹规划、组织领导和政策协调，领导小组办公室设在工业和信息化部。各地可根据工作需要，建立相应的组织机构和工作机制。

（二十九）建立中小企业统计监测制度。统计部门要建立和完善对中小企业的分类统计、监测、分析和发布制度，加强对规模以下企业的统计分析工作。有关部门要及时向社会公开发布发展规划、产业政策、行业动态等信息，逐步建立中小企业市场监测、风险防范和预警机制。

促进中小企业健康发展既是一项长期战略任务，也是当前保增长、扩内需、调结构、促发展、惠民生的紧迫任务。各地区、各有关部门要进一步提高认识，统一思想，结合实际，尽快制定贯彻本意见的具体办法，并切实抓好落实。

中小企业促进法

（中华人民共和国主席令第 69 号　2002 年 6 月 29 日）

第一章　总　则

第一条　为了改善中小企业经营环境，促进中小企业健康发展，扩大城乡就业，发挥中小企业在国民经济和社会发展中的重要作用，制定本法。

第二条　本法所称中小企业，是指在中华人民共和国境内依法设立的有利于满足社会需要，增加就业，符合国家产业政策，生产经营规模属于中小型的各种所有制和各种形式的企业。

中小企业的划分标准由国务院负责企业工作的部门根据企业职工人数、销售额、资产总额等指标，结合行业特点制定，报国务院批准。

第三条　国家对中小企业实行积极扶持、加强引导、完善服务、依法规范、保障权益的方针，为中小企业创立和发展创造有利的环境。

第四条　国务院负责制定中小企业政策，对全国中小企业的发展进行统筹规划。

国务院负责企业工作的部门组织实施国家中小企业政策和规划，对全国中小企业工作进行综合协调、指导和服务。

国务院有关部门根据国家中小企业政策和统筹规划，在各自职责范围内对中小企业工作进行指导和服务。

县级以上地方各级人民政府及其所属的负责企业工作的部门和其他有关部门在各自职责范围内对本行政区域内的中小企业进行指导和服务。

第五条　国务院负责企业工作的部门根据国家产业政策，结合中小企业特点和发展状况，以制定中小企业发展产业指导目录等方式，确定扶持重点，引导鼓励中小企业发展。

第六条　国家保护中小企业及其出资人的合法投资，及因投资取得的合法收益。任何单位和个人不得侵犯中小企业财产及其合法收益。

任何单位不得违反法律、法规向中小企业收费和罚款，不得向中小企业摊派财物。中小企业对违反上述规定的行为有权拒绝和有权举报、控告。

第七条　行政管理部门应当维护中小企业的合法权益，保护其依法参与公平竞争与公平交易的权利，不得歧视，不得附加不平等的交易条件。

第八条　中小企业必须遵守国家劳动安全、职业卫生、社会保障、资源环保、质量、财政税收、金融等方面的法律、法规，依法经营管理，不得侵害职工合法权益，不得损害社会公共利益。

第九条　中小企业应当遵守职业道德，恪守诚实信用原则，努力提高业务水平，增强自我发展能力。

第二章　资金支持

第十条　中央财政预算应当设立中小企业科目，安排扶持中小企业发展专项资金。

地方人民政府应当根据实际情况为中小企业提供财政支持。

第十一条　国家扶持中小企业发展专项资金用于促进中小企业服务体系建设，开展支持中小企业的工作，补充中小企业发展基金和扶持中小企业发展的其他事项。

第十二条　国家设立中小企业发展基金。中小企业发展基金由下列资金组成：

（一）中央财政预算安排的扶持中小企业发展专项资金；

（二）基金收益；

（三）捐赠；

（四）其他资金。

国家通过税收政策，鼓励对中小企业发展基金的捐赠。

第十三条　国家中小企业发展基金用于下列扶持中小企业的事项：

（一）创业辅导和服务；

（二）支持建立中小企业信用担保体系；

（三）支持技术创新；

（四）鼓励专业化发展以及与大企业的协作配套；

（五）支持中小企业服务机构开展人员培训、信息咨询等项工作；

（六）支持中小企业开拓国际市场；

（七）支持中小企业实施清洁生产；

（八）其他事项。

中小企业发展基金的设立和使用管理办法由国务院另行规定。

第十四条　中国人民银行应当加强信贷政策指导，改善中小企业融资环境。

中国人民银行应当加强对中小金融机构的支持力度，鼓励商业银行调整信贷结构，加大对中小企业的信贷支持。

第十五条　各金融机构应当对中小企业提供金融支持，努力改进金融服务，转变服务作风，增强服务意识，提高服务质量。

各商业银行和信用社应当改善信贷管理，扩展服务领域，开发适应中小企业发展的金融产品，调整信贷结构，为中小企业提供信贷、结算、财务咨询、投资管理等方面的服务。

国家政策性金融机构应当在其业务经营范围内，采取多种形式，为中小企业提供金融服务。

第十六条　国家采取措施拓宽中小企业的直接融资渠道，积极引导中小企业创造条件，通过法律、行政法规允许的各种方式直接融资。

第十七条　国家通过税收政策鼓励各类依法设立的风险投资机构增加对中小企业的投资。

第十八条　国家推进中小企业信用制度建设，建立信用信息征集与评价体系，实现中小企业信用信息查询、交流和共享的社会化。

第十九条 县级以上人民政府和有关部门应当推进和组织建立中小企业信用担保体系，推动对中小企业的信用担保，为中小企业融资创造条件。

中小企业信用担保管理办法由国务院另行规定。

第二十条 国家鼓励各种担保机构为中小企业提供信用担保。

第二十一条 国家鼓励中小企业依法开展多种形式的互助性融资担保。

第三章 创业扶持

第二十二条 政府有关部门应当积极创造条件，提供必要的、相应的信息和咨询服务，在城乡建设规划中根据中小企业发展的需要，合理安排必要的场地和设施，支持创办中小企业。

失业人员、残疾人员创办中小企业的，所在地政府应当积极扶持，提供便利，加强指导。

政府有关部门应当采取措施，拓宽渠道，引导中小企业吸纳大中专学校毕业生就业。

第二十三条 国家在有关税收政策上支持和鼓励中小企业的创立和发展。

第二十四条 国家对失业人员创立的中小企业和当年吸纳失业人员达到国家规定比例的中小企业，符合国家支持和鼓励发展政策的高新技术中小企业，在少数民族地区、贫困地区创办的中小企业，安置残疾人员达到国家规定比例的中小企业，在一定期限内减征、免征所得税，实行税收优惠。

第二十五条 地方人民政府应当根据实际情况，为创业人员提供工商、财税、融资、劳动用工、社会保障等方面的政策咨询和信息服务。

第二十六条 企业登记机关应当依法定条件和法定程序办理中小企业设立登记手续，提高工作效率，方便登记者。不得在法律、行政法规规定之外设置企业登记的前置条件；不得在法律、行政法规规定的收费项目和收费标准之外，收取其他费用。

第二十七条 国家鼓励中小企业根据国家利用外资政策，引进国外资金、先进技术和管理经验，创办中外合资经营、中外合作经营企业。

第二十八条 国家鼓励个人或者法人依法以工业产权或者非专利技术等投资参与创办中小企业。

第四章 技术创新

第二十九条 国家制定政策，鼓励中小企业按照市场需要，开发新产品，采用先进的技术、生产工艺和设备，提高产品质量，实现技术进步。

中小企业技术创新项目以及为大企业产品配套的技术改造项目，可以享受贷款贴息政策。

第三十条 政府有关部门应当在规划、用地、财政等方面提供政策支持，推进建立各类技术服务机构，建立生产力促进中心和科技企业孵化基地，为中小企业提供技术信息、技术咨询和技术转让服务，为中小企业产品研制、技术开发提供服务，促进科技成果转化，实现企业技术、产品升级。

第三十一条 国家鼓励中小企业与研究机构、大专院校开展技术合作、开发与交流，促进科技成果产业化，积极发展科技型中小企业。

第五章 市场开拓

第三十二条 国家鼓励和支持大企业与中小企业建立以市场配置资源为基础的、稳定的原材料供应、生产、销售、技术开发和技术改造等方面的协作关系，带动和促进中小企业发展。

第三十三条 国家引导、推动并规范中小企业通过合并、收购等方式，进行资产重组，优化资源配置。

第三十四条 政府采购应当优先安排向中小企业购买商品或者服务。

第三十五条 政府有关部门和机构应当为中小企业提供指导和帮助，促进中小企业产品出口，推动对外经济技术合作与交流。

国家有关政策性金融机构应当通过开展进出口信贷、出口信用保险等业务，支持中小企业开拓国外市场。

第三十六条 国家制定政策，鼓励符合条件的中小企业到境外投资，参与国际贸易，开拓国际市场。

第三十七条 国家鼓励中小企业服务机构举办中小企业产品展览展销和信息咨询活动。

第六章 社会服务

第三十八条 国家鼓励社会各方面力量，建立健全中小企业服务体系，为中小企业提供服务。

第三十九条 政府根据实际需要扶持建立的中小企业服务机构，应当为中小企业提供优质服务。

中小企业服务机构应当充分利用计算机网络等先进技术手段，逐步建立健全向全社会开放的信息服务系统。

中小企业服务机构联系和引导各类社会中介机构为中小企业提供服务。

第四十条 国家鼓励各类社会中介机构为中小企业提供创业辅导、企业诊断、信息咨询、市场营销、投资融资、贷款担保、产权交易、技术支持、人才引进、人员培训、对外合作、展览展销和法律咨询等服务。

第四十一条 国家鼓励有关机构、大专院校培训中小企业经营管理及生产技术等方面的人员，提高中小企业营销、管理和技术水平。

第四十二条 行业的自律性组织应当积极为中小企业服务。

第四十三条 中小企业自我约束、自我服务的自律性组织，应当维护中小企业的合法权益，反映中小企业的建议和要求，为中小企业开拓市场、提高经营管理能力提供服务。

第七章 附 则

第四十四条 省、自治区、直辖市可以根据本地区中小企业的情况，制定有关的实施办法。

第四十五条 本法自 2003 年 1 月 1 日起施行。

5

第五部分
小企业内部财务会计制度实用范本

【政策导读】

现代企业经营中财务管理是核心，建立和健全内部财务会计制度是实施有效的内部控制、做好财务会计工作的前提。小企业由于财务会计工作基础相对薄弱，更需要通过建立一套规范的、切实可行的制度体系。本部分提供的范本，可以让小企业在建立和修订内部财务会计制度时进行学习和借鉴，少走许多弯路，全面提升企业财务会计工作水平。

本部分提供了包括会计基础工作规范、财会岗位职责、现金管理、借款与报销管理、资产管理、成本费用管理、担保管理、风险管理、应收账款及信用管理、考核奖励、内部稽核、发票管理、财务信息披露、经济合同、财会业务常用表单共 22 个范本，充分考虑了小企业特点和实际需要。

【实用范本】

范本一

会计基础工作规范

第一章 总 则

第一条 为了规范企业会计基础工作，保证会计资料真实、准确、完整，强化会计反映和控制经济活动的职能作用，根据《会计法》和财政部印发的《会计基础工作规范》等法规，结合小企业特点和本企业会计基础工作实际情况，制定本规范。

第二条 财务及相关部门应当依据有关法律、法规和本规范的规定，加强会计基础工作，严格执行会计法规制度，保证会计工作依法有序地进行。

第一节 会计机构和会计人员规范

第三条 根据会计法及其他相关法规，并考虑本单位会计业务的需要设置会计机构，配备会计机构负责人及一定数量的会计人员。会计机构负责人的任免，应当符合《会计法》和有关法规的规定。

第四条 会计机构负责人应当具备下列基本条件：

（一）坚持原则，廉洁奉公；

（二）取得会计从业资格证书，具备会计师以上专业技术职务资格或从事会计工作3年以上；

（三）主管一个单位或者单位内一个重要方面的财务会计工作时间不少于2年以上经历；

（四）熟悉国家财经法律、法规、规章和方针、政策、掌握本系统业务管理的有关知识；

（五）有较强的组织能力和协调能力；

（六）身体状况能够适应本职工作的要求。

第五条 会计机构、会计人员对违反会计法规和国家统一会计制度规定的会计事项，有权拒绝办理或者按照职权予以纠正；对发现会计账簿记录和实物、款项及有关资料不符的，按照国家统一的会计制度规定有权自行处理的，应当及时处理，无权处理的，应当立即向单位负责人报告，请求查明原因，作出处理。

第六条 单位负责人应当保证会计机构、会计人员依法行使职权；对忠于职守、坚持原则和做出显著成绩的会计机构及会计人员，应当给予精神和物质的奖励。

第二节 会计职业道德与继续教育

第七条 会计人员在会计工作中应当遵守职业道德：

（一）热爱本职工作，努力钻研业务，使自己的知识和技能适应所从事工作的要求。

（二）熟悉财经法律、法规、规章和国家统一会计制度，认真进行会计监督。

（三）认真按照会计法律、法规和国家统一会计制度规定的程序要求进行会计工作，保证所提供的会计信息合法、真实、准确、及时、完整。

（四）办理会计事项应实事求是、客观公正。

（五）熟悉本单位的业务管理情况，运用掌握的会计信息和会计方法，为改善单位内部管理服务。

（六）保守单位秘密，除法律规定和单位领导人同意外，不得私自向外界提供或者泄露单位会计信息。

（七）公私分明，不谋私利，自我约束，廉洁自律。

第八条 单位任用会计人员应当实行回避制度。单位领导人、会计机构负责人的近亲属不得在本单位从事会计工作；会计人员的近亲属不得在同一会计机构从事会计工作。

需要回避的近亲属为：夫妻关系、直系血亲关系、三代以内旁系血亲以及配偶亲关系。

第九条 从事会计工作的人员必须按照国家的有关规定取得会计从业资格证书，否则不得从事会计工作。

第十条 单位应当合理安排会计人员的培训，保证会计人员每年按规定的时间接受继续教育，不断提高会计人员的业务素质和政治素质。

第三节 会计岗位设置与岗位轮换

第十一条 单位应当根据会计业务需要设置会计工作岗位。会计工作岗位一般可分为：会计机构负责人、出纳、财产物资核算、工资核算、成本费用核算、资金核算、往来结算、税务核算、总账报表、稽核、档案保管等，这些岗位根据单位的规模大小、业务繁简，可以一人一岗、一人多岗。具体的岗位设置由财务部提出初步意见，报总经理办公会议审定。

出纳员不得兼管总账报表、稽核、会计档案保管和收入、支出（费用）、债权、债务账目的登记工作；非出纳人员不得经管现金、有价证券和票据；会计机构负责人不得兼任出纳。

财务人员配置较少时，可以允许出纳人员制单，但必须由会计人员审核、记账。

第十二条 会计人员的工作岗位应当有计划地进行轮换。

会计机构负责人满5年应当轮岗，出纳满3年必须轮岗。

第二章 会计核算

第一节 会计核算的一般规范

第十三条 单位应当按照《中华人民共和国会计法》和国家统一会计制度的规定建

立会计账册，进行会计核算，及时提供合法、真实、准确、完整的会计信息。

第十四条 单位的会计核算应当以实际发生的经济业务为依据，按照规定的会计处理方法进行，保证会计指标的口径一致、相互可比和会计处理方法的前后各期相一致。

第十五条 会计核算以人民币为记账本位币。业务收支以人民币以外的货币为主的单位，也可以选定其中一种货币作为记账本位币，但编制的财务报表应当折算为人民币。

第十六条 会计核算应当按年度、季度、月份分期结算账目和编制财务报表，起讫日期采用公历日期。

第十七条 会计科目的设置和使用应当符合国家统一的会计制度的规定。

第十八条 单位应使用符合我国法律、法规、规章要求的会计核算软件，并做好软件的初始化工作

（一）设置账套并增加操作员及其权限，规范设置单位名称、会计期间、记账本位币等事项。

（二）会计科目的编码应科学、规范。一级会计科目编码按照财政部统一要求编制，二级及以下级别科目除按照财政部要求外可根据单位自身核算需要进行设置。

单位应建立统一的会计编码制度，编码应规范、整齐、有条理、有分类标志，便于查询和管理。

会计科目的编码建立后，不得随意修改和删除，以保证信息的完整性。

（三）科目特性设置应完整细致，充分考虑科目特性，合理设置辅助核算属性，做好科目发生额方向异常、余额方向异常等情况下的控制措施设置。

（四）科目期初数据录入，数据要准确无误、借贷方向正确，期初数据录入完毕必须进行核对、试算平衡。

（五）根据单位会计核算的实际需要，设置凭证种类。

（六）根据财会法规、财政部核算统计要求及单位业务需要，设计财务报表构成要素及样式，设定财务报表生成关系。

第十九条 手工填制凭证、记账、编制报表时书写必须清晰、工整不得潦草。具体要求：

（一）手工填制原始凭证、记账凭证、登记账簿使用钢笔或碳素笔，用蓝黑墨水或碳素墨水（不得混用）；需要复写的原始凭证和财务报表，可使用圆珠笔；禁止使用铅笔。

（二）下列情况，可以使用红色墨水记账：

1. 按照红字冲账的记账凭证，冲销错误记录；
2. 在不设借贷等栏的多栏式账页中，登记减少数；
3. 在三栏式账户的余额栏前，如未印明余额方向的，在余额栏内登记负数余额；
4. 根据国家统一会计制度的规定可以用红字登记的其他会计记录。

（三）凭证、账簿、报表中书写的文字和数字应占格距的2/3，以留有适当空格备改错用。

（四）阿拉伯数字，应当紧靠底线，倾斜60～70度。数字之间不许连写，写6上出头，写7和9下出头超过底线，出头长度约为字体高度的1/5；写0时，字高字宽要与

其他数字相同；写6、8、9、0时，圆圈必须封口。

（五）填制会计凭证时，阿拉伯金额数字前面应当书写货币币种符号，币种符号与阿拉伯金额数字之前不得留有空白。凡阿拉伯数字前写有币种符号的，数字后面不再写货币单位。所有以元为单位的阿拉伯数字，除表示单价等情况外，一律填写到角、分；无角分的，角位和分位可写“00”或者符号“—”；有角无分的，分位应当写“0”，不得用符号“—”代替。

（六）书写大写金额数字，一律用正楷或行书体书写，如：壹、贰、叁、肆、伍、陆、柒、捌、玖、拾、佰、仟、万、亿、元、角、分、零、整，不得用一、二、三、四、五、六、七、八、九、十、另（或0）等字代替，禁止书写自造简化字。大写金额数字到元或角为止的，在“元”或“角”字之后应写“整”字，大字金额数字有分的，分字后面不写“整”字。

大写金额数字前未印有货币名称的，应加填“人民币”等货币名称，货币名称与金额数字之间不留空白。

（七）阿拉伯金额数字中间有“0”时，大写金额要写“零”字，如￥308.40，大写金额应写成人民币叁佰零捌元肆角整；阿拉伯金额数字中间连续有几个“0”时，大写金额中只写一个“零”字，如￥3 004.56，大写金额应写成人民币叁仟零肆元伍角陆分；阿拉伯金额数字元位是“0”或金额中间连续有几个“0”，元位也是“0”，但角位不是“0”时，大写金额可以只写一个“零”字，如￥1 300.56，大写金额应当写成人民币壹仟叁佰元零伍角陆分。又如￥1 000.56，大写金额应当写人民币壹仟元零伍角陆分。

第二十条 会计记录“摘要”中常用的计量单位可以用符号代替。常用的计量单位及符号如下：

（一）重量：克（g）、千克（kg）、吨（t）；

（二）长度：厘米（cm）、米（m）、千米（km）；

（三）面积：平方米（m^2）；

（四）体积：立方厘米（cm^3）、立方米（m^3）；

（五）容量：毫升（ml）、升（l）。

第二十一条 正确使用各种图章。

（一）会计机构财务专用章必须由会计机构负责人保管，“银行收讫”、“银行付讫”、“现金收讫”、“现金付讫”戳、单位名称及账号条形章由出纳人员专用。在开户银行印鉴卡上备案的印鉴不得由同一人管理。

（二）会计、出纳人员每人应刻制一枚长方形人名章，其规格不超过账、表横格的2/3，用于加盖手工或机制的原始凭证、记账凭证、会计账簿、财务报表，手工记账时还可用于更正错误的原始凭证、记账凭证、会计账簿、财务报表。

（三）手工填制记账凭证、登记会计账簿，凡是会计科目位置，可以盖会计科目戳，使用蓝色印油；其他印章、戳记均使用红色印油。

第二十二条 会计凭证、会计账簿、财务报表和其他会计资料的内容和要求必须符合国家统一会计制度的规定，不得伪造、变造会计凭证和会计账簿，不得设置账外账，不得报送虚假财务报表。

第二节　原始凭证规范

第二十三条　原始凭证是记录经济业务已经发生、执行或完成，用以明确经济责任，作为记账依据的最初的书面证明文件，在法律上具有证明效力。下列经济业务事项在发生时必须填制或者取得原始凭证，并及时送交会计机构，进行会计核算：

（一）款项和有价证券的收付；

（二）财物的收发、增减和使用；

（三）债权债务的发生和结算；

（四）所有者权益的增减变化；

（五）收入、支出、成本的计算；

（六）财务成果的计算和处理；

（七）其他需要办理会计手续、进行会计核算的事项。

第二十四条　对原始凭证的基本要求

（一）原始凭证应具备以下内容：凭证名称、填制日期、填制单位名称或填制人姓名、经办人员签名或盖章、接受凭证单位名称，经济业务内容。当经济业务内容涉及实物的原始凭证还应填写实物名称、规格、计量单位、数量、单价、金额、合计（小写和大写金额）。

从外单位取得的发票必须印有税务部门监制章并加盖开具单位的发票专用章，取得的行政事业收据必须印有财政部门监制章并加盖开具单位的财务专用章；从个人处取得的原始凭证，必须有收款人和经办人签名或盖章。

自制原始凭证必须有经办人员和单位负责人或其指定的人签名或盖章。对外开出的原始凭证，必须加盖本单位财务专用章或发票专用章。

收、付款项的原始凭证应由出纳人员签名或盖章。

（二）原始凭证记载的各项内容均不得涂改，原始凭证有错误的，应当由出具单位重开或者更正，更正处应当加盖出具单位印章。原始凭证金额有错误的，应当由出具单位重开，不得在原始凭证上更正。

（三）凡填有大写和小写金额的原始凭证，大写与小写金额必须相符。购买实物的原始凭证，必须有验收证明。支付现金必须有收款人的签收手续。

（四）一式几联的原始凭证，应当注明各联的用途，只能以一联作为报销凭证。一式几联的发票和收据，必须用双面复写纸套写（发票和收据本身具备复写纸功能的除外），并连续编号。作废时应当加盖“作废”戳记，连同存根一起保存，不得撕毁。

（五）发生销货退回时，除填制退货发票外，还必须有退货验收证明；退款时，必须取得对方的收款收据或汇款银行的的凭证，不得以退货发票代替收据。

（六）职工因公借款的借据，必须由借款人亲自填写，其中“借款付出凭证”一联和“收回借款凭证”一联必须分别附在借出款项记账凭证和收回款项记账凭证之后。

（七）经上级有关部门批准的经济业务，应当将批准文件作为原始凭证附件。如果批准文件需要单独归档的，应当附批准文件的复印件或在凭证上注明批准机关名称、日期和文件字号。

第二十五条 原始凭证的填制要求

（一）填制原始凭证要求内容齐全，书写规范，文字简明，用词确切，数字计算准确，不得涂改、挖补。

（二）自制原始凭证金额栏下如果未印小写合计项目，不论已填写几笔金额，空行均应划斜线注销，自凭证最后一行数字与大写合计之间的空行，从右上角向左下角划斜线，以示不能填写数字。

（三）连续编号的原始凭证，作废后盖“作废”章，按顺序粘贴原处。

（四）单位手工填开的各类票据和汇总原始凭证个别文字或数字发生错误，可采用划线更正法更正。

（五）原始凭证要在经济业务发生、执行或完成后及时填制不得拖延时日。

（六）从外单位取得的原始凭证如有遗失，应当取得原开出单位记账联的复印件和盖有公章的证明，由经办单位经办人写出说明并签字，经有关领导人批准后，可代作原始凭证；确实无法取得证明的（如火车票、轮船票、飞机票等），由当事人将情况写清，若有同行人员的先由同行人员作出证明，再经本单位会计机构负责人和单位负责人批准后代作原始凭证。

第二十六条 原始凭证的审核

（一）真实性审核。审核经济业务的双方当事单位和经办人、经济业务发生的时间、地点和凭证日期、经济业务的内容是否真实，涉及实物收付的原始凭证，其数量、单价、金额是否真实准确。

（二）完整性审核。审核原始凭证是否有收款单位印章、税务或财政监制章，是否为“发票联”，双方经办人是否签名或盖章，应附的旁证材料是否齐全。需入库的物品，发票与物品是否经过仓库保管员验收并附有入库单，不需入库的物品，原始凭证背面是否有经办人和使用人签名，需经批准的凭证是否有负责人签名。

使用信用卡支付的，报销时除附相关票据外，还应附“签购单”，以便办理支付手续。

（三）合法性审核。原始凭证上记录的经济业务是否符合国家财经、会计法律、法规、规章和国家统一会计制度的规定以及符合本单位内部财务管理办法的规定。

（四）时效性审核。原始凭证应在规定的时间内报销，过期的原始凭证不得报销入账。

对不真实不合法的原始凭证不予接受，并向单位负责人报告；对记载不明确、不完整的原始凭证予以退回，并要求按照规定进行更正、补充。对弄虚作假、严重违法的原始凭证，在不予受理的同时应当予以扣留，并及时向单位负责人报告，请求查明原因，追究当事人的责任。

对于税务发票、民航运输电子客票行程单（飞机票）等可以通过网上查询真伪的，在规定金额以上的必须逐一查询确认。

第二十七条 原始凭证不得外借，其他单位如因特殊原因需要使用原始凭证时，经本单位会计机构负责人批准，可以复制。向外单位提供的原始凭证复印件，应当在专设的登记簿上登记，并由提供人员和收取人员共同签名或者盖章。

第三节　记账凭证规范

第二十八条　记账凭证是本单位会计机构和会计人员根据审核无误的原始凭证及有关资料编制，载有反映经济业务的会计分录及简要内容，直接作为记账依据的书面文件。其特点是指明了经济业务应记入的账户、应记的方向及相应的金额，并附有相关的原始凭证。

第二十九条　记账凭证种类分为专用记账凭证和通用记账凭证两种。专用记账凭证分为现金收款凭证、现金付款凭证、银行存款收款凭证、银行存款付款凭证、转账凭证五种格式或收款凭证、付款凭证、转账凭证三种格式。

通用记账凭证，是指各类经济业务事项共同使用的凭证，主要适用于业务比较简单、业务量也较少的单位。

第三十条　记账凭证应具备以下内容：记账凭证名称、填制日期、经济业务内容摘要、借方总账科目、明细科目、贷方总账科目、明细科目、金额、金额合计、记账符号、记账凭证编号、所附原始凭证张数，会计主管、记账、稽核、制单签章，付款的记账凭证还应有出纳签章。

第三十一条　记账凭证填制

（一）填制记账凭证的依据是经审核无误的原始凭证。

（二）记账凭证填制日期：货币资金收、付款记账凭证，按会计机构收付货币资金的发生日期填制；转账凭证按收到原始凭证的日期填制。

（三）记账凭证摘要填制要点

1. 现金、银行存款的收、付款项，应写明收付款的对象、主要内容、结算种类或支票号码。

2. 财产、物资增减事项，应写明物资名称、单位、规格、数量、收付单位简称，品种过多时，可略为类别。

3. 往来款项要写明对方单位名称和款项内容。

4. 财产损失、待处理财产损溢，应写明对象、时间和内容。

5. 调整账目事项，应写明被调整账目的记账凭证日期、编号及原因。

6. 待摊及预提事项，应写明摊提内容及期限。

7. 内部转账事项，应写明事项内容。

8. 单位内部物资调拨或转移，应写明品名、单位、数量、调入调出单位。

（四）填制会计分录，应按现行会计制度及集团主要会计事项分录举例和会计制度补充规定填制，不得改变核算内容及账户对应关系，应准确录入会计科目名称或代码，保证发生业务的金额及借贷方向录入正确。

（五）填制记账凭证，可以根据一张原始凭证填制，也可以根据若干张同类原始凭证汇总填制，不得将不同类别经济业务的原始凭证汇总填制在一张记账凭证上，即：可以“一借多贷、一贷多借”，一般不可以“多借多贷”；同类特殊的经济业务可以多借多贷。

手工记账，凭证最后一行数字至大写合计之间的空行，应从右上角向左下角划斜线注销。合计金额数字前面应写人民币符号￥（或其他币种符号）。

（六）记账凭证应连续编号，使用会计核算软件编号由计算机根据初始化设置自动生成。

手工记账编号方法：

1. 使用专用记账凭证的单位，凭证编号采用字号编号法，将现金收款凭证、现金付款凭证按填制日期先后依次排列，编为“现字第××号”；将银行存款收款凭证、银行存款付款凭证按填制日期先后依次排列，编为“银字第××号”；将转账凭证按填制日期先后依次排列，编为“转字第××号”。

2. 如果一笔经济业务需要填制2张及其以上的记账凭证时，采用分数编号法。

（七）记账凭证所填金额要与原始凭证金额相同。

（八）使用专用记账凭证的单位，对于将现金存入银行、从银行存款中提取现金，或办理各银行存款之间的划转业务，一律填制付款凭证，不填制收款凭证，以免重复记账。

（九）记账凭证附件

1. 除结账与更正错误的记账凭证可以不附原始凭证外，其他记账凭证必须附有原始凭证。

2. 一张原始凭证涉及几张记账凭证，可把原始凭证附在首张记账凭证后面，在其他凭证摘要中注明原始凭证附在某号凭证后边并附上原始凭证复印件。

手工记账的，应把原始凭证附在首张记账凭证后面，在其他记账凭证“附凭证×张”位置注明附有原始凭证的记账凭证的编号并附原始凭证复印件。一张原始凭证所列支出需要几个单位共同负担的，应当将其他单位负担的部分，开给对方“原始凭证分割单”，进行结算，原始凭证分割单必须具备原始凭证的基本内容。

3. 记账凭证所附原始凭证的张数，应按构成记账凭证金额的原始凭证计算，原始凭证所附的附件加盖“附件”戳记，不作为记账凭证附件的张数。

（十）记账凭证填制齐全后，有关制单、审核、记账人员应在凭证规定的位置予以签章；每张记账凭证须有2人以上签章方能生效。

第三十二条 记账凭证错误更正方法

（一）记账前，发现记账凭证中的会计科目用错、记账方向填错或金额错误，可以直接修改记账凭证。手工填制记账凭证的，可以作废重新填制。

（二）记账后，发现记账凭证填写错误时，应用负数（红字）填制一张与错误凭证内容相同的记账凭证，在摘要栏注明“注销某月某日某号凭证”，然后再填制一张正确的记账凭证，摘要栏注明“订正某年某月某号凭证据以登记入账。

如果会计分录没有错，只是金额错误，也可以将正确数字与错误数字之间的差额另编一张调整的记账凭证，调增金额用正数（蓝字），调减金额用负数（红字）。并在摘要栏中注明“调整某年某月某号凭证”，据以登记入账。

第三十三条 记账凭证制作程序一般是：制单人员根据审核无误的原始凭证填制记账凭证，有审核权限的人员对凭证进行审核，随后由具备记账权限的人员记账。

手工记账的记账凭证传递程序一般是：制单人员根据审核无误的原始凭证填制记账凭证，然后交稽核人员审核，再由会计主管审签。审签后，转账凭证交记账员记账，收付款凭证交出纳员办理收付款事宜，登记日记账后交记账员记账，记账后送交有关人员装订保管。

第三十四条 记账凭证的审核内容

（一）所附原始凭证是否齐全；

（二）填制内容是否完整；

（三）摘要是否符合本规范的规定；

（四）金额是否正确；

（五）会计分录是否正确；

（六）编号有无重号、漏号现象；

（七）更正错误是否符合本规范的规定；

（八）记账凭证制作及传递是否及时。

第三十五条 记账凭证的装订

（一）记账凭证装订前，检查记账凭证及其附件是否齐全，编号从小号到大号是否连续，确认无误后装订。

（二）每张科目汇总表或凭证汇总表及所附记账凭证装订成一册，不准跨月装订。

（三）原始凭证及其附件的面积如果大于记账凭证，应以记账凭证为标准折叠齐整，要便于翻阅；面积如果小于记账凭证，以业务发生时间先后为序，自左至右平整地粘贴在与记账凭证篇幅相同的白纸上，不准遮盖票面金额和编号。

（四）凭证上的大头针、曲别针、订书钉全部去掉。

（五）凡是有汇总原始凭证的，其所附的原始凭证均属附件，数量过多的原始凭证可以单独装订保管，在其封面上注明记账凭证日期、编号、种类，同时在记账凭证上注明“附件另订”和原始凭证名称、编号。

（六）装订记账凭证要加封面、封底，封面上注明单位名称、年度、月份和起讫日期、凭证种类、起讫日号码。

（七）装订后，由装订人在装订线封签处签章。

第四节 会计账簿规范

第三十六条 会计账簿是以记账凭证为依据，全面、系统、连续地记录和反映各项经济活动的工具。单位必须依法设置会计账簿，并保证其真实、完整。

第三十七条 会计账簿包括总账、日记账、明细账、辅助账。

（一）总账是根据会计制度规定的一级会计科目设置的，分类记录经济业务总体情况的账簿。

（二）日记账是按照经济业务发生或完成日期的先后，逐日、顺序、连续登记的账簿。包括：现金日记账、银行存款日记账等。

（三）明细账是按二级科目、明细科目或具体户名、品名设置的，采用分类记录经济业务，提供明细核算资料。

（四）辅助账是为补充总账、明细账所不能详细记录的事项而设置的。

第三十八条 总账、现金日记账和银行存款日记账必须采用订本式账簿。不得用银行对账单或其他方法代替日记账。

第三十九条 会计电算化条件下，会计账簿由会计核算软件自动生成，年度终了必须打印全套会计账簿资料。账簿必须连续编号，并由记账人员和会计机构负责人、会计主管人员签字或者盖章。如软件输出的会计账簿没有连续编号，应采用打码机等进行连续编号。

第四十条 手工登记账簿的启用

（一）总账按会计科目类别和会计科目顺序在科目名称栏内盖会计科目章，填写启用页号。

（二）明细账在启用时，一级会计科目应顶格盖会计科目章，在一级科目行之下，向右让一个字位置，按其所属的二级科目或明细科目，盖会计科目章或填写明细科目名称，平时只编分页次，待年末结账后，撤出空白账页，装订整齐，按流水号统一编总页次，并将启用页号填入账户目录“页数”栏内。

第四十一条 手工记账规则

（一）要根据审核无误的记账凭证登记账簿。明细账、日记账应按记账凭证日期、编号、经济业务内容摘要，金额逐项记入账内，做到登记准确、及时，书写清楚。

采用科目汇总表记账程序的单位，总账应根据会计科目汇总表的日期、编号登记，摘要栏除上年结转及承前页外，应登记会计科目汇总表“凭证号数”中的起止号。采用记账凭证记账程序的单位，总账应根据每一张记账凭证登记。

银行存款日记账应按支票存根及其他结算凭证逐笔登记。“种类”按拨款（预算拨款凭证）、信汇、电汇、汇票、委托、托收承付、借款、送款、进账单等填写，“号数”只填现金支票和转账支票的后四位数。

（二）各种账簿应按账页顺序连续填写，不得跳格、隔页。发生隔页跳行应当将空行、空页盖“此格空白”、“此页空白”戳，并由记账员盖章。

（三）账簿记录发生错误，不准刮、擦、涂改、挖补或用药水消除字迹。应将错误的文字或数字划单红线注销，但必须使原来字迹仍可辨认；然后在划线上方填写正确的文字或数字，并由记账员在更正处盖章。对于错误的数字应全部划线更正，不得只更正其中的错误部分。对于文字错误，可只划去错误部分。

由于记账凭证错误而使账簿记录发生错误，按更正的记账凭证登记账簿。

（四）登记完毕后，应在记账凭证上签名或盖章，在记账符号栏划“√”，以避免记账遗漏或重复。

（五）凡需要结出余额的账户，结出余额后，应当在“借或贷”栏内注明“借”或者“贷”字样；没有余额的账户，应当在“借或货”栏内写“平”字，并在余额栏内“元”位用“Q”表示。现金日记账和银行存款日记账必须逐日结出余额。

（六）每一账页登记完毕结转下页时，应当结出本页合计数及余额，写在下页第一行有关栏内，并在摘要栏内注明“承前页”或盖“承前页”戳。

对需要结计本月发生额的账户，结计的本页合计数应当为自本月初起至本页末止的发生额合计数；对需要结计本年累计发生额的账户，结计的本页合计数应当为自年初起至本页末止的累计数；对既不需要结计本月发生额也不需要结计本年累计发生额的账户，可以只将每页末的余额结转次页。

第四十二条 对账

应当定期对会计账簿记录的有关数字与货币资金、有价证券、库存实物、固定资产进行相互核对，保证账实相符、账证相符、账账相符、账表相符。对账工作每年至少进行一次。

（一）账实核对。核对会计账簿记录与财产实有数额是否相符，包括：查现金日记账的账面余额与现金实际库存数额是否相符，发生长短款时填写“出纳报告单”，经领导批准作为原始凭证，待查明原因经批准后作账务处理。出纳员应每日核对一次库存现金，会计主管应定期或不定期抽查；银行存款日记账的账面余额与开户银行对账单核对，填制“银行存款余额调节表”，会计主管每月至少检查一次；有价证券账户与实存有价证券相核对，每年至少核对一次；查财产物资的账面余额与实际库存数额是否相符，至少每年年终要进行一次财产清查；债权债务类明细账账面余额与债权、债务人核对，并对债权进行账龄分析，向负责人汇报，采取措施积极催办；租出、租入、借出、借入财产账簿与实物、合同核对，保证账实相符，至少每半年核对一次。

（二）账证核对。将账簿记录与记账凭证相互核对，采用科目汇总表记账程序的单位查总账与会计科目汇总表、会计科目汇总表与记账凭证、明细账与记账凭证是否相符。采用记账凭证记账程序的单位查会计账簿记录与记账凭证的时间、字号、摘要、金额、记账方向是否相符。

（三）账账核对。核对不同会计账簿之间的账簿记录是否相符，包括：查总账本期借方发生额之和与本期贷方发生额之和是否平衡；查总账各账户与所辖明细账户的各项目之和是否相符；查会计部门的总账、明细账与有关职能部门的账卡是否相符。

（四）账表核对。核对报表数据与账簿相关金额的相互关系、金额是否对应。

第四十三条 结账

期末，应按会计核算软件的设计程序，在审核记账的基础上，进行结账操作。

手工记账的结账：

（一）账户余额结计时间：现金日记账和银行存款日记账、债权、债务、存货等明细账，应在记账时结出余额；总账和其他明细账于月终结出余额。

（二）账户发生额结计时间

1. 总账需要结出本月发生额和本年累计发生额；采用科目总表记账程序的，可以在年终结出本年累计发生额；

2. 现金和银行存款日记账，按月结出发生额合计和本年累计发生额。现金流入流出业务量大的单位，应结出“日结”。

3. 明细账除债权、债务账外均应结出本月发生额合计和本年累计发生额。

（三）结账方法

1. 需要结出本日发生额合计数时，在当日最后一笔业务发生额下行摘要栏内盖“本日合计”戳记，结出借、贷方发生额的合计数和余额，在“本日合计”行下端划通栏单红线。

月结，在最后一笔业务发生额下面划通栏单红线，在其下行摘要栏盖“本月合计”戳记，结出借、贷方发生额合计数；同时在“本月合计”下行摘要栏盖“本年累计”戳记，在金额栏填列发生额累计数和余额，然后，沿该行底线划通栏单红线。结出12月末的余额后，编制“资产负债表”，然后再次试算平衡，将各个收支账户余额填制 12 月 31 日的记账凭证，办理年终冲转。

凡账页内每月只记录一笔账的，在记录下划通栏单红线，不结“本月合计”；借、贷某一方有两笔以上记录的，结出“本月合计”。

2. 收支类账户到会计年度结束时作结转分录，结清收入和支出账户，年度内不进行结转，直接编制中期财务报表（即“表结法”）。

3. 年底，冲转后无余额的账户，结出“本年累计”，沿该行底线划通栏双红线；冲转后有余额的账户，本年累计下行摘要栏盖“结转下年”戳记，在余额栏填列结转数，“借或贷”栏按“本年累计”行余额的“借或贷”方向填列。最后再在该行底线划通栏双红线，以示旧账结束。

4. 多栏式明细账的结计：收支类账户采用多栏账，其多栏内数字只是其借方（或贷方）的分析数，支出账户转出时只须在其贷方（收益账户在借方）登记，同时结计余额，无须在多栏内登记赤字，按“表结法”只需年终一次结转。

第四十四条 账簿的装订

（一）各种账簿均应设置封面，标明单位名称、账簿名称及所属会计年度。账簿的扉页应设置账簿启用表。账簿的第一页应设置账户目录。

（二）填写“账簿启用及经管人员一览表”，内容包括：单位全称、账簿名称（加盖财务专用章）、账簿页数、启用日期、单位负责人和会计机构负责人签章、经管人员职务、姓名，经管或接管日期并签章。

日记账的预留银行印鉴项目，应加盖与预留银行印鉴卡相同的印鉴。账页中“开户银行”项应填开户行全称，“银行账号”项应填写银行账号的全部数字。

粘贴印花税票。需要粘贴印花税的账簿，在启用表右上角粘贴印花税票，并在印花税票中间划两道横线，以示注销。使用缴款书交纳的印花税，在账簿启用表右上角注明“印花税缴款书×元，见×年×月×日×号记账凭证”。

第三章 财务会计报告规范

第四十五条 必须按照国家统一会计制度的规定，定期编制财务会计报告。财务会计报告由财务报表、财务报表附注和财务情况说明书组成。对外报送的财务会计报告应当根据国家统一会计制度的要求编制。

第四十六条 财务报表应当根据登记完整、核对无误的会计账簿记录和其他有关资料编制。

第四十七条 编制财务报表时应当做到：数字真实、计算准确、内容完整、说明清楚，任何人不得篡改或者授意、指使、强令他人篡改财务报表的有关数字。

（一）各种财务报表之间、各项目之间凡有对应关系的数字应该相互一致，本期报表与上期报表之间的有关数字应相互衔接。

（二）出现负数的项目，除有关项目按规定的办法填列外，其余均以“—”号表示。

（三）各种报表均按规定的金额单位填制。

（四）会计处理方法前后各期应当相互一致，不得随意变更；需要变更时，将变更情况、变更原因及对财务状况、经营成果的影响，在财务情况说明书中说明。

第四十八条 应当按照企业会计准则或者小企业会计准则等国家统一的会计制度的规定，编制财务报表附注、中期财务报告、合并财务报表；根据单位实际编写财务情况说明书。

第四十九条 应当按照国家规定的期限对外报送财务会计报告。对外报送的财务会计报告，应当依次编定页码，加具封面，装订成册，加盖公章。封面上注明单位作称、地址、财务会计报告所属年度、季度、月份及送出时间，并由单位负责人、会计机构负责人签名并盖章。单位负责人对财务会计报告的真实性、完整性负责。

第五十条 财务会计报告在报出之前，应对以下内容进行认真审核：

（一）财务报表的种类、项目是否填制齐全；

（二）财务报表数字是否与账簿数字相符；

（三）财务报表之间有关的数字是否衔接；

（四）财务报表附注是否填写齐全；

（五）财务情况说明书中的数字是否与所附的财务报表中的数字相符。

第四章 会计工作交接规范

第五十一条 会计人员发生下列情况之一者，必须将本人所经管的会计工作全部移交给接替人员，没有办清手续不得离职：

（一）工作调动；

（二）因病不能工作超过 3 个月；

（三）因故临时离职超过 3 个月；

（四）撤销会计职务；

（五）单位撤销（向股东会交接）；

（六）单位合并（被合并单位向合并单位办理交接手续）；

（七）单位分立（被分单位向分出单位办理交接手续）。

发生（二）（三）项情况在 3 个月之内者，单位负责人必须指定专人代理，办理临时交接手续。

第五十二条 移交前应做好以下工作：

（一）已经受理的会计事项，应全部填制记账凭证、登记账簿、结出余额，并在余额之后加盖移交人名章。

（二）整理应该移交的各项资料，对未了事项写出书面材料。

（三）填写经管人员一览表中的移交项目、交接日期，并加盖有关人员名章。

（四）编制移交清册，列明应当移交的会计凭证、会计账簿、财务报表、文件资料、其他物品、现金、有价证券、票据、支票簿、公章等内容；实行会计电算化的单位，从事该项工作的移交人员还应当将交接之前的会计凭证、会计账簿、财务报表打印盖章，并在移交清册中列明会计软件密码、会计软件数据磁盘（光盘等）及有关资料、实物等内容。

（五）会计机构负责人移交时，应将全部财务会计工作、重大财务收支和会计人员情况，向接替人员详细介绍。对需要移交的遗留问题，应当写出书面材料。

第五十三条 办理会计工作交接手续，必须有监交人负责监交。一般会计人员交接，由单位会计机构负责人负责监交；会计机构负责人交接，由单位负责人负责监交，必要时由主管部门派人会同监交；单位撤销、合并或分立，双方单位负责人和会计机构负责人参加，由主管部门监交，必要时，由财政部门监交。

第五十四条 办理移交时，移交人员应按照移交清册逐项移交，接替人员应逐项核对点收。

（一）现金、有价证券应根据会计账簿余额移交，与会计账簿不一致时，移交人必须按监交人规定的期限查清。

（二）会计凭证、会计账簿、财务报表和其他会计资料必须完整无缺，如有短缺，必须查清原因，并在移交清册中注明，由移交人负责。

（三）银行存款账户余额应与银行对账单核对相符，如不一致，应当编制银行存款余额调节表调节相符。财产物资明细账户余额与实物、总账有关账户余额核对相符；债权债务明细账户余额应与总账有关账户余额核对相符，必要时向往来单位、个人函调认可。

（四）移交人经管的公章、票据、文件资料及其他物品、办公用具等，应一并交接清楚；从事会计电算化工作的，要对有关电子数据在实际操作状态下进行交接。

（五）交接完毕后，监交人和交接双方应在移交清册上签名。移交清册应具备：单位全称，交接日期，监交人和交接双方人员的职务、姓名、移交清册页数以及需要说明的问题和意见等。

移交清册应填制一式三份，交接双方各执一份，存档一份。

第五十五条 会计人员临时离职或者因病不能工作且需要接替或者代理的，会计机构负责人或者单位负责人必须指定有关人员接替或者代理，并办理交接手续。

临时离职或者因病不能工作的会计人员恢复工作的，应当与接替或者代理人员办理交接手续。

移交人员因病或者其他特殊原因不能亲自办理移交的，经单位负责人批准，可由移交人员委托他人代办移交，但委托人应当承担移交人的责任。

第五十六条 为保证会计记录的连续完整，接管人员应当继续使用移交的会计账簿，不得自立新账。

单位撤销或合并，在办理移交手续时，应编制自年初至撤、并日的会计决算，一并移交。

第五十七条 移交人员对所移交的会计凭证、会计账簿、财务报表和其他会计资料的合法性、真实性承担法律责任。

第五章 会计档案管理规范

第五十八条 会计档案是指会计凭证、会计账簿和财务报告等会计核算专业材料，是记录和反映单位经济业务的重要史料和证据。具体包括：

（一）会计凭证类：原始凭证，记账凭证，汇总凭证，其他会计凭证。

（二）会计账簿类：总账，明细账，日记账，固定资产卡片，辅助账簿，其他会计账簿。

（三）财务报告类：月度、季度、年度财务报告，包括财务报表、附表、附注及文字说明，其他财务报告。

（四）其他类：银行存款余额调节表，银行对账单，其他应当保存的会计核算专业资料，会计档案移交清册，会计档案保管清册，会计档案销毁清册。

第五十九条 实行会计电算化单位的软件数据资料、程序资料及存储于磁性介质上的会计数据、程序文件等，均应视同会计档案一并管理，并当应保存打印出的纸质会计档案。

第六十条 会计档案立卷

（一）会计凭证：按月统一编流水号，如：6月份第2册编为6—2。

（二）会计账簿：活页账在装订前撤去账夹和空白账页，填齐账户目录、页号（每册不应超过200号），然后按封面、账簿启动表、账户目录、账页、封底顺序排列，装订成册，封口处加盖装订人名章。账簿脊背注明所属年度、账簿名称、编号、保管期限。

会计账簿按年编号，编号顺序为总账、现金日记账、银行存款日记账、固定资产明细账、材料明细账及其他分户明细账。

（三）财务报表的装订应以左上角对齐装订。

1. 装订顺序是：

（1）封面；

（2）财务情况说明书；

（3）财务报表及附注，按表号顺序排列；

（4）封底。

2. 卷号应根据用途和保管期限的不同进行编制。下列各项应分别单独装订、编制卷号：

（1）月、季度财务报表；

（2）年终决算；

（3）会计移交清册；

（4）会计档案保管清册；

（5）会计档案销毁清册。

第六十一条 归档保管

（一）当年的会计档案在会计年度终了后，由财会机构保管一年；期满后填制“会计档案移交清册”一式二份，列明应当移交的会计档案名称、卷号、册数、起止年度和档案编号、应保管期限、已保管期限，向档案机构办理移交手续。点交后，双方签字，各执一份。移交时，账簿经管人员在“经管人员一览表”中填写移交日期并签名或盖章，次行由会计档案保管人员填写并盖章。

（二）未设专职档案机构的单位，必须配备房屋和专用柜，财会部门指定专人负责会计档案的整理、立卷、保管、调阅、销毁等工作。

（三）会计电算档案：由计算机打印输出的凭证、账簿、报表，其保存期限与手工记账方式相同。存储于磁性介质上的会计资料，在未打印成书面资料前，要妥善保管。同时，会计机构应规定复制备份数据、清除数据的间隔时间。会计数据的备份应分别存储于两个以上不同的地点。

（四）保管会计档案应做到防盗、防火、防潮、防虫，磁性介质还要防尘、防热、防冻、防磁，要有相应的安全措施。

（五）保管期限按下列规定执行。

会计档案保管期限表

序号	档案名称	保管期限	备注
一	会计凭证类		
1	各种会计凭证	15 年	包括：原始凭证、记账凭证和汇总表
二	会计账簿类		
2	日记账	15 年	
3	总账	15 年	
4	明细分类、分户账或登记簿	15 年	
5	现金日记账、银行存款账	25 年	
6	固定资产明细账（卡片）	5 年	固定资产报废清理后保管 5 年
7	各种备查账簿	自定	
三	财务报告类		
8	年度财务决算	永久	
9	基本建设年报（决算）	10 年	
10	会计月、季度报表	5 年	所属单位报送的保管 2 年
四	电子数据		
11	财务软件电子数据（账套）	永久	
12	其他财务会计电子文档、数据	5 年	
五	其他类		
13	会计移交清册	15 年	
14	会计档案保管清册	永久	
15	会计档案销毁清册	永久	

（六）机构变动或档案管理人员调动时，应办理交接手续。

第六十二条 会计档案的借阅使用

（一）建立会计档案清册，将会计档案的内容、保管期限、存放地点等内容登记清楚；建立会计档案借阅登记清册，登记借阅人姓名、单位、日期、数量、内容、归还日期。

（二）本单位人员调阅，应经会计机构负责人同意；外单位人员调阅，应当持本单位介绍信，注明调阅内容，经会计机构负责人批准，方可办理调阅手续，与介绍信调阅内容无关的档案不予提供。

（三）调阅会计档案，不得拆散原卷册，不得在案卷中标记、涂画，不得抽换和拆封，不得携带出档案室。需抄录和复制的凭证，由会计机构负责人签署意见报经领导批准。所有调阅的会计档案，均应登记，并限期归还。

第六十三条 会计档案保管期满需要销毁时，应由本单位档案机构提出销毁意见，会同财会机构共同鉴定，严格审查，编制“会计档案销毁清册”，列明销毁会计档案的名称、卷号、册数、起止年度和档案编号、应保管期限、已保管期限、销毁时间等内容，单位负责人在会计档案销毁清册上签署意见，以书面形式报经主管部门批准后销毁。经批准销毁的会计档案中，属于未了结的债权债务原始凭证，应单独抽出，另行立卷，由档案机构保管到结清债权债务时为止，并在会计档案销毁清册和会计档案保管清册中列明。项目正在建设期间的建设单位，其保管期满的会计档案不得销毁。

销毁会计档案时，应由档案机构和财会机构共同派员监销，销毁时，按会计档案销毁清册所列项目逐一核对；销毁后要在销毁清册上签章，归入档案。

第六章　内部会计控制制度规范

第六十四条　应当根据《会计法》和国家统一会计制度的规定，结合单位内部管理的需要，建立健全内部会计控制制度。

第六十五条　应当建立内部会计管理体系，明确职责。

（一）单位负责人的会计职责：

1. 领导会计机构、会计人员和其他人员执行《会计法》等相关法规制度。

2. 对本单位会计工作和会计资料的真实性和完整性负责。

3. 保障会计人员的职权不受侵犯。

（二）单位分管领导的会计职责：

1. 负责对本单位会计机构的设置、会计人员的配备、会计专业职务的设置和任命提出方案；对本单位会计机构负责人的人选进行政绩、业绩考核；对会计人员的任用、晋升、调动、奖惩提出意见。

2. 负责组织本单位会计人员上岗培训和任职期间的职业道德教育、专业知识更新以及业务考核；维护会计人员依法行使职权。

3. 组织编制和执行预算计划。

4. 建立健全会计核算制度，搞好财务分析，总结经验，提出改进意见；负责对本单位财会工作的监督、检查和指导。

5. 负责协调、沟通会计机构与单位行政领导和各职能机构的关系；协调、沟通本单位与有关部门的关系，解决各环节出现的矛盾和问题。

（三）会计机构负责人的职责、权限：

1. 宣传、组织执行国家有关财政、财务、会计法规和制度。

2. 编制并严格执行单位预算。

3. 根据国家和集团制定的财会法规，结合本单位具体情况，拟定具体实施办法。

4. 按照规定办理会计核算业务，及时、准确、完整地记录、计算、报告财务收支和业务开展情况，为有关各方提供真实、完整的会计信息。

5. 按照规定进行会计监督。通过对会计凭证的审核，对不真实、不合法的原始凭证不予受理；对不准确、不完整的原始凭证予以退回，要求更正、补充；通过财产清查，发现账簿记录与实物、款项不符，按有关规定作出处理或报请单位负责人处理；通过办理财务收支，制止、揭发违反财经纪律、法规和规章制度的行为。纠正、制止无效时，严格按规定的程序处理。在财政、审计、税务等部门进行检查、审计时，积极配合，如实提供有关资料、反映有关情况。

6. 向本单位负责人报告财务状况和预算执行情况等财务情况。

7. 会计机构负责人有权对本会计机构的会计人员进行政绩、业绩考核，提出任免、调配、奖惩意见；对忠于职守、坚持原则而受到错误处理的会计人员，有权提出纠正；对玩忽职守、丧失原则不宜担任会计工作的人员，有权提出撤换。

第六十六条 应当建立内部会计管理体系。主要内容包括：会计机构的设置；会计人员的工作岗位设置；各会计工作岗位的人员分工、职责和权限；对各会计工作岗位的考核办法；出纳岗位的限制条件；会计工作岗位轮换办法等。

第六十七条 应当建立不相容岗位分离控制制度。主要内容包括：审批与申请岗位要分离，审批和执行岗位要分离，执行与监督岗位要分离，执行与记录岗位要分离，财产保管与会计记录岗位要分离。

第六十八条 应当建立主要业务分离控制制度。主要包括：货币资金的账、款业务分离，固定资产的购货与付款业务、处置与执行业务分离，信息系统的经办与审核业务、用款申请与审批业务分离，货物采购的合同签订、执行与审批业务分离，预算业务的审批与执行业务、执行与考核业务分离等。

第六十九条 应当建立授权与批准控制制度。主要内容包括：制定货币资金、零余额账户用款额度等业务授权批准制度、明确审批人授权批准方式、权限、程序、责任和相关控制措施。审批人应当在授权范围内进行审批，不得超越审批权限；经办人、审核人应当在职责范围内，按照审批人的批准意见办理。

第七十条 应当依据《会计法》和国家统一的会计制度的规定，建立适合本单位需要的账务处理程序。主要内容应当包括：会计科目及其明细科目的设置和使用；会计凭证的格式；记账凭证的审核要求和传递程序；会计政策、会计估计和会计处理程序；会计账簿的设置；会计指标体系；编制财务报表的种类和要求；财务分析指标体系；稽核的方法；会计档案保管办法等。

应当按内部会计控制内容及其业务处理流程，确定本单位关键会计控制点及其原始凭证的审批、审核要求和传递程序，制定符合本单位需要的经济业务事项处理程序制度。

第七十一条 应当建立资产管理制度。主要内容包括：现金管理制度，银行存款管理制度，应收款项管理制度，存货管理制度，对外投资管理制度，固定资产管理制度等相关制度。

第七十二条 应当建立财产清查制度。主要内容包括：财产清查的范围；财产清查的组织；财产清查的期限和方法；对财产清查中发现问题的处理办法；对财产管理人员的奖惩办法等。

第七十三条 应当建立成本核算制度。主要内容包括：成本核算的对象；成本核算的方法和程序；成本分析等。

第七十四条 应当建立单位预算管理制度。主要内容包括：规定单位预算的具体内容、管理办法、编制依据和方法；分析和控制预算方法；预算调整的权限及程序等。

第七十五条 应当建立收入管理制度。主要内容包括：收入的分类及具体项目；收入管理制度。

第七十六条 应当建立支出管理制度。主要内容包括：支出的具体分类及界限；支出的审批程序；审批人员的权限和责任。

第七十七条 应当建立会计档案保管与交接控制制度。主要内容包括：会计档案管理工作安排，会计人员调动或离职的交接程序及内容。

第七十八条 财务分析控制制度。主要内容包括：运用预算执行数据、费用支出数据等信息，通过因素分析、对比分析、趋势分析等方法，进行预算执行情况、财务收支分析，发现问题，查明原因并加以改进。

第七十九条 应当建立内审制度。主要内容包括：明确内部审计的适用范围，承担审计职能的责任部门及职责，内部审计的程序、主要内容及审计报告的要求等。

第七章 附 则

第八十条 本规范由集团财务部负责解释、修改。

第八十一条 本规范自 年 月 日起实施。

范本二

财务部岗位职责

财务部经理岗位职责

第一条 在公司总经理和总会计师领导下，负责公司资金调配、成本核算和财务管理，推行现代化管理方式，进行企业经济核算和分析工作。

第二条 严格执行国家财经制度、财经纪律以及财务会计制度，加强财务管理。

第三条 根据公司年度生产经营综合计划编制公司财务收支计划、信贷计划和成本计划，并加强管理，促进各项经济指标实现。

第四条 组织制订储备、生产、成品资金定额，严格费用开支，加强成本管理，搞好经济活动分析，搜集、整理、积累历年各项原始资料，指导车间经济核算工作，促进公司经济效益逐年提高。

第五条 负责企业资金管理，监督其增减变动，负责盘盈、盘亏、报废清理、货款结算、催收和处理等工作，做到情况清楚、手续完备、数据准确、处理及时。

第六条 搜集整理价格资料，负责制订厂内劳务、产成品、半成品、物资等的计划价格，并督促检查有关部门和车间对材料、产品正确计价和销售。

第七条 负责财务历史资料、文件、凭证、报表的整理、搜集和立卷归档工作，并对到期会计档案按规定手续报请销毁。

第八条 负责对重要经济合同的审查会签，并监督经济合同的执行，确保公司利益不受损害。

第九条 负责组织起草财务方面的管理制度及有关规定。

第十条 根据公司方针、目标、要求，负责本部门方针目标的展开、检查、诊断和落实工作。

第十一条 完成公司领导临时布置的各项任务。

主办会计岗位职责

第一条 根据国家财务会计法规规定，结合公司特点，负责拟订公司会计核算的有关工作细则和具体规定，报经领导批准后组织实施。

第二条 参与拟订财务计划，审核、分析、监督预算和财务计划的执行情况。

第三条 在财务经理领导下，准确、及时地做好账务和结算工作，正确进行会计核算，填制和审核会计凭证，登记明细账和总账，对款项和有价证券的收付，财物的收发、增减和使用以及资产增减进行核算。

第四条 正确计算收入、费用、成本，正确计算和处理财务成果，具体负责编制公司月度、年度会计报表、年度会计决算及附注说明和利润分配核算工作。

第五条 负责公司固定资产的财务管理，按月正确计提固定资产折旧，定期或不定期地组织清产核资工作。

第六条 负责公司税金的计算、申报和解缴工作，协助有关部门开展财务审计和年检。

第七条 负责会计监督。根据规定的成本、费用开支范围和标准，审核原始凭证的合法性、合理性和真实性，审核费用发生的审批手续是否符合公司规定。

第八条 及时做好会计凭证、账册、报表等财会资料的收集、汇编、归档等会计档案管理工作。

第九条 主动进行财会资讯分析和评价，向领导提供及时、可靠的财务信息和有关工作建议。

第十条 协助财务经理做好部门内务工作，完成领导临时交办的其他任务。

成本会计岗位职责

第一条 在财务经理领导下，按照国家财会法规、公司财会制度和成本管理有关规定，负责拟订公司成本核算实施细则，在批准后组织执行。

第二条 主动与有关人员对公司重大项目、产品等进行成本预算，编制项目成本计划，提供有关的成本资料。

第三条 推行全面成本核算管理，协助有关主管制定总体方案和实施办法，确定各类成本定额、标准，并协助各部门和下属企业的推广应用。

第四条 监督、调查各部门执行成本计划情况，并就出现问题及时上报。

第五条 学习、掌握先进的成本管理和成本核算方法及计算机操作，提出降低成本的控制措施和建议。

第六条 做好相关成本资料的整理、归档以及数据库建立、查询、更新工作。

第七条 完成领导临时交办的其他任务。

核算会计岗位职责

第一条 在财务经理领导下，按照公司财会制度和核算管理有关规定，负责公司各种核算和其他业务的记账工作。

第二条 根据会计制度规定，设置科目明细账和使用对应的账簿，认真、准确地登录各类明细账，要求做到账目清楚、数字正确、登记及时、账证相符，发现问题及时更正。

第三条 及时了解、审核公司原材料、设备、产品的进出情况，并建立明细账进行明细核算，了解经济合同履约情况，催促经办人员及时办理结算和出入库手续，进行应收应付款项的清算。

第四条 负责依税法规定做好印花税贴花工作及相应的缴纳记录。

第五条 负责固定资产的会计明细核算工作，建立固定资产辅助明细账，及时办理记账登记手续。

第六条 负责公司的各项债权、债务的清理结算工作。

第七条 正确进行会计电算化工作，提高会计核算工作的速度和准确性。

第八条 协助主办会计等做好会计原始凭证、账册、报表等会计档案的整理、归档工作，就职责范围问题提出工作建议。

第九条 完成领导临时交办的其他任务。

税务主管岗位职责

第一条 协助财务部经理拟定公司整体税务计划；

第二条 负责公司纳税申报工作，按时、准确编制各种纳税申报表；

第三条 负责税务相关凭证的账务处理；

第四条 负责维护公司与有关税务机关的日常关系，及时进行信息联络与沟通；

第五条 及时了解掌握国家、地方的税收政策，根据税收政策对企业税务实际问题提出建议和可行性方案，协助领导拟定和实施公司税务筹划方案；

第六条 研究相关税收政策，为公司业务运营提供税务咨询；

第七条 对拟投资项目的涉税事项进行评估；

第八条 负责准备税务检查的相关资料；

第九条 完成领导临时交办的其他任务。

出纳员岗位职责

第一条 在财务经理领导下，按照国家财会法规、公司财会制度的有关规定，认真办理提取和保管现金，完成收付手续和银行结算业务。

第二条 负责办理银行存款、取款和转账结算业务。

第三条 登记现金和银行日记账，做到日清月结，保证账证相符、账款相符、账账相符，发现差错及时查清更正。

第四条 认真审查临时借支的用途、金额和批准手续，严格执行采购领用支票的手续，控制使用限额和报销期限。

第五条 正确编制现金、银行的记账凭证并及时传递。

第六条 配合有关人员及时开展对应收款的清算工作。

第七条 严格审核报销单据、发票等原始凭证，按照费用报销的有关规定，办理现金收付业务，做到合法准确、手续完备、单证齐全。

第八条 核实人事部提供的薪金发放名册，按时发放公司职工的工资、奖金。

第九条 负责及时、准确解缴各种社会统筹保险、住房公积金等工作。

第十条 负责妥善保管现金、有价证券、有关印章、空白支票和收据，做好有关单据、账册、报表等会计资料的整理、归档工作。

第十一条 负责掌管公司财务保险柜。

第十二条 完成财务经理临时交办的其他工作。

审计员岗位职责

第一条 按照国家审计法规、公司财会审计制度的有关规定，负责拟订公司具体审计实施细则，在批准后组织执行。

第二条 监督公司各部门及下属单位对各项财经规章制度的执行。

第三条 控制、考核、纠正下属单位偏离公司整体财务目标计划的行为。

第四条 负责或会同其他部门查处公司内滥用职权、有章不循、违反财务制度、贪污挪用财物、泄密、贿赂等行为和经济犯罪的情况。

第五条 协助政府审计部门和会计师事务所对公司审计活动。

第六条 定期或不定期地进行必要的内部专项审计、专案审计和财务收支审计。

第七条 负责或参与对公司重大经营活动、重大项目、重大经济合同的审计工作。

第八条 负责编写内部审计报告，提出处理意见和建议。

第九条 负责做好有关审计资料的收集、整理、建档工作，按规定保守秘密和保护当事人合法权益。

第十条 完成总经理和财务部经理临时交办的其他任务。

范本三

电算化下会计岗位设置及职责

第一章　电算化会计岗位的划分

第一条　会计电算化后的会计岗位可分为基本会计岗位和电算化会计岗位。基本会计岗位包括会计主管、出纳、会计核算各岗、稽核、会计档案管理等岗位。电算化会计岗位包括直接管理、操作、维护计算机及会计软件系统的工作岗位。在保证会计数据安全的前提下，基本会计岗位和电算化会计岗位可交叉设置；中小型单位和使用较小型的会计软件的单位，在符合内部牵制制度的情况下，许多岗位可以由一人担任（具体如何分工，还要根据单位的具体情况和使用的会计电算化软件确定）。

第二条　电算化会计岗位可分为：

（一）系统管理员（电算化主管），主要负责计划协调、管理计算机及会计软件系统的建立运行、账务数据系统安全等工作。系统管理员一般可由财务部门的负责人或会计主管担任。

（二）系统操作员，负责输入、处理、输出会计数据，如凭证录入、记账、打印账簿和报表等日常会计业务处理工作，要求具备会计业务知识，能熟练进行计算机会计软件的操作。

（三）凭证审核员，负责对输入计算机的记账凭证的审核工作，以确保凭证的合法、准确；对打印输出的账簿、报表进行确认。此岗位可由会计主管兼任。

（四）系统维护员，负责保证计算机硬件、软件的正常运行，要求精通计算机相关业务，采用大中型计算机和大型会计软件的单位应设立此岗位。系统维护员工作范围一般不涉及实际会计业务的操作。

（五）会计档案资料保管员，负责保存计算机会计数据（数据备份软盘）、软件系统（光盘或软盘）、已打印的各种账表、凭证及其他有关的会计档案资料。通常可由系统操作人员（如会计）兼任。

第三条　建立了会计电算化岗位，还需进一步明确岗位的职责，对每一岗位的工作职责、权限进行详尽的规定，使会计电算化工作进一步具体化。

第二章　系统管理员职责

第四条　负责协调、管理电算化系统的日常管理工作、会计软件系统的建立运行，保障电算化会计系统正常运行等。

第五条　负责电算化会计系统有关数据的安全性、完整性等的检查和维护工作。

第六条　负责电算化会计系统各有关资源（软件资源和硬件资源）的调配、修改和制定更新计划。

第七条　负责电算化会计系统内部的协调。

第八条　制定并完善单位各项会计电算管理制度。

第三章 系统操作员职责

第九条 负责电算化会计软件的操作，以实现其规定的功能。

第十条 负责会计数据的输入、数据备份和输出。

第十一条 对审核后的凭证数据，及时进行登记入账。

第十二条 应保证输入的会计数据的安全，根据具体情况，及时做好数据备份，选择适当的备份数据载体（软盘、硬盘及光盘等），并妥善保管。

第十三条 操作过程中发现问题，应及时向系统管理员报告，并将情况记录下来，供系统维护服务人员参考。

第四章 凭证审核员职责

第十四条 负责对已输入计算机系统内记账凭证的审核，包括摘要是否规范、数据是否正确等。

第十五条 对于不符合会计操作规范的凭证，审核员应向有关人员指出，待更正后再进行审核。

第五章 系统维护员职责

第十六条 定期检查软件、硬件的运行情况。

第十七条 负责电算化会计软件系统的安装和调试工作。

第十八条 按照电算化会计系统的有关维护管理说明，利用系统内或其他软件工具，对系统进行功能完善、缺欠改正等，以使系统更加适合本单位的会计业务工作要求。

第六章 会计档案资料管理员职责

第十九条 按照会计档案管理的有关规定进行正常的档案管理工作。

第二十条 负责电算化会计系统各类数据软盘、光盘、系统程序以及账表、凭证、资料的存档工作。

第二十一条 依据有关规定，做好存档资料的安全保密工作。

第二十二条 对于按规定借出的数据、账表等资料，要及时收回。

范本四

现金管理制度

第一章　总　则

第一条　为了加强现金管理，健全现金收付制度，严格执行现金结算纪律，特制定本制度。

第二条　本制度是根据国家财务制度的有关规定，结合公司的具体情况制定的，将随着国家相关政策及公司的实际情况的变化予以修改和完善。

第二章　现金使用范围

第三条　使用现金范围：

（一）员工工资、奖金、津贴及劳保福利费用；

（二）出差人员差旅费；

（三）采购办公用品或其他物品，金额在使用支票结算起点 1 000 元以下的；

（四）业务活动的零星支出备用金；

（五）确需现金支付的其他支出。

第三章　现金收付原则

第四条　收付现金必须根据规定的合法凭证办理，没有经过审批签章或超越规定审批权限的，出纳不予付款。不准白条顶款，不准垫支挪用。

第五条　购买物品或支付货款，尽量使用支票、汇款等转账方式，减少现金支付量。

第六条　因公外出或购买物品，需借用现金时，出纳一律凭相关负责人审批的、财务部统一印制的借款单付款。

第七条　出纳不得擅自将单位现金借给个人或其他单位，不准谎报用途套取现金、不准利用银行账户代其他单位或个人存入或支取现金，不准将单位收入的现金以个人名义存入银行，不准保留账外公款。

第四章　现金收入和支出

第八条　不论何种来源收入的现金，原则上应于当日送存开户银行。

第九条　支付现金，应该从库存现金中支付或从银行提取；不得从现金收入直接支付，坐支现金。

第十条　严格审查采购物品化整为零，在结算起点以下的现金支付。

第十一条　在特殊情况下对按规定应转账结算而不得不用现金结算的，经申请公司领导同意方可办理。

第五章　现金报销时间规定

第十二条　购买物品借用现金应在购货后3个工作日内报销，出差人员所借现金必须在返回后5个工作日内报销，如不按时还清借款又不向财务部门说明原因的，财务部门有权从借款人工资中扣除。

第十三条　出国人员个人购汇所借现金，应在回国后15个工作日内还清。

第六章　库存现金的保管

第十四条　库存现金不应超过银行规定的限额，超过限额要当日送存银行

第十五条　会计人员应于月末、季末、年末清理各类借款，及时催收，发现重大问题，应及时向领导汇报，采取措施。

第十六条　办理现金出纳业务，必须做到按日清理、按月结账，及时登记现金日记账，结出库存现金账面余额，并与库存现金实地盘点数核对相符。

第十七条　库存现金必须每日核对清楚，保持账款相符，如发生长短款问题要及时向领导汇报，查明原因按“财产损溢处理办法”进行处理，不得擅自将长短款项相互补抵。

第十八条　保管现金要有安全防范措施，存放现金要用保险柜，保险柜钥匙要由专人保管。下班要检查保险柜、窗户、门，锁好后，方能离开。

第十九条　由有关领导和专业人员组成清查小组，定期或不定期地对库存现金情况进行清查盘点，重点放在账款是否相符、有无白条抵库、有无私借公款、有无挪用公款、有无账外资金等违纪违法行为。

第七章　处　罚

第二十条　对违反本办法造成公司损失的，视其情节轻重，给予处罚。

第二十一条　凡超出规定范围、限额使用现金，用不符合制度的凭证充抵库存现金，未经批准坐支现金，私设小金库，编造用途套取现金，公款私存的，除给有关人员处分外，分别给予违纪金额10％～30％的罚款。

第二十二条　所有罚款一律上缴公司财务部。

第八章　附　则

第二十三条　本制度自下发之日起执行。

第二十四条　本制度解释权属公司财务部。

范本五

支票管理办法

第一条 为加强公司支票管理，保障货币资金安全，根据国家有关法规，结合本公司实际制订本办法。

第二条 领用支票应填写支票使用申请单，填写收款单位、支票用途、预计用款金额等，由经手人、有关领导签字或盖章。

第三条 财会人员在签发支票时，必须填写好日期、抬头、用途，金额大、小写，支票存根必须按规定填写单位名称、金额、款项用途等。

第四条 借用支票人员办理完业务后，应向财务部门挂支，报告支票实际使用情况，以便财务部门掌控和运作资金。

第五条 财会人员要及时清理所借出的支票，发现逾期挂支时，要及时查询，发现问题及时上报。

第六条 为防止支票丢失或被盗，对未用的支票，业务人员必须及时交回财务部门注销。

第七条 空白支票和支票印鉴，必须设专人分开负责保管。支票必须随签发、随盖章，不得事先盖章备用，严防支票遗失和被盗。

第八条 必须指定专人负责支票的购买及使用，并建立支票登记本，按照支票号码逐一进行登记。对已签发的支票，要及时催报注销，并定期核对。发现丢失短少，必须及时查找，并向领导汇报。

第九条 业务人员每次借用支票一般不超过 2 张，特殊情况最多不得超过 5 张，财务部门对借出的支票有权随时督促报账。

第十条 借用支票人员必须对所借支票予以妥善保管，不得涂改。

第十一条 支票一旦发现丢失被盗，应立即到银行办理挂失手续。

第十二条 严格结算制度，必须做到：

（一）不准签发空头支票；

（二）不准签发远期或空期支票；

（三）不准将支票出租、出借或转让给其他单位和个人使用；

（四）不准将支票做抵押；

（五）不准签发印鉴不全、印鉴不符的支票。

第十三条 支票使用要求。

（一）支票金额起点为 1 000 元；

（二）支票的提示付款期限自出票日起 10 日（自签发的次日算起，到期日遇假日顺延），但中国人民银行另有规定的除外；

（三）签发支票应使用机打或碳素墨水填写，没有按规定填写，被涂改冒领的，由签发人负责。

第十四条 过期、作废支票要按号粘贴在原始凭证上。

第十五条 本办法由公司财务部负责解释。

第十六条 本办法自印发之日起施行。

范本六

财务报销制度

第一章　费用报销

第一条　一切费用要在批准的费用定额范围内开支，超支部分须经企业主管领导批准方可向财务部报销。

第二条　已经取得原始发票的只要填制报销凭证，由经办人验收或证明人签章、领导签字即可报销，已批准的费用定额内的由部门领导人签字，定额外的由企业主管领导签字。

第三条　未取得原始发票而要先付款时，可以先到财务部办理借款，经领导批准后（已经批准的费用定额内的由部门领导签字，定额外的由总经理签字）一周之内办理报销手续，同时撤回借款单第三联。

第二章　固定资产报销

第四条　必须先有批准的购置计划才能购置固定资产，需购置商品必须由总经理室办理专项控制证明单才能购买。

第五条　如果在当日内购置，经领导批准可借用空白支票在计划范围内购置，如能事先知道价格、单位名称及账号者，可办理借款手续，经领导批准后由财务部开支票。

第六条　固定资产报销时须建立固定资产卡片，并有资产编号，财务部才准予报销。

第三章　流动资产报销

第七条　采购部门应提出次月原材料及备用品、备件购置的购料计划，经领导批准后报财务部做出次月定额用款计划。

第八条　凡购入材料物品，必须填写入库验收单一式三联，采购、仓库、财务部各一联，填好验收单后，才予以报销。

第九条　材料物品领用时，必须填领料单一式三联，领用人、仓库、财务部各一联。

第十条　仓库保管员兼材料会计，每月应与财务部核对账目，发现问题及时找出原因，并予以更正。

第十一条　采购部门可借支备用金，作为零星购料周转，工程部也可以借支备用金，作为急需采购维修物品用，年终备用金全部交财务部。

第十二条　采购人员经领导批准可借支空白支票（限制一定数额内开支），但必须在三天内到财务部报销。

第十三条　各项预付款先填借款单，按合同要求经企业主管领导批准后再付款。

第十四条 低值易耗品报销必须建立低值易耗品卡片。

第十五条 年终物资部应盘点一次，列出材料清单与财务部核对，并做出盈亏表。

第四章 费用报销审批制度

第十六条 各部门的费用由部门经理审查、主管领导核准。

第十七条 企业支付的大厦物业费，水电、空调费，制服洗涤费，邮电通信费和劳动保险费等应付出的款项，由财务部经理审批并掌握分期付款数额。

第十八条 企业各项福利费开支，如活动费、制服费等，由企业总经理批准。

第十九条 医疗费按企业规定每月定额发给。

第二十条 工会经费由企业工会主席在规定的范围内签批。

第二十一条 其余未明确的费用由总经理审批。

第五章 附 则

第二十二条 本制度由公司董事会负责解释。

第二十三条 本制度自发布之日起施行。

范本七

员工借款管理规定

第一章 总 则

第一条 为加强员工借款管理，减少资金占用，更好地服务于企业生产经营，特制订本规定，本规定适用于公司各部门及所属分公司。

第二章 员工借款的审批和额度

第二条 员工借款审批。

（一）公司员工因公出差、零星采购、工程周转金、工程协调费借款及办理其他零星支付业务，根据需要可借用现金。

（二）公司员工借支现金需填写“借款单”，经部门负责人批准，财务主管审核后，报总经理签批。现金借支 2 万元以上的，要提前 1 个工作日通知财务部。

（三）临时工和试用期的员工不能借支现金，有出差任务时，由同行人员借支现金。

（四）现金借支人应亲自到财务部门支取现金并在现金支付凭证上签字，委托他人支取的，必须由受托人在现金支付凭证上签字。

第三条 员工借款额度。

（一）为了更准确地掌握现金的收支，原则上 800 元以下的现金支出不予办理借款。

（二）员工借支现金前必须预计合理的借支额度，部门负责人应进行额度的审核，超出合理范围的员工借款，财务部门不予借支。

（三）对不同级别的员工设置最高借款限额，未还借款超过限额时，财务部不再向其借款，公司工程部工程周转金和协调费借款的人员可上浮一个级次，特殊情况下，由借款人提出借款事由，经总经理批准后，方可办理借款。

级别	额度
副总裁级	100 000 元
总经理级	80 000 元
副总经理级	40 000 元
经理级	10 000 元
其他人员	5 000 元

（四）财务部对部分频繁进行现金支付的员工，可核定每人不超过 2 000 元的借支额度作为周转使用。

第三章 员工借款管理

第四条 禁止白条抵现，对于符合规定的员工“借款单”，财务部要及时进行账务处理。

第五条 员工借款的报销应取得合法的报销票据，部门负责人审核其业务合理性后，财务部审核票据的合法性，并经总经理核准后，进行会计处理。

第六条 员工报销款项应首先用于偿还借款。有工作任务需支出现金时，需再次履行借款审批手续，财务部门不得直接支付现金。

第七条 工程周转金借款，实行“前账不清，后款不借”原则。报销还款时，必须取得合法的报销票据符合《公司拨付工程款规定》，按报销规定程序报销。

第八条 工程协调费借款（应有协议或合同等），对于能够取得合法的报销票据，应在1个月内报销还款；对于不能够取得合法的报销票据，应取得对方盖有公章的收据或按有手印的收条，并有经办人、证明人和批准人签名，在3日内交财务部，由财务部统一办理代开发票，然后由经办人按照规定报销程序报销还款，对于属于特项支出的业务，还要填写“特项业务申请表”，按规定程序进行审批。

第九条 财务部要严格控制员工借款总量，准确掌握员工现金借支、报销和还款的情况，及时清理借支，对借款期限超过2个月的员工，财务部应下发“员工借款清欠通知单”（见附件）催收。财务部每季度要对员工借款进行一次全面清理。

第十条 对于员工逾期借款且接到“员工借款清欠通知单”10日内仍未还清借款的员工，执行“前账不清，后账不借”的原则，并会同人事部门从借款人工资中逐月扣还。

第十一条 人事部门对于有辞退意向和调出意向的员工，应事先通知财务部，待其还清所有借款后，再履行相关手续。

第四章　附　则

第十二条 部门负责人对下属员工现金借支审核不慎造成坏账损失的，部门负责人负责解决。

第十三条 本规定由财务部负责解释修订。

第十四条 本规定自下发之日起执行。

附件：

员工借款清欠通知单

×××财清字____号

__________部门________同志：

截至____年____月____日您逾期借支的现金余额为____元，按照公司员工借款管理规定，请您在10日之内到财务部核对清理，报销并归还所借款，如逾期未办，将依据有关规定执行。

此致

敬礼

公司财务部

____年____月____日

范本八

备用金及暂借款管理制度

第一章 总 则

第一条 为了加强对备用金及暂借款的管理，保证公司资金的安全，依据国家财务会计制度的有关规定，结合本公司的实际情况，制定本制度。

第二条 本制度所称备用金，是指拨付（借支）给公司内部有关业务与职能管理部门人员，用于日常业务零星开支的备用款项。

第三条 本制度所称暂借款，是指因生产经营工作的需要，由业务经办人员暂时以借款的形式申请支付的各种款项，包括押金、保证金及其他临时性的请款。

第二章 备用金的管理

第四条 公司对备用金实行定额管理，即对经批准使用备用金的个人，由公司财务部门会同主管经理根据业务需要事先核定备用金定额，并编制定额备用金使用人员名单，再由使用部门（或个人）按核定的金额填制定额备用金申请单，一次从财务部门领出款项。

第五条 对下列经济业务开支，可申请使用定额备用金：

（一）经常因公出差的业务人员的差旅费用。

（二）司机的出差费用（包括油料、过路费等）

（三）其他经批准使用定额备用金的备用款项。

第六条 对使用定额备用金的人员，平时报销不销备用金账户、不再办理请款（借款），使用后凭审核后的发票等票据的实际金额向财务部门领取现金；每年的 12 月 25 日前，备用金的使用人必须办理清算手续，逾期不办理报销或退款手续的，财务部门将从本人工资中如数扣回，并将取消其使用定额备用金的资格。对准许继续使用备用金的人员，可于次年的 1 月 1 日办理备用金的审批手续。由于工作变动或业务内容发生变化，不再适用备用金制度的应及时办理退还手续。

第三章 暂借款的管理

第七条 因生产经营工作需要需预先支付有关款项的，可由业务经办人员办理暂借款手续，由业务经办人员填制暂借款申请单，经部门和单位领导同意后，到财务部门办理借款手续，借款人应在该项业务完毕后的 10 个工作日内，到财务部门办理报销冲账或退款手续，逾期不办理报销或退款手续的，财务部门将从本人工资中如数扣回。

第八条 个人因公出差申请临时借款，应同时提交因公出差派遣单，详细填写出差原因及出差费用预算，经财务部门审核后办理借款手续。差旅费的报销应附出差派遣单，并以此为依据计算有关出差补助等费用。

第九条 涉及押金、保证金等款项的支付，由业务经办人员办理暂借款，业务完毕后10个工作日内到财务部门办理冲销手续。

第十条 暂借款的支付应坚持先冲（还）旧账后请新账的原则，旧账不清，不得办理新的借款，由于特殊原因不能在规定的时间办理完旧账的冲销手续的，经批准办理延期报销手续后，方能办理新的借款。

第四章 清查及责任追究制度

第十一条 财务部门应对备用金及暂借款进行明细核算，并建立定期与不定期相结合的清查与对账制度，防止备用金及暂借款被挪用或滥用，保证公司资金的安全完整。对长期占用暂借款不办理报销的，财务部门应提出处理意见，报公司有关部门或单位进行处理。

第十二条 对无特殊的原因引起备用金或暂借款数额过大，或违规支付借款或借款逾期无法及时追回的，将对相关人员进行处理。

第十三条 对无法追回的备用金和暂借款，借款单位（部门）应做出书面报告，该笔账款的审批人应做出专项说明，有关损失按照公司坏账损失的处理程序进行，并追究有关责任人员的经济及行政责任。

第五章 附 则

第十四条 本制度由公司财务部负责解释。

第十五条 本制度从发布之日起施行。

范本九

存货管理制度

第一章　总　则

第一条　存货指公司在正常生产经营过程中持有的以备出售的商品，或者为了出售仍然处在生产过程中的在产品，或者将在生产过程或提供劳务过程中耗用的材料、物料等。

第二条　存货管理的主要内容：统一领导和组织制定物料管理制度，制定和修订各种物料的消耗定额，审批各职能部门制订的年度、季度和月度物料采购和生产计划，负责计划执行情况和业绩考核。

第三条　各职能部门必须健全各项原始记录，加强定额管理，严格计量验收和清查盘点制度，做好物料管理工作。

第二章　存货的采购与日常保管制度

第四条　产品材料消耗定额由技术部制订。办公用品、用具、低值易耗品等按企业制订标准发放，对超计划的需求由实际需求部门提出申请计划，由主管领导批准后由财务部监督执行。

第五条　公司存货的日常管理，由各职能部门负责。各职能部门对其管辖范围内的存货分类设库进行管理。

第六条　存货增加的管理。

（一）公司采购部门根据批准的产品生产计划、产品原材料消耗定额和实际库存情况按季编制采购计划。采购计划经公司主管领导批准后交采购部门采购，同时送财务部一份，由财务部组织安排资金。

（二）采购部门按照批准的采购计划签订购货合同，实施采购。外购存货的价格管理纳入公司的价格管理体系。

（三）采购部门购入的原材料、燃料、外购商品等及时交公司储运部门办理提货手续。购入的存货送达各仓库后，仓库管理人员清点实物数量，请购部门及相关专业部门检验质量合格后，办理入库手续。

（四）发票账单连同采购主管人员、仓库保管人员、质检人员签章的外购物资入库单等是原材料等存货增加的依据。

（五）月终已办妥实物验收手续，但供应单位发票、账单未至时，采购人员必须填列物资入库单，并按规定在以后发票、账单收到时作相应调整，外购物资入库单也是存货增加依据。

第七条　低值易耗品根据其用途划分为两大类，与产品生产有关的低值易耗品增加的管理，同上；与经营管理有关的低值易耗品，如办公用品用具等由办公室根据公司批准的需求计划采购或委托公司其他部门制造。经办公室主管人员、仓库保管人员签章的入库单或交库单是存货增加的依据。

第八条 存货减少的管理。

（一）生产部门根据产品材料消耗定额，领用定额材料、定额消耗工具等，以各部门指定人员审核批准的限额出库单为依据。

（二）各职能部门领用各种存货或消耗性材料，必须由所在部门和物资主管部门批准。以各部门填列的、并由各所在部门、物资主管部门领导或指定人员批准的一般出库单为依据。

（三）各使用部门或仓库部门由于各种原因报废的材料或商品，必须填列报废材料通知单，并将待报废的材料或半成品，连同报废材料通知单送质检部检验。以各部门指定人员、物料部门主管人员、质检人员、废品保管人员签章的报废通知单为依据。

（四）购买方的调换产品，必须由购买方出具有效凭证，以物料部门主管人员、质检人员、废品保管人员签章的调换通知单作为存货减少的依据。

第九条 存货的实物管理。

（一）公司各存货的主管部门会同供应部、财务部根据公司正常生产、销售情况制订各项存货最高和最低存量，并制订最高和最低储备量目录。

（二）公司的各项存货必须按产品名称核算和管理。

（三）公司各库房的存量必须保持在规定的最高储备量和最低储备量之间。各项存货的主管部门和仓库保管人员必须每月组织一次盘点工作，摸清库存情况，及时调整采购计划和生产计划，避免超储、积压和脱节。

（四）公司的超储、积压、呆滞存货必须单独保管，并由其主管部门负责处理。

（五）公司各库房和各生产分厂每季组织盘点一次，财务部可定期或不定期地抽查库存情况，稽核库存数量。盘点过程中发现的盘盈盘亏，由各主管部门填列盘点表，在查明原因和落实责任的基础上，上报公司。经过批准的盘盈盘亏表是存货调整的依据。

（六）经公司主管领导批准后，由使用部门自行采购的物资，须经归口仓库办理入库手续后方可报销。

（七）文具、纸张等办公用品，公司按标准统一采购、发料，委托外单位印刷表格文件等各种印刷品，经使用部门向公司提出申请，由公司统一归口对外。因工作急需委外印刷，须经公司主管领导批准，并由归口部门办理入库手续后方可报销。

第十条 低值易耗品的管理。

（一）公司低值易耗品在领用或发出时采用一次摊销法核算。

（二）为加强低值易耗品的实物管理，对于公司内部领用的低值易耗品（办公用品和消耗工具除外），各领用部门、仓库应分别建立备查账，每年清查核对一次。

第三章 存货的清查与盘点

第十一条 公司每年至少进行两次实地存货清查与盘点，每年的6月30日和12月31日之前各进行一次。分公司、分店每个月盘点一次。

第十二条 实地盘点应由财务部会同采购供应部门、库房管理人员共同进行，实地盘点结束后，由盘点人员在盘点表上签字，对于账实不符的情况，应查明原因，并写出盘点报告。发生的盘盈、盘亏在查明原因后，应按有关规定程序及时进行处理。

第四章　附　则

第十三条　本制度由公司董事会负责解释。

第十四条　本制度自发布之日起施行。

范本十

固定资产管理制度

第一章 总则

第一条 为切实加强公司固定资产管理，规范固定资产借款报销行为，合理购置、正确使用各类固定资产并提高使用效益，确保公司财产的安全完整，特制定本管理制度。

第二章 固定资产购置

第二条 固定资产购置实行预算管理。年初由总部各部门、公司所属各事业部研究编制本部门年度固定资产购置预算，列明拟购置固定资产的名称、型号、生产厂家、具体配置、购置的数量、单价、金额，成套资产应按各组成部分分别编制预算。

第三条 总部各职能部门（含市场部）、公司所属各事业部的固定资产购置，在预算控制额度内由总裁办统一办理，由财务部负责审核，资产购置过程中各部门如有特殊需求，应及时与总裁办沟通或共同参与购置工作。

第四条 资产购置应坚持多方（不少于三家）询价的原则，保证资产购置价格的经济合理。单批购置固定资产的价值在30万元以上，应公开招标，招标文件及成交合同应报财务部备案。为保证资产购置价格的合理，方便公司员工的监督，购置设备的相关信息应在公司内部网上公开。

第五条 预算内固定资产的购置，由使用部门填制“固定资产购买申请单”（一式三份），交总裁办或技术管理部询价后，送财务部审核，最终交总裁办或技术管理部办理。申请单一份由使用部门留存，一份由总裁办留存，一份由总裁办交到财务部作为报销凭据。

第六条 总部各职能部门（含市场部）、公司所属各事业部的固定资产购置，一次使用资金在10万元以下（不含）的，由各职能部门（含市场部）、事业部负责人批准后，到总裁办办理审核、购买手续；使用资金在10万元（含）～30万元（不含）的，由主管副总裁批准后，到总裁办办理审核、购买手续；30万元以上（含）由总裁批准后，到总裁办办理审核、购买手续。

第七条 专用设备的购置，一次使用资金在10万元以下（不含）的，设备使用部门负责人批准后，到技术管理部办理审核、购买手续，到总裁办办理登记报销手续；使用资金在10万元（含）～30万元（不含）的，由主管副总裁批准后，到技术管理部办理审核、购买手续，到总裁办办理登记报销手续；30万元以上（含）由总裁批准后，到技术管理部办理审核、购买手续，到总裁办办理登记报销手续。

第八条 预算外资产购置，应上报“预算外资产购置申请报告”，经公司财务部、总裁办会签后报总裁批准，方可按上述程序进行购置。

第九条 固定资产购置应办理验收登记手续。总部各部门（含市场部）、各事业部的固定资产验收由采购部门、总裁办和各使用部门负责，经验收合格才能办理报销手续。验收不合格的设备由采购人员办理退换、索赔、拒付等事宜。各使用部门对资产进行验收后，一周内应到总裁办办理固定资产卡片登记手续，固定资产卡片应由验收人和使用人签字，总裁办在办理固定资产卡片的同时应登记固定资产台账，并对固定资产贴具标签。

第十条 固定资产管理卡片必须记录的事项如下：名称、资产编号、规格型号、价格、配置、配件、购入日期、生产厂家、验收情况、验收人、使用单位、使用人及备注（反映固定资产维护使用情况）。固定资产管理卡片一式三份，总裁办、财务部和使用单位各持一份。

第十一条 总裁办在资产登记手续办理完毕的两日内，到财务部办理借款报销手续。总裁办到财务部报销的发票必须注明供货单位详细地址、电话、联系人，否则财务部有权拒绝报销。

第三章 固定资产管理

第十二条 公司的各类固定资产的实物管理，由总裁办统一管理，负责设备的统一编号、数量台账的建立，财务部负责各类固定资产数量、金额的总账及明细账，并按月负责计提折旧。

第十三条 公司各部室，事业部必须有专职或兼职的资产管理员。总裁办负责登记各部门资产管理员的名单并负责指导、监督各单位资产管理员的工作。

第十四条 资产管理员的工作职责：保障公司资产的安全完整，负责登记本部门的固定资产台账，登记固定资产的使用、变动、报废、处理情况；定期与不定期地对本部门的资产进行清查；将固定资产的保管落实到具体的责任人，尤其在设备、仪表公用时，更应明确保管的责任人，以确保公用设备、仪表的正常使用。

第十五条 各类固定资产的维护手册、保修单据应由使用部门的资产管理员统一保管。

第十六条 仪器、仪表和设备等的使用人必须事先细读说明书，熟悉其性能，严禁任何人不按照规定进行操作。

第十七条 固定资产使用部门应对资产进行保养和清洁，确保固定资产处于良好运行状态。

第十八条 设备上的计量装置、仪器仪表、计量器具的周检工作，由总裁办指定专人负责，按国家规定执行。

第十九条 各类固定资产在使用过程中如需增加器件或进行维修的，应首先与总裁办联系，由总裁办负责器件购置和联系维修（研发和生产专用设备由技术管理部负责），各使用部门配合工作。增加器件和进行维修所需的费用预算，由总裁办统一编制（研发和生产专用设备由技术管理部负责）。

其中增加器件单个金额超过 2 000 元的，应参照固定资产购置要求办理相关手续，到总结办办理固定资产卡片和固定资产实物账的变更，报销时需附有固定资产变更卡片。

第二十条 公司对固定资产实行定期实物盘点清查，目的是保证固定资产账、卡、物相符，摸清资产的实际使用现状，保证资产的完全完整。

第二十一条 固定资产盘点清查由总裁办、财务部和各资产使用部门共同进行（必要时审计部共同参加），对盘点清查中发现的盈亏和资产毁损，应逐个查明原因，协商提出处理意见，报公司总裁审批，其中涉及的责任人应承担相应的赔偿责任。盘点清查中发现的闲置资产要查明情况并制定处理计划，账外资产要做盘盈处理，及时入账。

第二十二条 部门间调剂使用固定资产，应填写《固定资产内部调剂通知单》，经使用双方部门经理、总裁办、财务部签字后，报主管副总裁（设备主管部门）批准。由总裁办负责对固定资产台账和固定资产管理卡片进行调整，财务部负责对账务进行调整。

第二十三条 部门间临时借用固定资产，借入方应填写《固定资产内部借用通知单》，说明借用资产的名称、借用原因、借用期限等，由借用人和本部门经理签字，交借出方部门经理审批，总裁办备案。借出方资产管理员应对借出的固定资产进行登记，并负责借出资产的收回。

第二十四条 离职人员在办理离职手续时，所使用的各类固定资产一律退还，离职人员所在部门的资产管理员应负责检查退还资产的配置、配件和相关资料是否完整，了解退还资产的使用状况，如有遗失、人为损坏或配置配件缺失，离职人员应负责赔偿。若离职人员未退还所有的固定资产便办理了离职手续，其责任由离职人员所在部门的直接领导承担。

第二十五条 人员在公司内部调动，原使用的计算机根据不同情况进行不同的处理：如果调入部门有闲置计算机，不需要重新购置的，计算机仍留在调出部门；如果调入部门没有闲置计算机，需要重新购置的，应将调出部门的计算机调剂调入部门使用，办理资产使用部门的变更登记。上述调动所涉及部门的资产理管员应对调入调出资产进行检查登记，保证资产的完整性。

第二十六条 固定资产的改造包括固定资产大修、中修、技术改造、技术更新。固定资产改造实行预算管理，年初使用单位对固定资产改造须提出相应的预算，由技术部门审定，总裁办归口管理。实施之前，由实施部门根据预算向总裁办提出申请，总裁办会同技术管理部和财务部审核后，由财务部按工单核算。固定资产经过改造后，如果不改变其主体结构的，其支出作为费用处理；改变其主体结构的，应变更固定资产的价值，并重新对改造后的固定资产进行编号、入账，建立固定资产卡片。

第二十七条 固定资产的出租统一由总裁办对外办理手续。贵重的仪表、设备（原值大于 10 万元）没有特殊情况，不办理出租手续。出租的固定资产必须报经总裁批准，并办理正式出租协议后，方可租出。归还时，由总裁办和公司原使用部门点检清楚，撤销原租赁合同。

第二十八条 固定资产的租入统一由总裁办办理租赁手续。因生产需要须向外单位租入固定资产时，应报经总裁批准，并与出租单位签署正式租赁协议。固定资产租入时，应由使用单位和总裁办按租赁协议进行清点，由总裁办建立实物数量台账（不并入公司的资产账）。

第二十九条 融资租赁性质的固定资产租入由总裁办、财务部负责审核相关条件。报总裁批准后，由总裁办办理租赁协议。并按租赁协议的内容，由总裁办建立实物数量台账（并入公司的资产账）和固定资产卡片，财务部建立固定资产账，并定期提取折旧。租入固定资产的租赁费支出，由总裁办进行审核并办理相关手续。租赁费的支出，按月计入当期费用。

第三十条 固定资产连续停止使用三个月以上，应列为“封存设备”。列入封存的设备，应由设备使用部门书面通知总裁办，总裁办核实后两日内书面通知财务部停止计提折旧。待启用时，总裁办也须在两日内书面通知财务部，以便恢复提取折旧费；连续停用二年以上的固定资产，应列为“闲置设备”或“闲置仪表”，申请有偿调拨或出售。

第三十一条 各部门如存在闲置、使用率低的资产，应及时向总裁办反映，由总裁办统一调剂或处理，以提高固定资产的使用效率。

第三十二条 总裁办应定期与财务部负责资产的财务人员进行账目核对（暂定为每半年一次），保证账账相符；如果出现不符情况，应编制差异表，注明差异原因。

第四章 固定资产报废

第三十三条 申请报废的资产应符合下列条件之一。

（一）申请报废的固定资产已超过其使用年限，且不能继续使用。

（二）因自然和人为的原因使固定资产受到毁损与丢失，且无法弥补和修复。

（三）由于历史原因，申请报废的固定资产存在重大质量问题，性能低劣且无法修复的。

（四）因工艺设置改变和技术进步而遭淘汰，需要更新换代的。

（五）申请报废的固定资产虽未超过使用年限，但其实际工作量超过其产品设计工作量，且继续使用易发生危险的。

第三十四条 固定资产报废审批权限。

（一）固定资产报废单件原值在 1 万元以下的，由使用部门提出申请，经总裁办、财务部会签后，由主管副总裁审批。

（二）固定资产报废单件原值在 1 万元以上的，由使用部门提出申请，经总裁办、财务部、主管副总裁会签后，由公司总裁审批。

第三十五条 固定资产报废程序。

（一）固定资产的报废，需由申请报废的部门完整填写一式三联的报废单，注明报废原因，由所在部门经理确认签字。

（二）固定资产报废应有相应的技术鉴定，其中专用设备、仪器仪表由技术管理部负责鉴定；办公设备、家具、房屋、运输工具及其他由总裁办负责鉴定。

（三）固定资产报废单应交总裁办和财务部会签，并按规定审批权限报公司领导审批。

（四）“审批意见”一栏签署完毕的“报废单”，分别交总裁办、财务部留存。总裁办应在固定资产管理台账和卡片上盖作废章，以示注销，财务部根据“报废单”办理资产报废的账务处理。

（五）报废固定资产应按审批要求及时处理，报废所得残值收入应交财务部做账务处理。

第五章　罚　则

第三十六条　处罚规定。

（一）如果相关人员没有按上述规定执行，但没有造成重大损失时，由财务部书面通报本人及所在部门经理。

（二）如果因相关人员没有按上述规定执行而造成重大损失时，由财务部书面通报本人及所在部门经理、人力资源部经理，由人力资源部视其给公司造成损失的轻重程度给予降薪、降职，并责令其赔偿相应的经济损失。

（三）如果由于部门领导的原因而造成相关人员没有按上述规定执行，但没有造成重大损失时，由财务部书面通报部门经理、直接责任人及该部门的公司主管领导。

（四）如果由于部门领导的原因而造成相关人员没有按上述规定执行并造成重大损失时，由财务部书面通报本人及所在部门经理、该部门的公司主管领导、人力资源部经理，由人力资源部视其给公司造成损失的轻重程度给予降薪、降职，并责令其赔偿相应的经济损失。

第六章　附　则

第三十七条　本制度经董事会审议通过后自颁布之日起开始执行。

第三十八条　本制度由财务部负责解释。

范本十一

资产盘点制度

第一条 为了加强对公司资产的管理，确保资产的完整和准确，结合本公司实际情况，制定本制度。

第二条 资产盘点的范围。

（一）财务盘点主要包括现金、票据、证券和债券盘点；

（二）财产盘点主要包括固定资产和其他资产盘点；

（三）库存货物盘点主要包括生产原材料、在制品、产品和生产所需其他耗材盘点。

第三条 资产盘点方式。

（一）定期盘点，根据相关规定设定时间表定期进行盘点；

（二）随机盘点，随机对存货、财产等进行抽样盘点。

第四条 盘点人员的确定及工作职责。

（一）盘点的总负责人：由总经理担任，对盘点工作进行整体指挥、监督和指导，对突发事件进行决策。

（二）盘点的主要负责人：由各部门主管担任，负责盘点工作的实施。

（三）盘点监督人：由总经理指派，对盘点工作进行全程监督。

（四）盘点操作人员：由各部门主管指派，对盘点工作进行数量计量。

（五）盘点会点人员：由财务部门指派，对盘点工作进行会点并记录盘点信息。

（六）盘点协点人员：由各部门指派，对盘点工作进行协助，负责盘点物品的运输、整理工作。

第五条 盘点工作的前期准备。

（一）成立盘点小组，编制小组人员组成表，并根据盘点的具体内容、种类，进行分工、编组。

（二）经管部门准备好被盘点的财物及盘点用具。

（三）财务部门准备好盘点时所需的信息记录表单。

（四）盘点期间材料入库且未办理好入账、入库手续的，另行存放且进行标示。

第六条 进行全面的盘点工作。

（一）财务部门报请总经理批示后，签发盘点通知单，组织相关人员开展盘点工作。

（二）盘点期间，暂停收料、发料。

（三）盘点工作要采用精确的计量器具，确保盘点数据准确。

（四）会点人员如实记录盘点信息。

第七条 盘点报告。

（一）财务部门将盘点统计信息记录表单一式三份，由经营部门填写盘点差异情况说明后，送回财务部并呈交总经理审核。审核通过后一份送经管部门，一份财务部门自留存档，一份呈送总经理。

（二）盘点产生的盈亏金额，暂列入预估科目。年终转入当期营业外收入或支出的盘点盈余或亏损账目。

第八条 现金、票据、股票和债券等财务盘点。

（一）现金应当做到日清月结，库存现金实存数与账面余额核对相符。

（二）现金、票据、股票和债券如发现重大问题，应及时向领导汇报，采取相应应对措施。

第九条 盘点注意事项。

（一）盘点人员应对工作尽职尽责，了解盘点工作；

（二）财物盘点采用静态盘点原则；

（三）盘点数据记录应客观、准确，不得伪造、更改数据；

（四）盘点人员在盘点工作结束后，经核准后方可离开。

第十条 盘点工作的奖惩办法。

（一）出色完成盘点工作，经盘点工作主要负责人签报后，可以酌情予以奖励。

（二）在盘点工作中，表现不好，出现重大问题或徇私舞弊者，酌情予以惩罚。

第十一条 本制度自公布之日起执行。

范本十二

费用开支标准

第一条 为便于掌握开支，根据有关规定，结合本公司实际情况，特制定本开支标准。

第二条 出差借款规定。普通员工出差，由部门经理审批；部门经理出差由主管副总经理审批。各部门人员因公出差，可预借一定数量的现金作为出差用款。借差旅费要填写借款单，经审批后到财务部办理借款手续。

第三条 住宿费、差旅费。

（一）各部门负责人应严格控制外出人员，并考虑完成任务的期限，确定出差日期。

住宿费标准：一般普通员工，150元/天以下；部门经理、副经理及经理助理，230元/天以下；高级管理人员，400元/天以下。

到直辖市、省会城市、经济特区出差，住宿标准可适当上调，具体标准如下：普通员工，200元/天以下；部门经理、副经理及经理助理，300元/天以下；高级管理人员，500元/天以下。

对因公外出人员均对号入座按标准办理报销费用。如出差人员投亲靠友自行解决住宿问题，则按标准的40%计发给个人；如不足标准住宿的，按节约额的40%计发给个人（不适用由客户负责食宿的各级人员）；如超标准住宿的，超支部分一律由个人自己负担。

（二）工作人员出差一律按以下有关规定执行：

1. 乘坐火车，从晚上8时至次日晨7时之间，在车上过夜6小时以上的，或连续乘车时间超过12小时的，可购硬席卧铺票。

2. 公司正、副董事长、董事（包括独立董事）、监事、总经理、副总经理、总会计师等高级管理人员及随员因公出差可乘坐飞机或火车软卧。为节省费用，如高管人员乘坐硬卧，则按如下标准给予途中补助：乘坐时间在8～12小时，每人补助200元；乘坐时间在12～18小时的，每人补助300元；乘坐时间在18小时以上的，每人补助400元。部门经理及以下人员出差时应乘坐火车硬座或硬卧（6小时以内应乘坐火车硬座）。如部门经理、副经理及经理助理乘坐硬座时，则给予一定途中补助。补助标准为：4～8小时，补助60元；8～12小时，补助100元；12～18小时，补助150元；18小时以上的，补助200元。一般人员乘坐硬座时，补助标准为：4～8小时，补助50元；8～12小时，补助80元；12～18小时，补助130元；18小时以上的，补助180元。

3. 乘坐火车符合本条（二）第1项规定而不买卧铺票的，节省下的卧铺票费，发给个人，但为了计算方便，规定按本人实际乘坐的火车硬座票价折算成一定比例发给。

（1）乘坐火车慢车和直快列车的，按特快列车硬席票价的50%发给。

（2）符合乘坐火车软席卧铺条件的，如果改乘硬座，也按规定的硬座票价比例发给；但改乘硬卧的，不执行上述（1）款的规定，也不发给软卧和硬卧票价的差额。

4. 工作人员趁出差或调动工作之便，事先经单位领导批准就近回家探亲办事的，其绕道车、船费，扣除出差直线单程车、船费（按出差人应享受标准），多开支的部分由个人自理。如果绕道车、船费少于直线单程车、船费时，应凭车船票价按实报销，不发绕道和在家期间的出差伙食补助费、住宿费和交通费。

5. 出差期间乘坐直达特别快车暂按乘坐一般特别快车不坐卧铺补助的规定执行，即按硬座票价的45%计发补助费，因使用空调设备而另外加收的费用不计入票价之内。

6. 工作人员调动工作，核发差旅费按其调入地区执行标准计发。调入人员的交通、住宿、伙食补助除按照公司规定执行外，其他开支参照有关规定执行。

7. 公司工作人员参加在外地召开的各类会议，除有会议主办单位出具的食宿费自理的证明，可回公司按出差标准领取伙食费补助，住宿费凭住宿处发票按公司规定标准执行外，其余情况一概不报其他费用。

8. 伙食补助费、市内交通费均按出差自然天数计算。以火车票或长途汽车票和住宿发票确认到达时间，以出发当天算起：一般地区出差每人每天补助60元，经济特区、直辖市、省会城市出差每人每天补助80元。

9. 根据需要临时完成某项任务、行程6个小时以上、乘坐公司小车或购票乘车当天返回、无住宿发票的，按以上标准补助。经批准有业务招待，返回后据实报销招待费，不再补助。

第四条 经批准出国人员住宿费、飞机票据实报销；按因公出国人员管理办法，对伙食费按不同国家和地区的包干补助标准执行。

第五条 出差人员在出差期间，所支付业务招待费、电话费要从严控制，按规定由主管领导签字批准，经总会计师审核后方可报销。

第六条 出差人员返回后必须在7天内报账，如实填写报销单据，粘贴票据要清晰，各部门负责人和主管副总经理要认真核实报销金额及出差天数，经公司财务部审核无误后报销。特殊情况下，由总会计师加签。

第七条 未婚或夫妻有一方在外地的，公司每年可报销一次探亲路费。已婚夫妻每四年可探亲一次（探亲期间无伙食补助）。因工作较忙，无法按时探亲的，公司允许父母亲探望职工。其差旅费用按该职工标准报销。

第八条 家属在京内的各级别人员派往京外工作时给予一定的生活补助。补助标准为：一般人员每月600元；部门副经理每月800元；部门经理每月1 000元；副总经理以上每月1 500元。京外工作人员的住房、交通、差旅等由京外单位解决（不含由各加盟店发放工资的本公司各分店的派出人员）。

第九条 派往境外工作人员的补助标准将视情况另行制定。

第十条 市内交通费规定。

（一）市内工作交通费。

1. 员工在市内联系业务，公司没有配给自行车、摩托车，又不能安排公司车辆者，凭乘坐的公共汽车票列明去向，公干事由经主管领导审核，成本中心负责人签字凭据报销。

2. 员工因在市内联系业务由公家配置自行车者，每月按10元标准将修理费包干到人，每辆车从购买之日起包干5年。5年内丢失、损坏一律自理，也不另发交通费及报销市内车票，由此影响工作，责任自负。

（二）员工上下班交通费。

1. 员工居住地方距上班地点2公里以上，没有公司交通车接送上下班，公司又没有配给自行车（或摩托车），可按公共汽车月票收据金额报销。

2. 符合第1条条件用私人自行车上下班者，每月按公共汽车月票金额发给自行车维修费。

3. 上述两类补助请各部门在员工报到上班后即将申请报告报行政部审批备案，每年终了后七天内，由各部门造册申报，行政部按备案记录结合考勤核批发放。

4. 对于不享受交通费补助的职工，经常因公骑私人自行车外出的，经各部门成本中心负责人批准，发给每月10元的自行车修理费。

第十一条 加班、夜班、值班和误餐费的规定。

（一）加班费规定：

1. 法定节日因工作需要加班，按下列公式计发加班费：

$$\frac{\text{本人月工资}-\text{浮动工资}}{20.83}\times 300\%\times \text{加班天数}$$

2. 法定假日以外平时因工作需要加班，按下列公式计发加班费：

$$\frac{\text{本人月工资}-\text{浮动工资}}{20.83}\times 200\%\times \text{加班天数}$$

（每月实际工作日按20.83天计算）

3. 员工加班要从严控制，事前报部门经理批准。加班只限于工程抢修、节假日值班和完成其他紧急生产任务等，但月累计不得超过36小时。

4. 员工加班后，可以补休而不领加班费，但须办理补休的登记手续。

5. 员工出差期间，如遇法定节假日和超过工作不计加班费。

6. 加班费经人事部审核后，由财务部发放。

（二）夜班费规定，员工在每日22时至次日6时之间上班工作，不能睡觉，夜班费每人每夜8元。

（三）值班费，市内员工到特区范围内工作（或反向途径）、不能在公司或家里吃午餐者，由各成本中心负责人签字报误餐费8元。报告列明时间、地点、工作内容，由人事部审核，财务部发放。

第十二条 外勤津贴规定。

（一）生产人员从事露天、井下、高空施工作业，按出勤天数每人每天津贴2元。当天出工在2小时至4小时者，按半天计发，不足2小时者不发津贴。

（二）管理人员和工程技术人员跟班作业，可以按生产人员标准领取外勤津贴。

（三）工程管理的基建办及业务部室外勘察人员、基建办RSU安装人员、基建管理人员、财务部市内采购员、报关员、行政部食堂采购员等，即按实际天数每人每天津贴1元（有勘察设计、安装提成奖领取者则停发该项津贴）。

（四）汽车司机的各类补贴另行规定。

第十三条 本规定解释权在公司财务部。

范本十三

担保管理制度

第一章　总　则

第一条　公司对外担保是指公司作为保证人与债权人约定，当债务人不履行偿还债务时，保证人按约定履行债务或承担责任的行为。

第二条　为了便于公司日常的借贷和转贷手续，经公司法定代表人批准，可选定几家企业作为公司的互保企业（由财务部负责办理互保手续）。

第三条　为切实运用法律手段，维护公司在担保工作中的合法权益，根据《中华人民共和国担保法》及有关法律、法规，特制定本制度。

第二章　对外担保的原则

第四条　对外担保金额不得超过公司上年末净资产的50%。

第五条　担保合同的金额不得高于被担保人注册资本的1/3。

第六条　不得为信用等级低、资信状况差的亏损企业或净资产收益率低于本公司且现金流量接近枯竭的企业提供担保。

第七条　不得为个人和个体私营企业提供担保。

第八条　公司在互保时，不得选择ST、PT公司及连续三年业绩下降的公司进行担保。在互保过程中，应选择与本公司业绩、规模相当或业绩、规模比本公司稍好的公司。在担保额度、担保时间、担保内容等方面应相当，以体现公正、公平、双赢的原则。

第九条　无论是否收取担保费用，公司不得单方面为任何其他单位进行担保或代开信用证，也不得为股东或股东的关联单位进行担保或代开信用证。公司不得以质押其他单位商业汇票的方式为其他单位担保或为其他单位套现。

第三章　外部担保的相关要求

第十条　公司在贷款过程中首先应与银行等金融机构洽谈，以争取授信额度。其次，如无法取得授信额度，则应采用项目抵押、应收账款抵借、不动产抵押或股票（债券）质押的方式进行筹资。

第十一条　公司在向银行等金融机构贷款或向其他单位进行筹资，并将所筹集的资金用于经营及投资所需时，可以寻找上市或非上市公司进行担保（抵押）。

第十二条　公司在寻找上市或非上市公司进行担保（抵押）时，应充分了解担保单位的银行信誉及该单位连续三年经审计的资产负债表、利润表、现金流量表等报表，并分析各项经济指标。同时，还应详细了解担保单位是否多次向其他单位进行担保（抵押）、已担保抵押总额、表外或有负债等事项。

第十三条 公司单方面要求其他单位提供担保（抵押）时，经过董事会 1/2 成员同意，可以为其提供反担保。

第四章 担保合同签订程序

第十四条 当发生担保业务时，首先由财务部对被担保企业进行实地调查，了解其资产经营和资质信誉状况，并提出初步意见，供公司领导决策。

第十五条 在正式签订担保合同前，应草签担保意向书。意向书应附有下列资料：

（一）被担保人的营业执照（副本）复印件；

（二）被担保人的前三年资产负债表、利润表和现金流量表；

（三）被担保人的本年度（季、月）资产负债表、利润表及其他相关财务报表；

（四）被担保人的房地产、固定资产及其他享有财产所有权的有效管理证件；

（五）完税凭证、税务登记证（地税、国税）、企业代码证、法定代表人身份证、开户银行名称及账号和其他必须提供的资料。

第十六条 对于资产负债率达到或超过 50％的单位，应要求被担保人提供反担保。反担保采取不动产抵押或票据质押形式的，应符合《担保法》要求，并经公证处公证。采用不动产抵押时，应到不动产的房管所进行登记。

第十七条 担保合同的条款应齐全、合法。

第十八条 原则上只签订一般担保合同（有反担保的除外）。

第十九条 担保合同由财务部起草，经法律部（或法律顾问）复核后，按公司有关程序会签后，报公司法定代表人签署生效。对外担保（抵押）500 万元以下的事项，必须经过董事会决议通过方可提供担保；超过 500 万元以上的担保（抵押）事项，必须经过股东大会决议通过方可实施。

第五章 担保合同的日常管理

第二十条 建立对外担保的备查台账。台账应详细记录以下内容：

（一）债权人和债务人的名称；

（二）担保的种类、金额；

（三）债务人履行债务的期限、方式；

（四）担保方式。

第二十一条 加强担保期间的跟踪管理。应经常了解担保合同的履行情况，包括要求对方定期提供近期或年度财务报表，分析债务人履约清偿能力有无变化。

第二十二条 及时督促债务人履行合同。

第二十三条 提醒债权人对债务人行使权利。

第二十四条 如发现被担保单位改变担保资金投向、业绩下降以至濒临亏损或现金流量出现严重的入不敷出时，公司应及时终止担保协议。如被担保单位股票市值缩水超过 10％以上时，公司应要求其追加担保。

第二十五条 在一般保证合同期满 6 个月前后，应出示二次报告，通报有关部门。

第二十六条 在必要时，公司有权指定会计师事务所对被担保单位进行财务审计。

第二十七条 担保工作出现纠纷时，经公司法定代表人授权后，由公司管理层派员以诉讼或非诉讼方式作为补救措施进行妥善处理。

第六章 违反担保管理制度的责任

第二十八条 公司内任何单位和个人，未经书面审批而自行对外签订的担保合同均为无效合同，其行为是非职务行为。因此，本公司不承担或有债务的责任，由其单位和个人承担相应的经济责任。

第二十九条 公司担保合同的审批机构、归口管理部门和有关人员，由于工作失职或决策失误，发生下列情形者，应视具体情况给予处罚、行政处分或依法追究刑事责任：

（一）根据被担保人的情况，应要求对方提供反担保的，但因疏忽大意或轻信，没有要求对方提供反担保而签订了担保合同，公司承担担保责任后，造成公司财产损失的；

（二）在签订、履行合同中，因严重不负责任被诈骗，致使公司利益遭受损失的；

（三）在签订担保合同中，徇私舞弊，造成公司财产重大损失的；

（四）在签订担保合同中，利用职务上的便利，索取他人财物或者非法收受他人财物，为他人谋取利益，造成公司财产损失的；

（五）在担保期间，不定期索取被担保单位财务报表等资料，不实施跟踪管理的部门或人员，应承担一定的经济、行政或法律责任。

第三十条 本公司的董事、监事、经理班子等高管人员不得私自以公司名义用书面或口头方式为其他单位（或自然人）提供担保（抵押）。公司高管人员违反法律规定，以公司的财产为股东或者其他人的债务提供担保的，公司将采取责令取消担保、没收担保收入，要求违反者依法承担赔偿责任，并提请董事会给与其撤职、降级、经济处罚等。

第七章 附 则

第三十一条 本制度由公司董事会负责解释。

第三十二条 本制度自发布之日起施行。

范本十四

公司内部财务控制制度

第一章 总 则

第一条 为加强公司的财务管理工作和资金内部控制工作，根据国家相关法律、法规结合公司实际情况，特制定本制度。

第二条 本制度目的是对各项财务收支计划、核算和分析等工作进行控制，建立健全公司的内部控制体系，保护公司资产的安全，促进资产有效合理使用。

第二章 财务收支计划控制管理

第三条 财务收支预算控制管理。

（一）各部门编制本部门的阶段性财务收支预算表于规定期限内报财务部审批。

（二）财务部将每个部门的财务收支预算表进行汇总，结合公司的其他财务信息，编制公司的总体财务收支预算表，报总经理审批。

（三）预算外的财务收支情况，需列表报总经理审批后执行。

第四条 实行各部门零用金配额控制管理。

（一）制订各部门零用金配额表。

（二）制定各部门零用金限额审核报销的管理办法。

第五条 实行资金使用按管理权限进行审批的管理办法。

第三章 账款内部控制管理

第六条 销售收款管理。

（一）制订销售收款操作流程。

（二）销售工作由销售部进行管理，其他部门不得越权管理。

（三）销售部根据市场预测情况和既定的经营目标，编制销售收入计划书，接受订单后，通知生产部门进行生产。

（四）销售发票由财务部指定专人负责管理。

（五）销售货款收回后，必须通过财务部进行审核结算，在销售发票上盖印财务收款专用章方可确认货款已收取。赊销时，销售发票、订货单、运送单必须交由财务部审核。

（六）销售价格严格按照公司的统一规定，不得私自设定销售价格。

（七）对已售出的产品，发生退货、换货等情况时，销售部补办好相关手续后到财务部进行账务处理。

第七条 购货付款管理。

（一）制订购货付款操作流程。

（二）采购部门根据生产经营规划编制采购计划表，制定采购合同，临时采购需开具请购单，报请相关部门审批后进行采购。

（三）采购的货物及生产原材料，需经过仓储部门和质量管理部进行审核检验、确准入库后，采购部门到财务部办理结账手续。

（四）采购部门将订货单、验收单及采购发票账单附在请款单后，报请相关部门审批同意后到财务部办理报销、转账手续。

（五）财务部根据仓储部门的验收单及采购产品的销售发票进行审核，确认。

第四章　固定资产内部控制管理

第八条　实行固定资产的主管部门、使用部门和资产核算管理部门分工合作的管理体制。

第九条　制订固定资产建设购置流程，由申请、订货、建设、验收、结账和使用等几个环节构成。

第十条　报废、处理固定资产，由其使用部门向主管部门提交申请，审核批准后报请总经理审批，由财务部进行账务处理。

第五章　资金内部控制管理

第十一条　建立健全严格的资金收付管理体系，会计与出纳分工明确。

第十二条　付款和支票签发应由两名以上的工作人员进行处理，签字盖章。不允许开具空头支票，所有开具和作废的支票都要进行登记。

第十三条　收取款项需经财务部审核，填制记账凭证。

第十四条　及时对各种现金收入、结账和存款等进行记录，定期审核检验。

第六章　筹资内部控制管理

第十五条　筹资方式的管理。公司可以采取公开发行股票进行集资和以负债的方式进行筹资。

第七章　投资事务内部控制管理

第十六条　短期投资管理。

（一）短期投资由总经理指定授权的部门负责。

（二）制定股票、投资凭证、债券等短期投资有关的管理制度。

（三）对各项短期投资业务进行详细记录，定期进行审核和盘点。

（四）短期投资出现亏损情况时，应进行财务审计，对亏损情况进行确认，依法进行相应的处理。

第十七条　长期投资管理。

（一）进行长期投资，应做好前期的市场调研和预测工作，制订详细的投资计划，通过可行性验证后，方可考虑执行。

（二）制定股票、投资凭证、债券等长期投资有关的管理制度。

（三）对各项长期投资业务进行详细记录，定期进行审核和盘点。

（四）长期投资出现亏损情况时，应进行财务审计，对亏损情况进行确认，依法进行相应的处理。

第十八条 存款由财务部负责，认真记录各种存款业务。

第八章 生产成本、费用内部控制管理

第十九条 建立健全严格的成本管理及核算制度。

（一）规范各种生产原材料及物品的领、退行为，完善相关手续。

（二）各种成本的计算应以实际消耗为主，数据要准确、合理。

（三）加强人员管理，实行业绩与工资挂钩，认真核算工资及各项福利费用。

第九章 库存盘点与稽查内部控制管理

第二十条 实行盘存制，随时对库存的收、发、领、退等进行审核检验，定期对库存物品进行盘点检查。

第二十一条 内部审计管理。

（一）定期进行审计工作。

（二）内部审计由财务部审计人员负责。

（三）大型审计委托专门的审计机构进行。

第十章 财务管理

第二十二条 利润管理。

（一）当期的业务收入－各种成本－应缴纳的各种税款＝当期的营业利润。

（二）财务部对各种业务收入进行及时的记账管理。

（三）投资收益的计算要符合规定，依法取得，投资损失要正确计算，实事求是。

第二十三条 根据公司的具体营业情况设计财务考核指标。

第十一章 工资福利内部控制管理

第二十四条 工资福利的增减依据人力资源部门书面通知。

第二十五条 根据公司的实际情况制定员工工资及福利待遇。

第十二章 附 则

第二十六条 本制度的最终解释权归公司所有，于××年×月×日开始执行。

范本十五

应收账款考核办法

第一条 为了加大应收账款的回收力度，减少新的长期应收账款的形成，贯彻“谁销售、谁收款，奖罚分明”的原则，制定本办法。

第二条 在公司范围内所有新形成的应收账款实行档案管理、责任终身跟踪制度，即从发货到收回货款建立档案，对包括发货时间、经办人、回款情况、回款时间均进行登记、跟踪。

第三条 对应收账款实行责任到人，即每笔应收账款与经销人员的责任挂钩。将经销人员岗位工资的50%作为风险抵押金，如果应收账款全部收回，将风险抵押金全部退给本人，并按照有关奖励政策予以奖励、提成。奖励措施：应收账款从货物发出、开出发票的时间算起（如货物发出和开出发票不是同时，则按孰先计算），直到收回货款的时间为回款时间，按照回款时间及货款金额的大小，奖励如下：

比例 金额	一个月	二个月	三个月	四个月	五个月	六个月
50万以内（不含50万）	0.3%	0.2%	0.1%	0.05%	—	—
50万～100万（不含100万）	0.6%	0.5%	0.4%	0.3%	0.1%	—
100万以上（含100万）	1%	0.8%	0.6%	0.4%	0.2%	0.1%

超过六个月的应收账款将在考核中对单位加大处罚力度，由单位对个人进行相应处罚。

第四条 应收账款的清收与业务人员的工作业绩挂钩，与业务人员的主管领导的工作业绩挂钩。如果在规定的时间内，由于业务人员清收货款的力度不够，货款未收回，导致形成新的长期应收账款，则对业务人员进行处罚，除经济处罚外，要限令经办人员在规定的时间内收回货款，在此期间的工资停发，情节严重的将给予行政处分，业务主管领导将承担相应的责任，情节严重的将调离领导岗位。

第五条 业务人员、业务主管领导因故调离工作岗位，办理离厂手续时，财务部门应查阅应收账款的档案，确认没有遗留问题后加盖财务部门公章，方可办理调动手续。

第六条 每个月月初5日以前将应收账款发货、回款情况考核兑现。

第七条 本办法自下发之日起执行。

范本十六

公司信用管理制度

第一条 为确保公司赊销工作的顺利开展，规范赊销业务流程，防范赊销业务风险，特制定本政策。

第二条 信用管理目标。

（一）标准账期为××天，信用期内应收账款不能低于××%，逾期一年的应收账款不能超过×%，年坏账率不能高于×%。应与客户经常保持联系，特别是账期临近时，要随时了解客户的有关情况，一旦客户出现逾期迹象，应随时记录有关情况。

（二）每年对客户审核一次，信用额度超过××万元的重点客户，应每年审核两次。

第三条 信用管理部门由总经理直接负责，下设如下岗位。

（一）常务负责人：由副总经理担任，全面管理应收款项和商账追讨工作，信用额度审批权限为××万元，高于该额度应由总经理审批。

（二）区域经理：负责本区域内的应收款项和商账追收工作。严格按照客户等级进行信用额度和账期控制，新账户开立要申请，且信用额度不能超过××万元。

（三）区域助理：协助区域经理开展商账管理，没有折扣和信用额度的直接决定权。区域助理同时担负着信用调查的工作。

（四）后台监管：由财务部负责，每月提供客户信用报表。

第四条 管理政策。

（一）新客户开户。一般流程是：业务经理填写信用申请表——调查信用状况——给出可行性报告——规定信用额度和账期——客户缴纳保证金——建立账户。

（二）客户每月要按时提供进销存数据。

（三）根据客户的历史表现，对客户进行分级和评价。

第五条 追账政策。

（一）如果客户出现超账期情况，应在××日内与客户进行沟通，联系回款事宜，并不再增发新货；超过××日的，应考虑让客户发回货物。

（二）超过××日后，客户仍未回款，区域经理应提交书面报告，给出明确的处理意见。如果要通过法律途径，应向律师汇报有关情况，并由副总经理批准。

（三）客户申请破产，或者××日内联系不到客户且其店面也已不存在时，账款做坏账处理，区域经理要承担相应责任。

第六条 本制度从发布之日起开始施行。

范本十七

内部奖励制度

第一章　总　则

第一条　为了激励员工的工作积极性、提高工作效率，规范公司的内控制度，根据公司具体情况特制定本制度，以适应公司在激烈市场经济中生存和发展的需要。

第二章　具体奖励制度

第二条　公司现设立以下奖项：

（一）创新菜奖

当年销售额在 200 万元（含）以上的新菜（凉热菜）创新人员，由各分店奖励 3 000 元，公司本部奖励 2 000 元；

当年销售额在 100 万元（含）～200 万元的新菜创新人员，由各分店奖励 2 000 元，公司本部奖励 1 000 元；

当年销售额在 50 万元（含）～100 万元的新菜创新人员，由各分店奖励 1 000 元，公司本部奖励 500 元；

当年销售额在 30 万元（含）～50 万元的新菜创新人员，由各分店奖励 500 元，公司本部奖励 200 元；

当年销售额在 10 万元（含）～30 万元的新菜创新人员，由各分店奖励 300 元，公司本部奖励 100 元。

（二）营销奖

1. 对外营销奖：

年营销额(万元)	5～10(含)	10～30(含)	30～50(含)	50～100(含)	100～200(含)	200 以上
奖励所占比率	0.2%	0.5%	1%	1.5%	1.8%	2%

2. 对内营销奖：对公司内部销售和对集团所属控股企业的销售额高于 30 万元的营销人员，按销售额的 0.5‰进行奖励。

注：营销奖须在实收款额达到总销售额的 95%以上进行奖励，奖励额为实收款额的相应比率。

（三）服务员销售奖

年销售额（万元）	5～50（含）	50～100（含）	100 以上
奖励所占比率	5‰	8‰	1%

（四）连锁新开店奖

公司对连锁部门开立 A 类新店（开店当年加盟金、特许经营费、保证金全部到账）

的有关员工进行奖励，奖励金额为4 000元；对开立B类新店（开店当年加盟金、特许经营费、保证金50%以上到账）的有关员工进行奖励，奖励金额为2 000元。

（五）税收返还、节税奖

1. 公司对争取到政策性税费返还的有关员工进行奖励，按照公司所收到返还额的5%进行奖励；

2. 公司对通过账务进行税务筹划减少纳税额或抵税金额的员工进行奖励，按照所减少纳税额的15%进行奖励。

（六）证券投资收益奖

公司对操作股票投资、国债回购等证券性投资而取得收益的有关员工进行奖励，按照投资净收益的20%进行奖励。

（七）成本费用节约奖

1. 公司对节约研究开发费用的有关员工进行奖励，按节约费用额的3%进行奖励；

2. 在保质保量的前提下，公司对节约主营业务成本的有关员工进行奖励，按照成本节约额的10%进行奖励；

3. 公司对节约预算费用的员工进行奖励，按照节约预算费用额（三大费用合计）的15%进行奖励；

4. 公司对竣工决算后装修工程费用有所节省的工程项目小组进行奖励，按节约合同金额或节约预算金额的20%进行奖励。

（八）融资奖

1. 公司对从非关联方拆借入资金的有关员工，给予一定的奖励，1 000万元（含）以上奖励2‰，500万元～1 000万元奖励1.5‰，500万元（含）以下的奖励1‰；

2. 公司对吸引受托理财资金的员工进行奖励，1 000万元（含）以上奖励2‰，1 000万元以下奖励1‰；

3. 公司对吸引外资者给予一定的奖励，标准同2；

4. 公司对取得财政等有关政府部门科研专项拨款的有关员工进行奖励，按拨款到账金额的2%给予奖励；

5. 公司对取得银行贷款有关员工进行奖励，按照贷款到账额的0.1%进行奖励；

6. 节息奖：公司对从银行融资时争取到利率下浮或者采用票据贴现方式贷款的有关员工进行奖励，按照节息部分的60%给予奖励；

7. 贴息奖：公司对争取到政府贴息贷款的有关员工进行奖励，按照政府贴息部分的20%进行奖励。

（九）超额完成预算奖

公司对超额完成利润指标、资金上交指标、主营业务收入等指标的分店（分公司）业务部门经理层进行奖励，经审计后按照超额利润的15%给予奖励（详细情况参见当年度预算）。

（十）清欠奖

1. 财务部门已核销的坏账（账销案存部分），若清欠后到账，所属分店（分公司）或公司本部可按已清欠金额的10%～15%对有关员工给予奖励；

2. 对收回2～3年的应收账款、其他应收款等的有关员工，所属分店（分公司）或公司本部可按收回金额的2%给予奖励。

清欠款项包括配送款项、加盟金、特许经营费、保证金、各种销货款、借出款项等。

（十一）产品开发及改进奖

1. 公司对新产品研制成功或对以前的产品做出有效改进并取得相关证明的员工进行奖励，奖励金额为1万元；

2. 公司对成功将新产品或改进品投入市场并取得一定销售成绩的相关员工进行奖励，奖励金额为2万元。

（十二）其他合理化建议奖

视合理化建议被采纳后当年所产生的创利额或成本费用节约额的5%给予相关员工一次性奖励。

第三条 奖励方法：以上奖励为货币现金奖励，或相应价值的实物奖励（如住房、汽车等）。

第四条 奖励资金渠道：创新菜奖、营销奖、成本费用节约奖、清欠奖由各分店（分公司）在费用中开支；连锁新开店奖从连锁部费用中开支；创新菜奖、税收返还（节税）奖、证券投资收益奖、融资奖、其他合理化建议奖、超额完成预算奖由公司本部在费用中开支。

第五条 以上各项奖励均含个人所得税，公司将按税法规定代扣代缴个人所得税。

第六条 奖励的提出及审批权限。

创新菜奖由各分店提出，经研发部、营销管理部审核后报公司总会计师、总经理及正、副董事长审批后执行；营销奖由各分店提出，经营销管理部审核报公司总会计师、总经理及正、副董事长审批后执行；成本费用节约奖、税收返还（节税）奖、证券投资收益奖、融资奖、清欠奖、其他合理化建议奖、超额完成预算奖由财务部提出，报公司总会计师、总经理及正、副董事长审批后执行。

第三章 附 则

第七条 本制度由公司财务部负责解释和修改。

第八条 本奖励制度自发布之日起执行。

范本十八

内部稽核制度

第一章 总 则

第一条 根据《会计法》及公司有关规定，制定本制度。

第二章 稽核工作的组织形式

第二条 会计稽核工作是会计机构本身对会计工作进行的一种自我检查或审核，主要内容包括对会计凭证、会计账簿、财务会计报告的审核以及对现金、银行存款收支结余情况及其他财产物资的收发、保管、结存情况的审核。

第三条 根据稽核的工作要求具体分为三个方面：负责对原始凭证控制，利用原始凭证对经济业务进行控制，以保证账实相符；对会计凭证和账簿进行控制，通过账证、账账、账表核对，以保证会计报表的质量；对原始凭证的再监督和会计报表的控制，以保证会计信息的质量。

第四条 稽核工作涉及会计机构的每个岗位、每个人员、每个会计处理环节和程序，应保证会计机构工作质量和会计信息的质量。稽核应受内部牵制制度制约。

第五条 稽核是通过基本的会计活动和会计程序来保证完整、准确地记录一切合法的经济业务，及时发现处理过程和记录中出现的错误。

第三章 稽核工作的内容

第六条 凭证稽核：

（一）检查单位发生的一切经济业务活动是否填制和取得合法的原始凭证，一切原始凭证必须合规，反映的经济业务必须真实、有效；

（二）检查原始凭证是否符合单位费用报销和汇付款规定；

（三）检查会计凭证摘要填写、科目使用是否严格遵守公司会计核算规定，要核实经济业务内容；

（四）检查入账前是否所有的凭证都经严格审核，无效凭证一律不得入账；

（五）转账是否合理，借贷方数字是否相符；

（六）应加盖的戳记编号等手续是否完备，有关人员的签章是否齐全；

（七）凭证编号是否连贯，有无重编、缺号现象，装订是否完整；

（八）凭证是否及时入库，保管是否符合会计基础工作规范化的要求。

第七条 账簿稽核：

（一）账簿体系设置是否结合公司会计核算特点，符合会计制度要求；

（二）账簿的内容和格式是否得当，既要保证记录系统的完整、准确性，又要注重会计工作的效率；

（三）登账是否以合法凭证为依据，遵循规定的会计处理程序，将会计凭证的经济业务分类记入账簿，做到全面地、连续地、系统地、及时地反映和控制单位的经济活动；

（四）检查会计凭证与各种账簿记载是否相符；

（五）检查各项财产物资、固定资产、现金、银行存款是否与账面数相符，不符时应查明原因，及时向有关领导报告；

（六）检查往来账是否及时清理，督促相关人员及时处理拖欠账款；

（七）检查各种账簿启用、移交及编制账簿名称表是否完备、齐全；

（八）各种账簿有无自行改动而不符合账簿改动规定的；

（九）各种账簿保存方法及放置地点是否妥善；

（十）账簿的销毁是否依据规定权限及相关规定办理。

第八条 报表稽核：

（一）会计报表种类、格式和内容是否符合《会计法》和《企业财务会计报告条例》；

（二）报表编制是否以核实后的账簿记录为依据，并做到数字账表相符，内容完整；

（三）报表数字计算是否正确，内部报表勾稽关系是否合理，结构是否恰当，提供的财务信息是否能满足经营管理的需要；

（四）报表签章是否齐全，所有内部会计报表是否由财务负责人审批、签发；

（五）报表是否按顺序编号，装订是否符合规定，报表保存方法及放置地点是否安全、妥当。

第九条 现金、银行存款稽核：

（一）现金稽核

1. 每日营业结束后，出纳是否清点库存现金，是否与现金日记账核对；月末，会计和稽核员是否与出纳一起清点库存现金，金额是否与日记账余额相符。

2. 收支完毕是否在收支凭证上加盖“现金收讫”或“现金付讫”戳记和出纳员图章。

3. 建立不定期现金突击检查制度。检查时主要是账实是否相符，库存现金是否超过限额，有无白条抵库，现金是否安全存放于保险柜内，现金日记账记载的内容和数字是否与会计凭证相符；检查时要有证明人在场，并有检查记录，稽核人员、证明人、出纳要在记录上签章。

（二）银行存款稽核

1. 财务专用章、签发支票印鉴、财务负责人印鉴是否由不同岗位人员分别保管；

2. 银行出纳是否根据审签的有效原始凭证，或按照授权办理银行收付业务；

3. 作废的银行转账支票是否加盖“作废”戳记并作为付款附件；

4. 收付款项后是否在凭证上加盖“收讫”或“付讫”戳记；

5. 检查每月末是否根据银行存款日记账和银行对账单编制银行存款余额调节表，会计主管是否逐笔核对并签章；

6. 银行出纳是否设置支票领用本，按支票编号顺序逐笔登记使用情况，并由领用人签字。

第十条 其他会计稽核：

（一）稽核人员应审核财务、成本、费用等计划指标项目是否齐全，编制依据是否可靠，有关计算是否正确，各项计划指标是否衔接。审核之后应提出建议或意见，以便修改和完善计划与预算。

（二）稽核人员应审核各项财产物资的增减变动和结存情况，并与账面记录进行核对，确定账实是否相符。不符时，应查明账实不符的原因，并提出改进措施。

（三）稽核人员应审核实际发生的经济业务或财务收支是否符合现行法律、法规、规章制度的规定；对审核中发现的问题，及时加以制止或纠正。

第四章 附 则

第十一条 本制度自发布之日起施行，由财务部负责解释。

范本十九

发票管理办法

第一章　总　则

第一条　为了进一步规范公司经济活动，加强财务监督和管理，根据《中华人民共和国发票管理办法》的规定，结合公司实际情况，特制定本办法。

第二条　本办法适用于本公司各部门。

第二章　发票的领购、缴销、保管

第三条　公司所用发票由财务部按规定统一向税务部门购买，财务部按税务部门要求对发票进行管理。

第四条　公司所用发票由财务部专门人员保管并建立完整的发票登记簿，详细登记各种发票购买、领用和结存情况。

第五条　已缴销或使用完毕的发票，按会计档案管理规定进行保管。

第六条　若发票丢失，则由经办人承担造成的一切经济损失（不仅限于税务罚款）。

第三章　发票的开具

第七条　公司需要开具发票（包含增值税专用发票和普通发票），首先由公司业务人员填写《发票开具申请单》（见附件3），经公司总经理或总经理授权人员审批后，连同相应的与合同原件相符的复印件、发货单和购货单位开票信息（必须加盖企业公章或者财务专用章），提交财务部开票人员开具发票。

第八条　已开好的发票，经业务人员复核无误后，在发票登记簿上签字领取发票相应联次；财务人员依据记账联登记入账。

第九条　发票填写规定：开发票时，应按顺序号全份复写或机打，并加盖单位发票专用章；各项目内容应填写清晰、真实、完整，包括客户名称、产品名称、规格型号、数量、单位、金额；作废的发票应整份保存，并注明“作废”字样（或依照税务当前规定进行处理）。

第十条　严禁超范围或携往外市使用发票；严禁伪造、涂改、撕毁、挖补、转借、代开、买卖、拆本和单联填写。

第四章　发票取得的管理

第十一条　经办人员取得各类发票时，包括增值税专用发票、普通发票、特殊收据，应严格审核其真伪、内容开具是否合规（详见附件1、2）。

第十二条 经济业务发生后，业务人员取得发票时，应向对方索取发票及税务登记证复印件，以确定其是否具有发票开具的资格。若其经营范围中不包含此业务，则其不具备开具发票的资格，需要到税务部门代开发票。

第十三条 业务人员取得发票后应及时送交财务部门入账。日常经营活动取得的发票应在取得日后15天内（不超过发票开具日期30日内）提交财务入账。若出现发票滞后入账，使增值税进项不能抵扣（一般发票抵扣期为90天），不能税前列支的问题，应追究有关当事人的责任。

第十四条 差旅费、招待费发票必须在出差返回后或业务发生的15天内到财务办理报销手续。

第十五条 本年度发票应在本年度结束之前提交财务挂账或付款，每年1月1日起不再报销以前年度各类发票及票据。

第十六条 财务部门在进行账务处理时将发现的假发票，退回经办人员，由经办人负责联系客户进行发票的更换。如不能更换，财务部拒绝付款，并提请总经理追究相关人员的责任。

第五章 附 则

第十七条 本办法自发布之日起执行，此前规定同时废止。

第十八条 本办法解释权归财务部。

附件1：

鉴别审查发票真伪、合规的方法

一、发票真伪鉴别

（一）普通发票真伪鉴别方法：

1. 发票监制章是识别发票真伪的重要法定标志。全国统一启用的新版发票“发票监制章”，其形状为椭圆形，上环刻制“全国统一发票监制章”字样，下环刻制“* *国家（或地方）税务局监制”字样，中间刻制国税、地税机关所在地的省、市全称或简称，字体为正楷，印色为大红色，紫外线灯下，呈橘黄色，荧光反映，套印在发票联的票头正中央。从发票联采用有“SW”字样防伪专用纸等方面识别，用发票防伪监别仪器识别防伪油墨，看其是否是统一的防伪油墨。

2. 伪造的普通发票纸质粗糙、较脆、或薄或厚，水印图案用无色油墨盖在纸张表面，背光水印无透光性，凭视觉或触觉即可鉴别。

3. 审查发票的有效性。不同时期有不同的发票版式，发票实行不定期换版制度，审查比较同期发票的新旧程度，看是否属于使用早已废弃不用的发票版式。对发票要看其印制是否清晰，有无错漏，辨明真伪。

4. 看被撕下的痕迹，假发票一般会拆本使用，因此没有被撕的痕迹，真发票是一本一本装订好的有撕的痕迹。

5. 刮奖区不易刮，奖区字迹不清楚的一般为假票。

6. 通过税务机关网站查询发票真伪。

（二）增值税专用发票真伪鉴别方法：

1. 为鉴别增值税专用发票的真伪，首先应了解其防伪措施，然后采取特定的审查方法来鉴别其真伪。对照光线审查增值税专用发票的发票联和抵扣联，看是否使用国家税务总局统一规定带有水印图案的防伪专用纸印制。用紫外线灯、发票鉴别仪鉴别无色和有色荧光防伪标志“SW”。

2. 增值税专用发票要做到认证抵扣相符，票款物三统一。

（三）对××国税局发售的发票，可到××国税局网站进行发票真伪查询。

（四）打电话到12366税务热线查询。

二、审查发票的开具

要求取得的发票填写项目齐全、内容真实、字迹清楚、不得涂改，物品名称详细。

1. 审查发票的开具项目：增值税项目不得使用营业税发票。营业税发票，由于税率的不同，分别进行分类。各税目应使用对应发票，如服务业、建筑业、娱乐业、广告业、运输业、邮政电信、文化事业等。

2. 审查发票的笔迹。看发票抬头、日期、品名、数量、单价、大小写金额的字迹、笔体、笔画的精细、压痕是否一致。有无用药剂退色、用橡皮擦、小刀刮等涂改痕迹。

3. 审查发票的复写情况。看复写的字迹颜色是否相同。发票的正面和反面都应仔细看一看，本应一式多份复写的是否符合复写的实际情况。背面有无局部复写的痕迹。发票联如果不是复写的而是用钢笔或圆珠笔填写的，就说明存在问题。

4. 审查发票的填写字迹是否位移。税务机关指定的企业在印制装订发票时，各联次的纵横行列都是对齐的，有固定位置。如果发票各联填写的字迹有不正常的位移，就可能存在问题。

5. 审查发票的填写内容。看发票报销联的抬头、时间、数量、单价、金额是否填写齐全；看发票物品名称是否具体、正确、清楚，不允许填写物品类别，如名称为“生产用品、办公用品、交电、礼品、日杂、土产”的，应附发票明细表，详细列明物品名称、规格、单价、金额等内容。

6. 审查物品名称是否为用票单位的经销范围。如家电维修部、加工门市部的发票，物品名称却是煤炭，显然存在问题。

7. 审查用票单位同发货单位、收款单位的名称是否相符。

8. 审查发票抬头写的购货单位同实际收货单位、付款单位的名称是否相符。

9. 审查同一供货单位，特别是个体工商户，是否使用了不同单位的发票。

10. 货物运输劳务须注意，提供运输发票单位须具有开票的合法身份。可以领购并自行开具货物运输业发票（不包括个人、承包人、承租人以及挂靠人），审查：

其一、具有工商行政管理部门核发的营业执照，地方税务局核发的税务登记证。交通管理部门核发的道路运输经营许可证、水路运输许可证；

其二、具有自备运输工具，并提供货物运输劳务，查验车辆行车证明；从事货物运输的承包人、承租人、挂靠人和个体运输户，应取得主管地方税务局代开的货物运输业发票。

11. 建筑业发票建筑业涉税属于属地管理，应取得劳务发生的主管税务机关发售或开具建筑业发票，审查其：工商行政管理部门核发的营业执照，地方税务局核发的税务登记证；若为异地队伍承包工程，应到取得劳务所在地主管税务机关代开的发票。

三、其他

1. 发票上必须加盖单位发票专用章。

2. 若根据以上情况，不能判断发票其真伪，应向主管税务机关咨询或查验其发票领购、完税凭证。

附件2：

几种特殊情况的规定

一、行政事业单位收据、非税收入收据

1. 上述收据收费项目都应该有收费许可证，并且公示。事业单位比如学校一般可以开具只能是学费、培训费。

2. 一般很容易将行政事业收费收据和结算凭证混淆，结算凭证只能在其内部运用，只是收付款证明。

3. 对于行政事业单位应税收入部分应严格使用税务发票，对于技术收入应开具技术交易发票，对捐赠收入应开具捐赠收据，对房屋出租用于经营的应使用租赁业发票。

二、军队收据

1. 目前军队收据除部分队列单位可以开具租金，别的涉及税收项目必须使用国税、地税发票，但目前涉及财政部、总后勤部共同监制的票据也准予列账。

2. 军队结算凭证，企业不允许列支。

三、特殊行业

1. 金融行业、正规邮政部门的收据允许列支；

2. 铁路行业铁路运费货票，铁路行包费允许列支。

四、境外发票

一般为自制发票，部分国家没有采取发票的管理方式，具体的为负责人签名的自制收费凭证，其鉴别方式目前还是通过资金往来结合业务真实性考虑（海外包括港澳台地区的 Invoice、收银小票、其他商业票据可以接受）。

附件3：

发 票 开 具 申 请 单

申请时间：　　年　月　日

申请人：　　　　　　　　　　　　　　　　　　　　　　　编号：

<table>
<tr><td rowspan="6">开票内容</td><td>购货单位名称</td><td colspan="2"></td><td>纳税人识别号</td><td colspan="2"></td></tr>
<tr><td>购货单位地址、电话</td><td colspan="2"></td><td>开户行及账号</td><td colspan="2"></td></tr>
<tr><td>产品名称</td><td>规格</td><td>单位</td><td>数量</td><td>单价</td><td>金额</td></tr>
<tr><td></td><td></td><td></td><td></td><td></td><td></td></tr>
<tr><td></td><td></td><td></td><td></td><td></td><td></td></tr>
<tr><td></td><td></td><td></td><td></td><td></td><td></td></tr>
</table>

续表

<table>
<tr><td rowspan="3">开票内容</td><td colspan="2"></td><td></td><td></td><td colspan="2"></td><td></td><td></td></tr>
<tr><td colspan="3">合计金额</td><td colspan="6"></td></tr>
<tr><td>备注</td><td colspan="3">合同序号：
合同编号：</td><td colspan="5">说明：</td></tr>
<tr><td>销售确认</td><td colspan="3">1. □发票内容经审核无误
2. □发票已经领取</td><td colspan="5">部门负责人：　　　　确认时间：
发票领取人：　　　　确认时间：</td></tr>
<tr><td colspan="2">总经理审　批</td><td colspan="2"></td><td>日　期</td><td colspan="4"></td></tr>
<tr><td>财务确认</td><td colspan="3">1. □发票登入合同统计</td><td colspan="5">确认人：　　　　确认时间：
复核人：　　　　复核时间：</td></tr>
</table>

备注：申请人应同时提供销售合同复印件、发货单和购货单位开票信息。

范本二十

公司财务信息披露制度

第一章 总 则

第一条 为了规范公司内部财务信息披露行为，确保信息披露的充分、透明，避免虚假记载、误导性陈述或重大遗漏，根据有关法律法规和公司实际制定本制度。

第二条 公司在建立并实施财务信息披露内部控制制度中，至少应当强化对以下关键方面或者关键环节的风险控制，并采取相应的控制措施：

（一）应当完善公司信息披露的整体制度规范，确保信息披露质量以及符合法律法规要求；

（二）应当明确信息披露的内容，信息披露的工作流程应当规范。

第二章 信息披露整体要求

第三条 公司应当建立信息披露岗位责任制和授权审批制度，确保披露信息的真实性，避免出现虚假记载、误导性陈述等情形。

公司董事会对披露信息的真实性负责。公司可以根据需要指定专门部门（或岗位）归口管理有关信息资料的收集、保存及信息披露公告的起草等工作。

公司应当明确负有披露义务的有关部门和人员的职责和权限，未经董事会授权和批准，任何部门及个人不得擅自对外披露信息。

第四条 公司应当建立重大信息对外披露制度，明确规定重大信息的范围和内容，确保在成本效益原则的基础上披露所有重要信息，避免出现重大遗漏。

所称重大信息是指可能或者已经对信息使用者进行经济决策产生较大影响的信息，包括有关法律法规及监管规则要求披露的事件和交易事项；投资者、债权人等利益相关者提出披露要求并经公司董事会审议通过的事件和交易事项；公司认定的其他重要事件和交易事项等。

第五条 公司应当建立信息披露的信息收集和内部报告机制，创建并维持有效的信息内部报告和外部披露渠道，确保披露的及时性。

公司出现、发生或即将发生可能需要对外披露的事件或交易事项时，负有披露义务的人员应当及时将相关信息向有关部门进行报告，并提供相关的文件和资料。经董事会审批后，确需对外披露的，应当及时将有关资料报监管部门予以公告。

第六条 公司应当建立公平信息披露制度，保证所有信息使用者可同时获悉同样的信息，不得私下提前向特定对象单独披露、透露或泄露，确保披露的公平性。

第七条 公司建立信息披露计算机系统，提高信息收集、处理、审核和报告过程的准确性和时效性。

第三章　信息披露一般流程

第八条　公司对外披露信息内容包括：

（一）定期报告，是指公司根据监管机构要求在指定时间内披露的年度财务报告和中期财务报告；

（二）临时报告，是指公司根据监管机构要求披露的除定期报告以外的信息，主要包括股东大会的通知和决议，需要公告的董事会决议、监事会决议，重大资产收购、出售、处置，重大重组，关联交易，重大诉讼及行政处罚，重大担保行为，重大合同的订立、变更及终止等；

（三）日常信息披露，是指公司发生的需要对外披露的重大活动，如新闻发布会、签字仪式、外事活动等，以及生产经营、科技进步、重大合资合作等方面的重要事件。

第九条　公司应当根据定期报告披露时间，制定定期报告披露工作计划，及时编制定期报告，连同审计报告（不需审计的除外）一并报董事长审核，经董事会批准并形成决议文件后，予以对外披露。

公司应当组织有关人员对定期报告全文、相应决议文件及监管部门要求报送和披露的所有文件进行复核，核对无误后，按规定程序报监管部门，并及时在指定媒体上发布。

第十条　需要对外披露的临时报告，应当由发生该事件或交易事项的部门提出书面议案，经公司内部相关部门会签，董事长审核后，提交董事会审议。必要时可召开股东大会对重大临时报告议案进行审议。

董事会（或股东大会）审议批准并形成决议后，公司应当组织有关人员对临时报告及相应文件进行复核，核对无误后，按规定程序予以披露。

第十一条　公司应当结合本单位发展战略和生产经营情况，制定日常信息披露计划，包括披露内容、时间、方式等，并组织有关部门编制信息披露草案，经董事会秘书审定后，予以对外披露。

第十二条　公司对外披露信息，其内容应当保持前后一致，不得随意更改。

公司已经对外披露的信息，如需修改，应当由负有披露义务的人员提出书面报告，详细说明修改理由，报董事长（或董事会秘书）审定。如确需更改，应在最近一次披露中说明理由；给投资者、债权人等利益相关者造成重大损失的，公司应当追究有关人员的责任。

第十三条　对于监管机构需要公司澄清的信息以及公司欲主动澄清的信息，应当立即组织制定应急澄清方案并编制信息披露内容，经董事长（或董事会秘书）审定后，予以对外披露。

第十四条　公司无法合理确定某一事件或交易事项是否必须披露时，应当及时向有关监管机构报告，由其审核决定是否披露，以及披露的时间和方式等。

第四章　附　则

第十五条　本制度由公司董事会负责解释。

第十六条　本制度自发布之日起施行。

范本二十一

经济合同管理办法

第一章 总 则

第一条 为加强公司合同管理，维护公司合法权益，根据《中华人民共和国合同法》，结合公司实际情况，制定本办法。

第二章 管辖范围

第二条 本办法管辖经济合同包括：

（一）购销合同；

（二）建设工程承包合同；

（三）加工承揽合同；

（四）货物运输合同；

（五）供水、电、气合同；

（六）仓贮合同；

（七）财产租赁合同；

（八）借款融资合同；

（十）保险合同；

（十一）技术贸易合同；

（十二）其他各类经济合同。

第三章 管理体制

第三条 公司经济合同统一归口财务部管理。

第四章 职责范围

第四条 财务部合同管理职责范围：

（一）制定修改经济合同管理办法；

（二）核查本公司范围内经济合同订立和履约情况，并对总经理负责；

（三）参与经济合同纠纷的调解、仲裁、诉讼准备及善后工作；

（四）做好合同归档、合同章管理工作；

（五）负责合同印花税贴花；

（六）对经济合同法宣传教育、培训活动。

第五条 合同经办人员职责范围：

（一）收集、整理合同起草所需资料，包括对方资产、经营状况。

（二）起草合同的基本要求：

1. 对方具有签约资格（法定代表人或法人代表）；

2. 内容符合法律和政策规定；

3. 双方具有履约能力；

4. 没有超越企业经营范围及经办人授权范围；

5. 条款完整，文字准确，签约手续完备；

6. 草案交上级主管。

（三）凡须有关部门和机关批准、备案的合同，及时上报批准或备案。

（四）督促合同执行。

（五）向上级通报履约问题。

（六）参加合同纠纷的协商、调解、仲裁、诉讼的准备及善后工作。

第五章　管理程序及权限

第六条　凡在授权范围内洽谈的合同，经财务部、总经理室，并经总经理同意方可成立。经法定代表人或法人代表审核、签字后，在财务部盖章，必要时可请律师审核、工商部门鉴证。

第七条　除公司法定代表人同意外，一律不得擅自对外单位或个人提供经济担保。

第八条　合同发生变更或解除时，合同经办人及时通知合同事务主管。

第九条　合同事务主管协同经办人对合同变更、解除的正式文件、函电作出处理，以书面形式答复。

第十条　合同履约过程发生违约事项，应按合同条款规定处理；合同经办人应及时通知合同事务主管，不得自行决定免罚。

第十一条　合同争议或变更事项其协商结果须形成书面协议，作为原合同补充，并按协议执行。

第十二条　合同纠纷协商不成，应及时向公司高层领导汇报。合同事务主管保存、整理、收集完整的合同文件、资料，并通知律师，根据合同规定，向有关机构提请仲裁或诉讼。

第六章　合同章和合同文本保管

第十三条　凡订立、变更、解除的经济合同，应当使用专用章方可生效。

第十四条　合同专用章由专人保管，任何部门、人员不得借用、代用合同章，违反规定造成的后果，由印章保管人负责；发生遗失，应及时报告处理。

第十五条　合同正本由财务部保存，经手人留存合同复印件。合同执行过程的往来函件均随合同正本保存。

第十六条　合同事务主管对生效的合同，建立档案，进行分类、整理、立卷、统一装订归档。如需调阅，根据权限调用。

第七章　考核与奖罚

第十七条　经济合同管理列入有关部门、岗位的目标计划指标和考核范围。

第十八条　公司根据管理情况，对合同管理成绩显著者予以奖励。

第十九条　公司对以下情况依据情节轻重决定处罚：

（一）应当订立书面合同而未签订的；

（二）合同经办人在签订、履行合同时尽责尽力的；

（三）合同经办人、主管遗失或擅自销毁合同或附件的；

（四）应追究而未追究对方违约责任的；

（五）玩忽职守、弄虚作假、徇私舞弊的。

第八章　附　则

第二十条　本办法由公司财务部解释、补充。

第二十一条　本办法由经总经理批准后，自发布之日起执行。

范本二十二

财会业务常用表单

1. 库存现金盘点表

库存现金盘点表

单位：　　　　　　　　　　　　　　　　　　　　　　　　年　　月　　日

一、应有现金：					
1. 账面余额：					
2. 未列账增加额：					
二、盘存现金：					
1. 现钞小计：			2. 其他小计：		
面额	数量	金额	项目	份数	金额
100元			借据		
50元			工资表		
20元			报销单据		
10元					
5元					
2元					
1元					
5角					
2角					
1角					
5分					
2分					
1分					
三、现金盘存长出（短少）：					

复核：　　　　　　　　　　　　　　　　　　出纳：

2. 费用报销审批单

费用报销审批单

部门：　　　　　　　　　　　　　　　　　　　　　　　　年　　月　　日

<table>
<tr><td colspan="2">项　目</td><td colspan="3">支　出　事　由</td><td colspan="2">单　据</td><td>金　额</td></tr>
<tr><td colspan="2"></td><td colspan="3"></td><td colspan="2"></td><td></td></tr>
<tr><td colspan="2"></td><td colspan="3"></td><td colspan="2"></td><td></td></tr>
<tr><td colspan="2"></td><td colspan="3"></td><td colspan="2"></td><td></td></tr>
<tr><td colspan="2"></td><td colspan="3"></td><td colspan="2"></td><td></td></tr>
<tr><td colspan="2">合计</td><td colspan="6">（大写）　　　　　　　　　　¥</td></tr>
<tr><td>单位负责人</td><td></td><td>财务负责人</td><td></td><td>财务审核人</td><td></td><td>部门审核人</td><td></td></tr>
</table>

出纳：　　　　　　　　　　　　　　　　　　领款人：

注：本单一式两联，第一联财务入账，第二联申报部门留存，由申报部门指定人员据以登记本部门费用开支。

3. 业务招待申请单

业务招待申请单

年 月 日

申请部门		申请人		职务	
招待项目					
招待限额	大写		小写	¥	
部门领导意见： 签字（盖章）：				备注	
主管领导意见： 签字（盖章）：					

4. 差旅费报销单

差旅费报销单

报销单位： 年 月 日

姓名			事由				
出差地点			出差日期	自 月 日至 月 日			
项目	单据张数	金额	补助内容	人数	天数	标准	金额
住宿费			伙食补助				
火车、飞机、船、汽车票			交通费补助				
路桥费			出车补助				
油料费			其它				
其他							
小计			小计				
合计金额（大写）：				（小写）：¥			
说明：							

单位负责人： 财务主管： 审核人： 报销人：

5. 出差审批单

出差审批单

年　　月　　日

申请部门		申请人			
出差事由					
出差目的地		出发时间		返回时间	
部门领导意见： 签字（盖章）：				备　注	
主管领导意见： 签字（盖章）：					

6. 采购申请单

采购申请单

申请部门：　　　　　　　　申请人：　　　　　　　　年　　月　　日

序号	物品名称	规格型号	用途	需用日期	数量	估计单价	金额	备注
合计金额	人民币大写				小写	¥		
部门领导意见： 签字（盖章）：								
主管领导意见： 签字（盖章）：								

注：本单一式二联，第一联申请部门留存，第二联交采购部门。

7. 订货单

订货单

年　月　日

供应商编号		供应商名称		传真\电话	
物品名称	规格	数量	包装要求	质量标准	要求到货日期
采购员：		传真/电话：		采购部（盖章）	

注：一式三联，一联采购部门留存，一联交财务部门，一联交仓库。

8. 财产验收报告单

财产验收报告单

厂商名称：　　　　日期：

验收日期	序号	财产名称	财产代号	购买数量	单位	验收数量	备注

核准：　　　　主管：　　　　制表人：

9. 库存积压物资处理审批表

库存积压物资处理审批表

年　　月　　日

序号	积压品名称	数量	金额	积压原因	处理意见

部门名称：　　　　　　　　　　　　　　　　　　审批人：

10. 物资领用单

物资领用单

领用部门：　　　　　　　　　　　　　　　　　　NO：

物资编号：　　　　　　　　　　　　　　　　　　年　　月　　日

物资名称	规格型号	单位	数量	
			请领数	实发数
备注				

单位负责人：　　　　　　　　部门负责人：　　　　　　　　领用人：

一式三联，一联仓库，一联财务，一联部门留存，每联用不同颜色区分

11. 固定资产移转单

固定资产移转单

财产编号：　　　　　　　　　　　　　　　　　　　　　　年　　月　　日

名称		数量		购置日期	
		附属设备		预计使用年限	
规格型号				已使用年数	
移前用途	（移出单位）	移后用途	（移入单位）	已折旧金额	
				残余价值	
				月折旧额	
存放地点	移出		备注		
	移入				

单位负责人		财务部门		管理部门		移入部门		移出部门	

注：本单一式四联，第一联财产部门留存，第二联交资产管理部门，第三联交移入部门，第四联交移出部门。

12. 设备购置申请表

设备购置申请表

设备名称		生产厂家	
规格型号		数量	
单价		合计金额	
申请理由	申报部门：　　　申请人：　　　年 月 日		
主管部门意见	签字：　　　年　月　日		

13. 设备盘点表

设备盘点表

填报单位： 填报日期

资产号码	类别	设备名称	型号	主要规格	数量（台）	装机功率	生产厂家	进口/国产	购置年月	原值（元）	净值（元）	技术状况	入帐单位	所在地	在用/闲置	备注

单位负责人： 财务负责人： 盘点负责人： 盘点人：

14. 盘点盈亏报告表

盘点盈亏报告表

年　　月　　日

部门	类别	品名及规格型号	单位	单价	账面数量	盘点数量	盘盈		盘亏		差异原因	
							数量	金额	数量	金额	说明	对策

15. 临时用工零星结算单

临时用工零星结算单

______（姓名）因______________需要结账，其结算工天为_____天，每天_____元，结算工资合计人民币（大写）_____，￥_____元。 部门（工班）主管： 年　月　日 应扣伙食费________元。 食堂管理员： 年　月　日
交回劳保用品________________，生活用品________。或折抵人民币________元。 物资部门： 年　月　日
扣除财务借款________元，扣除上述应扣款项________元，实发________元。 财务部门： 年　月　日
单位负责人： 年　月　日
同意结账。实收结账工资人民币大写________元 结账人： 年　月　日

16. 低值易耗品台账

低值易耗品台账

填报单位：

序号	耗品名称	生产厂家	主要规格	数量	单价	金额	购入时间	在用/闲置	使用人/保管人	备注

制表人：

17. 财产保管卡

财产保管卡

编号　　　　　　　所属部门　　　　　　　　　　　　　　　　　　保管人姓名

财产编号	日期			凭单号码	品名	规格	厂牌	数量	单位	单价	签认	日期			处理情况	凭单号码
	年	月	日									年	月	日		

18．原始凭证分割单

原始凭证分割单

年　月　日　　　　　　　　　　编号

<table>
<tr><td>接受单位名称</td><td colspan="4"></td><td>地址</td><td colspan="2"></td></tr>
<tr><td rowspan="3">原始凭证</td><td>单位名称</td><td colspan="3"></td><td>地址</td><td colspan="2"></td></tr>
<tr><td>费用名称</td><td colspan="2"></td><td>日期</td><td></td><td>号码</td><td></td></tr>
<tr><td colspan="2">人民币金额（大写）</td><td colspan="3"></td><td>小写</td><td></td></tr>
<tr><td>分割凭证</td><td colspan="2">人民币金额（大写）</td><td colspan="3"></td><td>小写</td><td></td></tr>
<tr><td>原始凭证主要内容、分割原因</td><td colspan="7"></td></tr>
<tr><td>备注</td><td colspan="7">分割单后附原始凭证入账单位会计凭证复印件、原始票据复印件、有关费用分割合同协议文件复印件等作为附件。</td></tr>
</table>

单位名称（公章）　　　　　　　　会计　　　　　　　　制单

说明：根据《会计基本工作规范》（财会字〔1996〕19号）第五十一条第四款：一张原始凭证所列支出需要几个单位共同负担的，应当将其他单位负担的部分，开给对方原始凭证分割单，进行结算。根据《国家税务总局大企业税收管理司关于2009年度税收自查有关政策问题的函》（企便函〔2009〕33号），符合规定的分割单等凭证在计算企业所得税时可以据实进行税前扣除。

19. 季度资金预算表

季度资金预算表

序号	项目名称	具体明组	2011年实际				2012年预算				差异			
			一季度	二季度	三季度	四季度	合计	一季度	二季度	三季度	四季度	合计	数量	%
1		销售商品、提供劳务收到的现金												
2		收到的租金												
3		退回的增值税												
4		收到除增值税以外的其他税费返还												
5		收到的其他与经营活动有关的现金												
8		现金流入小计												
9		购买商品、接受劳务支付的现金												
10		经营租赁所支付的现金												
11		支付给职工以及为职工支付的现金												
12	经营活动产生的现金流量	支付的增值税款												
13		支付的所得税款												
14		支付除增值税、所得税以外其他税												
15		支付的其他与经营活动有关的现金												
16		现金流出小计												
17		经营活动产生的现金流量净额												
18		收回投资所收到的现金												
19		分得股利或利润所收到的现金												
20		取得利息收入所收到的现金												
21		处置固定、无形、其他资产收到现金												
22		收到的其他与投资活动有关的现金												
23		现金流入小计												

续表

24	投资活动产生的现金流量	购建固定、无形、其他长期资产现金												
25		权益性投资所支付的现金												
26		债权性投资所支付的现金												
27		支付的其他与投资活动有关的现金												
28		现金流出小计												
29		投资活动产生的现金流量净额												
30	筹资活动产生现金流量	吸收权益性投资所收到的现金												
31		发行债券所收到的现金												
32		借款所收到的现金												
33		收到的其他与筹资活动有关的现金												
34		现金流入小计												
35		偿还债务所支付的现金												
36		发生筹资费用所支付的现金												
37		分配股利或利润所支付的现金												
38		偿付利息所支付的现金												
39		融资租赁所支付的现金												
40		减少注册资本所支付的现金												
41		支付的其他与筹资活动有关的现金												
42		现金流出小计												
43		筹资活动产生现金流量净额												
44	汇率变动对现金的影响额													
45	现金及现金等价物净增加额													

20. 年度资金预算总表

年度资金预算总表

会计科目＼月份		1月	2月	3月	4月	5月	6月	7月	8月	9月	10月	11月	12月	合计
收入	主营业务收入													
人员费用	工资													
	加班费													
	奖金													
	职工福利金													
	工会经费													
	教育经费													
	养老保险金													
	失业保险费													
	医疗保险金													
	工伤保险金													
	生育保险费													
	住房公积金													
	人事招募费													
	培训费													
	其他													
	小计													
事务费用	办公费													
	书报费													
	印刷费													
	邮电费													
	差旅费													
	交通费													
	燃料费													

续表

事务费用	业务招待费													
	咨询顾问费													
	保安费													
	保洁费													
	水电费													
	运费													
	制服费													
	装修费摊销													
	无形资产摊销													
	其他													
	小计													
	广告费													
	宣传推广费													
	售后服务费													
	小计													
设备购置等费用	房租费用													
	设备租赁费													
	设备购置费													
	修缮费													
	保险费													
	低值易耗品													
	其他													
	小计													
其他费用	税金													
	其他													
	小计													
合计														

21. 预算差异分析表

预算差异分析表

部门：

序号	项目	本期预算额	本期实际发生额	本期差异额	累计预算额	累计实际发生额	累计差异额	经手人	部门领导	财务负责人
1										
2										
3										
4										
5										
6										
7										
8										
9										
10										
总计：										